임상
심리사

2급 실기

이경희 저

다락원

머리말

　임상심리사는 인간의 심리적 건강 및 효과적인 적응을 다루어 궁극적으로는 심신의 건강 증진을 돕고, 심리적 장애가 있는 사람에게 심리평가와 심리검사, 개인 및 집단 심리상담, 심리 재활프로그램의 개발 및 실시, 심리학적 교육, 심리학적 지식을 응용해 자문하는 역할이며 주로 인지, 정서, 행동적인 심리상담을 하고, 정신과병원, 심리상담기관, 심리상담센터, 사회복지기관, 학교, 병원의 재활의학과, 신경과, 심리건강 관련 연구소 등 다양한 사회기관에 진출하여 활동하고 있습니다. 이와 같이 여러 분야에서 활동할 수 있는 임상심리사가 되기 위해 임상심리사 시험을 준비하는 수험생들에게 꼭 필요한 교재로 출간된 〈원큐패스 임상심리사 2급 실기〉는 현재 시중에 출판되어 있는 대다수의 교재들처럼 그동안 출제되었던 문제에 대한 자세한 풀이 과정보다는 단기간에 집중해서 준비할 수 있도록 지난 21년간의 기출문제를 출제기준에 맞춘 영역별로 정리하고 4회 이상 출제된 빈출문제를 따로 모았습니다.

〈원큐패스 임상심리사 2급 실기〉 100% 활용법

PART 01 영역별 기출문제 정리
- 임상심리사 2급이 시작된 2003년부터 현재까지 모든 문제 영역별
  (기초 심리평가, 기초 심리상담, 기초 심리치료, 자문/교육/심리재활) 정리
- 모범 답안과 해설 제공

PART 02 영역별 기출문제 답안작성 노트
- PART 01의 영역별 기출문제를 문제와 빈칸으로 구성된 답안작성 노트 제공
- PART 01의 모범답안과 해설을 토대로 자신만의 답안노트 작성
- 기출문제 암기 시 노트로 사용

PART 03 빈출문제
- 2003년부터 현재까지 4회 이상 출제된 문제를 영역별 정리
- 빈출문제 학습을 통해 시험준비 시간을 단축하여 합격률을 높힐 수 있는 기회

PART 04 최신 기출문제
- 최신 기출문제로 출제 경향 파악
- 시험직전 모의고사 및 합격률 예측자료로 활용

아무쪼록 〈원큐패스 임상심리사 2급 실기〉를 통해 최선을 다한 수험생 여러분들에게 반드시 합격 소식이 있게 될 것을 간절히 기원합니다.

시험안내

1 실시기관 : 한국산업인력공단

2 시험일정

회차	필기시험	필기시험 합격발표	실기시험	실기시험 합격발표
2025년 기사 1회	2025년 2월경	2025년 3월경	2025년 4월경	2025년 6월경
2025년 기사 2회	2025년 5월경	2025년 6월경	2025년 7월경	2025년 9월경
2025년 기사 3회	2025년 7월경	2025년 8월경	2025년 10월경	2025년 11월경

※ 원서접수기간은 원서접수 첫날 10:00부터 마지막 날 18:00까지임
※ 주말 및 공휴일, 공단창립기념일(03.18.)에는 실기시험 원서 접수 불가
※ 시험일정은 추후 변동이 있을 수 있으며 시험에 관한 자세한 사항은 큐넷 홈페이지 참조

3 시험 개요

(1) 수행직무
국민의 심리적 건강과 적응을 위해 기초적인 심리평가, 심리검사, 심리치료상담, 심리재활 및 심리교육 등의 업무를 주로 수행하며, 임상심리사 1급의 업무를 보조하는 직무이다.

(2) 변경된 시험 출제기준
2025년 1월 1일부터 출제기준이 새롭게 변경되어 2029년 12월 31일까지 적용된다. 출제기준에 큰 변화가 없기 때문에 기존 문제를 공부해도 무관하다.

(3) 응시자격
임상심리와 관련하여 1년 이상의 실습수련을 받은 자로서 대학졸업자 및 졸업예정자
임상심리와 관련하여 2년 이상의 실무에 종사한 자로서 대학졸업자 및 졸업예정자

4 시험과목 및 합격점수

시험과목	내용	비고
필기	• 심리학 개론, 이상심리학, 심리검사, 　임상심리학, 심리상담 • 객관식 100문항 　(각 20문항, 2시간 30분)	• 한 과목당 100점 만점 매 과목 40점 이상 • 전 과목 평균 60점 이상 합격
실기	• 임상실무 • 필답형 8~20문항 　(문항수는 회차별 조금씩 상이함, 3시간)	• 100점 만점 60점 이상 합격 • 2차 시험은 서술형으로 작성하기 때문에 　부분 점수를 얻을 수도 있어 모르는 문제 　라도 아는 범위에서 기재하는 것이 중요

5 답안지 작성 시 유의사항

① 필기구는 흑색만(청색 필기구 사용할 수 없음) 사용할 수 있으며, 연필로 작성된 답안지는 답안 내용을 지우개로 깨끗하게 지워야 한다. 깨끗하게 지워지지 않을 시 대리 작성을 통한 부정행위 개연성의 사전방지 차원으로 채점에서 제외될 수 있다.

② 답안에 문제와 관련이 없는 불필요한 낙서나 특이한 기록사항 등을 기재해서는 안 된다.

③ 답안 내용을 수정해야 할 때는 반드시 두 줄로 긋고 수정해야 한다. 두 줄로 긋지 않은 것은 답안을 정정하지 않은 것으로 간주하게 된다.

④ 문제에서 요구한 가지 수 이상을 표기한 경우 답안기재 순으로 요구한 가지 수만 채점된다.

⑤ 답안을 채점하기 위해 채점 위원 한 사람이 그해 응시한 모든 수험생의 두 문제 가량을 채점함으로 지나치게 서술화된 답안을 피하도록 한다.

⑥ 답안은 간략하고 요약적으로 기술한다.

⑦ 채점을 검안하는 이들은 심리학이나 상담학을 전공하지 않은 비전공자들이므로 제공된 검안지의 키워드와 답안의 키워드만을 검안하기 때문에 출제자가 원하는 키워드를 찾아 키워드 위주로 답안을 작성해야 한다.

⑧ 모호하고 개방성이 높은 문제는 채점이 곤란하므로 출제자는 가급적 단답형으로 제시할 수 있는 문제만을 출제하게 됨을 고려해야 한다.

⑨ 답안의 채점 문항 수를 많게 하면 할수록 채점이 곤란해지므로 대체로 5가지 이상을 준비하되 3가지 정도는 반드시 기억하도록 한다.

목차

PART 1 | 영역별 기출문제 정리

* 문제별 출제연도 표기 / a : 1차 시험, b : 2차 시험, c : 3차 시험

출제기준면에서는 아래 '세부항목 1 내담자의 심리적 특성을 평가할 수 있다.' 항목이 2 기초 심리상담의 세부항목에 해당하지만 내용면에서는 1 기초 심리평가에 적합하다고 판단되어 1 기초 심리평가에 수록한 것임을 알려드립니다.

세부항목 1   내담자의 심리적 특성을 평가할 수 있다.

세부항목 2   지능검사를 지침에 맞게 실시, 채점하고 해석할 수 있다.

세부항목 3   표준화된 성격검사를 지침에 맞게 실시, 채점하고 해석할 수 있다.

세부항목 4   투사검사를 지침에 맞게 실시, 채점할 수 있다.

세부항목 5   신경심리검사를 지침에 맞게 실시, 채점할 수 있다.

세부항목 6   다양한 행동평가 방법을 활용하여 목표 행동을 규정하고 자료를 수집할 수 있다.

세부항목 1   내담자와 관계 형성을 할 수 있다.

세부항목 2   상담목표와 계획을 수립할 수 있다.

세부항목 3   슈퍼비전 하에 상담을 진행할 수 있다.

세부항목 1   유형별 이상행동의 감별 및 치료방법

세부항목 2   심리치료의 기본 및 모델

세부항목 3   기초 행동수정법을 적용할 수 있다.

세부항목 4   기초 인지치료를 적용할 수 있다.

PART 2 영역별 기출문제 답안작성 노트

PART 3 | 빈출문제

PART 4 | 최신 기출문제

영역별
기출문제 정리

1 기초 심리평가, 기초 심리상담, 기초 심리치료,
   자문/교육/심리재활 영역별 문제 정리

2 임상심리사 2급이 시작된 2003년부터 현재
   까지 모든 문제 정리

3 모범답안과 해설 제공

1 기초 심리평가

☑ 세부항목 1 내담자의 심리적 특성을 평가할 수 있다.

---

01 심리평가의 목적을 크게 3가지로 구분하시오. [13, 21a, 24C 기출]

> **해설**
> ① 내담자의 증상에 대한 임상적 진단을 명확히 한다.
> ② 내담자의 성격, 인지, 정서 등에 대한 문제 정도를 평가한다.
> ③ 내담자에게 적합한 심리치료의 유형, 전략, 효과를 평가한다.

02 심리평가에서 심리검사를 시행하는 주요 목적 5가지를 쓰시오. [13, 15, 21a 기출]

> **해설**
> ① 내담자의 표면적으로 드러나지 않은 문제의 확인과 진단
> ② 문제 증상이나 행동의 심각성 파악
> ③ 변별진단
> ④ 특수한 영역에서의 기능을 평가
> ⑤ 성격적인 측면이나 전반적인 기능 수준 평가

03 내담자에 대한 심리검사 평가에서 중요하게 다루어지는 자료, 중요사항 혹은 영역 3가지를 쓰시오. [09 기출]

> **해설**
> **(1) 인지영역**
>
> | 지적능력 | 지능지수, 두뇌의 기질적 손상 여부, 기억력, 판단력, 논리적 추리력, 추상적 사고력, 주의집중력 기술 |
> | --- | --- |
> | 사고영역 | 지각적 왜곡이 있는지 사고 장애나 현실 검증력에 장애가 있는지를 기술 |
>
> **(2) 성격 및 정서의 영역**
> 주관적 감정 상태와 발병에 가장 영향을 주었을 핵심 감정과 성격을 기술
> **(3) 대인관계**
> 자기개념, 자존감 및 자존감 조절 기제 기술, 사회적 불편감

04 심리평가를 위한 자료원 중 면담, 행동관찰과 비교한 심리검사의 장점 3가지를
쓰시오. [17b 기출]

해설

① 면담, 행동관찰과 같은 질적 정보와 증상을 수치화할 수 있다.
② 면담, 행동관찰을 통해 얻게 된 증상의 상대적 위치나 수량적 심화 정도를 가늠해
  볼 수 있게 한다.
③ 면담, 행동관찰을 통해 얻을 수 없는 다양한 심층적, 무의식적 영향과 내용들에 대
  한 세세한 정보를 얻을 수 있다.

05 심리평가에 있어서 임상적 판단과 통계적 판단의 장점과 단점을 각각 2가지씩
기술하시오. [20c 기출]

해설

(1) 통계적 판단

장점	• 모호한 개념을 구체적으로 정의함으로써 통계적 공식에 따른 구체적인 예측이 가능하다. • 객관적으로 도출된 공식, 명확한 준거, 회귀분석 등을 통해 임상적 판단을 극복한다.
단점	• 인간의 본질적 복잡성을 수량화하는 데 한계가 있다. • 내면적 특성을 수치화하는 것에 대해 거부감을 유발한다.

(2) 임상적 판단

장점	• 통계적 판단이 어려운 경우에도 접근할 수 있다. • 광범위한 정보들을 토대로 보다 정확성 있는 판단을 할 수 있다.
단점	• 신뢰도 결여의 문제가 있을 수 있다. • 검사자의 주관이 개입될 수 있다.

06 초기 면담 과정에 포함되어야 할 내담자에 대한 행동관찰 요소 5가지를 쓰시오.

[03, 06, 13, 16a, 19a 기출]

해설

① 내담자의 말과 표현
② 신체동작 및 면담태도
③ 용모 및 외모
④ 정서적 반응
⑤ 이해력과 의사소통능력

07 내담자 평가를 위한 심리검사 도구 선정 시 고려되어야 할 사항 3가지를 쓰시오.

[10, 24c 기출]

해설

① 심리검사의 목적에 적절한 검사를 선정해야 한다.
② 신뢰도와 타당도가 검증된 표준화된 검사를 사용한다.
③ 심리검사의 실용성(경제성, 시행시간, 채점의 간편성 등)을 고려해 보아야 한다.

08 심리평가자의 과학자적 자질과 예술가적 자질에 대해 쓰시오.

[07, 11, 13, 14, 20c 기출]

해설

과학자로서의 자질	• 과학적이고 객관적인 방법으로 평가해야 한다. • 전문적인 지식과 다양한 실험을 토대로 타당성 있는 해석을 해야 한다. • 논리적인 분석으로 문제의 원인을 발견해야 한다. • 실험과 검증의 과정을 통해 이를 일반화해야 한다. • 전문적인 관계 형성을 통해 치료적인 관계로 유도해야 한다.
예술가로서의 자질	• 다양한 평가 경험 및 치료 경험에 의거하여 해석할 수 있어야 한다. • 판단력과 창의력과 상상력으로 문제들을 통찰할 수 있어야 한다. • 희망과 에너지로 치료전략을 수집해야 한다.

09 심리평가에 있어서 전통적 모델과 치료적 모델의 차이를 설명하시오.
단, 각 모델의 목표와 역할에 대해서만 기술하시오.

해설

(1) 전통적 모델
① **심리평가의 목표** : 심리평가를 통해 환자의 정보를 얻어 치료자에게 제공하는 것
② **심리평가자의 역할** : 치료자의 치료를 돕는 역할을 함

(2) 치료적 모델
① **심리평가의 목표** : 심리평가 그 자체가 치료의 일부분일 것
② **심리평가자의 역할** : 심리평가자 자신이 치료자의 역할을 하는 것

10 총집검사(Full Battery)를 실시하는 이유 2가지를 기술하시오. [05 기출]

🖐 **해설**

① 개인의 다양한 정보를 종합적으로 수집하여 개인심리에 대한 전반적 평가
② 측정오차를 최소화하는 동시에 정확도를 향상시킬 수 있도록 단일검사의 교차 타당성 검증을 통한 정확도 향상

11 심리검사 후 검사결과 해석 시 유의 사항 4가지를 쓰시오. [22a 기출]

🖐 **해설**

① 해석에 대한 내담자의 반응을 고려해야 한다.
② 검사결과에 대해 이해하기 쉬운 언어를 구사한다.
③ 검사결과와 여러정보에 근거하여 중립적이고 객관적인 견해를 설명해준다.
④ 검사결과에 대한 내담자의 방어를 최소화한다.

12 심리검사 결과를 해석하고 통합하는 데 있어 환자에 대한 정보를 얻을 수 있는 정보의 출처(해석지침)를 4가지로 나누어 설명하시오. [08 기출]

🖐 **해설**

(1) 검사점수

수검자의 구체적이며 상대적인 정보를 제공한다.

(2) 반응의 내용과 주제

개인 고유의 투사적 특성과 정보를 제공한다.

(3) 수검사자 반응의 특징

자신의 반응에 대해 비판적인지 우호적인지 여부

(4) 검사자와 수검자 간의 대인관계

검사자의 특성이 피검자의 반응에 영향을 미칠 수 있다.

13 보건소나 정신보건센터에 정신질환자가 내원했을 때, 가장 먼저 체크해야 하는
것 2가지를 쓰시오.

[15, 16, 20a, 23c 기출]

🖎 **해설**

(1) 심리평가의 사유

심리평가를 받게 된 직접적이고 주된 이유와 증상을 인지한다.

(2) 정신상태 평가

말, 표정, 자세, 동작, 태도 등을 토대로 현재 정신병리적 문제를 가늠해 본다.

14 각각의 검사를 하나씩 분석하는(Test-by-Test) 방식의 장·단점을 설명하시오.

[10, 13 기출]

🖎 **해설**

장점	단점
• 시간·비용면에서 경제적임 • 심리평가의 목적에 맞는 최적의 검사 도구를 선정할 수 있음	• 각 검사별 타당성을 교차 검증할 수 없음 • 각 검사의 비교 통합과정이 없어 전체적이고 구체적 양상을 얻을 수 없음

15 컴퓨터에 기초한 검사 실시와 해석의 장·단점 2가지를 쓰시오. [13 기출]

해설

장점	• 신속한 검사 실시 – 답을 답안지에 기록할 필요가 없음 • 보다 정확한 실시 – 답안지에서 쓸 차례를 잊어버리지 않으며 기록하는데 있어서의 오류도 적음 • 즉각적인 채점 – 문항에 반응을 끝냄과 동시에 채점이 됨 • 보다 정확한 채점 – 원점수를 표준화된 점수로 환산하는 데 착오가 없음
단점	• 비용의 문제가 있음 • 피검자의 컴퓨터 사용능력이 검사에 영향을 미칠 수 있음 • 개인별 맞춤 다양한 해석이 어려움

16 접수 면접에서 반드시 확인되어야 할 내용 5가지를 쓰시오. [16b, 20b, 24a 기출]

해설

① 내담자의 호소문제 파악
② 현재 및 최근의 주요 상태를 체크
③ 내담자의 스트레스 원인
④ 문제해결에 필요한 내담자의 강점을 파악
⑤ 내담자의 개인사나 가족사
⑥ 내담자의 외모나 행동관찰

17 아동을 초기 면접한 내용으로 평가보고서에 기록하고자 한다. 구체적으로 관찰해야 할 사항 5가지를 쓰시오.

[08 기출]

해설

(1) 인지발달

언어발달, 수 개념, 논리성, 관계개념, 창의성

(2) 정서발달

감정의 일반적 기조, 상담에 임하는 태도. 성취도, 욕구 감정분화, 감수성 등

(3) 사회성 발달

눈 맞춤, 애착 형성, 부모와 교사와의 관계, 또래와의 관계, 상호작용

(4) 운동발달

지각, 소근육 운동발달, 대근육 운동발달

(5) 놀이발달

인지적 측면, 사회적 측면, 진단적 놀이평가, 구조화·비구조화된 놀이평가

18 A 군이 집단 따돌림을 받는 상황이라면 호소문제 이외에 초기면접에서 볼 수 없었던 추가적인 양상을 사고, 정서, 행동 부분에서 2가지씩 쓰시오. [22b 기출]

올해 14세 4개월의 남중 3년생인 A 군은 친구들과 잘 사귀지 못하고 학교에 등교하는 시간이 되면 울면서 학교에 가지 않겠다고 하는 학생으로 어머니에 의해 개인연구소를 경유하여 내원하였다. 학교에서는 애들이 자신을 괴롭히고 째려본다고 하며, 집에서 가족 모두가 A 군을 격려해 줘도 학교에 가면 '죽고 싶을 정도'로 애들이 자신과 놀아주지 않는다고 귀가 후 불평하곤 하였다. 어려서부터 태권도를 좋아하여 계속해오고 있으며 골격이 크고 당당한 체구이나 중학교 진학 이후에 성적은 계속 최하위권이며 현재 중3 담임 선생님이 일반고교에 진학하는 것이 어렵다며 어머니를 불러 최근 실시된 집단지능검사 결과를 알려주었다. 어머니는 A 군이 정말 고교에도 진학하지 못할 만큼 심각한 수준인지, 왕따 문제는 어떻게 해야 하는지, 앞으로 A 군을 어떻게 키워야 하는 것인지 등의 문제를 호소하였다. 심리평가를 위해 내원하였을 때 A 군은 무표정하였으며, 다소 발음이 부정확하여 검사 중 응답을 재확인 하여야 하는 경우가 많았다. 매번 문제들을 쉽게 포기하려 하고 짧은 답변으로 일관하였는데, 다 귀찮다는 식의 태도는 후반부로 갈수록 다소 누그러지는 양상이었다.

해설

사고영역	• 타인에 대한 피해의식 • 자신의 문제를 해결할 수 없다는 무기력과 자기 패배적 신념
정서영역	• 대인공포 • 불안 및 우울
행동영역	• 대인기피 • 고등학교 진학 거부

19 임상 면접의 서면보고서에 포함되어야 할 사항 5가지를 쓰시오. [03, 06, 08, 10 기출]

19-1 심리평가의 최종 보고서에 반드시 포함되어야 할 내용을 5가지만 쓰시오.

[17b, 19b, 20a, 21b, 22a, 23a, 23b 기출]

🖐 해설

① 인적사항
② 의뢰사유, 주호소 문제
③ 현 병력, 과거 병력, 개인력, 가족력
④ 행동관찰, 실시된 검사종류, 검사내용 및 결과
⑤ 의심되는 진단명 및 치료 시 권고사항

20 현 병력을 기술할 때 반드시 포함되어야 할 5가지 정보를 쓰시오. [12, 16a, 19b 기출]

🖐 해설

① 발병일
② 증상으로 인한 문제점
③ 치료 이력
④ 합병증
⑤ 기능적 손실과 제한

21 심리학적 평가보고서를 작성할 때 심리검사 결과와 생활사적 정보 통합이 중요한 이유를 기술하시오. [05, 12, 16b, 20c 기출]

🔍 해설
① 객관적 검사나 투사적 검사는 내담자의 반응에 의한 주관적인 정보이므로 객관적인 정보 확인이 필요하다.
② 직접적인 관찰정보, 생활사적·발달사적 정보, 다양한 기록자료 등은 유효한 객관적인 정보에 해당한다.
③ 주관적인 정보(심리검사)와 객관적인 정보(생활사적 정보)를 통합하여 오류를 최소화할 수 있다.

22 심리평가 보고서의 일반적인 지침 5가지를 쓰시오. [06 기출]

🔍 해설
① 심리평가 보고서는 의뢰받은 질문에 적합한 대답을 제공할 수 있어야 한다.
② 내담자의 정신병리학적 관점은 물론 강점 및 잠재력도 제시되어야 한다.
③ 단일검사가 아닌 2가지 이상의 검사들을 통해 측정 내용을 종합해야 한다.
④ 제3자의 입장에서 객관적이고 정직하게 작성해야 한다.
⑤ 읽는 사람에게 의미 없는 공식이나 수치는 사용하지 않아야 한다.
⑥ 보고서를 읽을 사람에 대해 고려하여 작성해야 한다.
⑦ 정해진 기간 내에 시기적절하게 작성해야 한다.

23 심리평가 시 검사의 신뢰도를 평가하는 3가지 검사를 쓰고 설명하시오.

[19a, 22b 기출]

해설

(1) 검사–재검사 신뢰도

동일한 검사를 두 번 실시, 측정비교 가능 → 운동검사

(2) 동형검사 신뢰도

A,B 동형검사를 제작하여 두 번 실시, 연습효과와 중복의 문제 방지

(3) 반분 신뢰도

반으로 나누어 한 번만 실시, 문항을 어떻게 나눌 것인가의 문제

24 심리치료의 효과성을 검증하는 방법 2가지를 기술하시오.

[12 기출]

해설

(1) 메타분석

① 메타분석은 같은 변인을 연구한 동종의 여러 연구를 종합하는 방법이다.

② 심리치료의 효과성에 대한 메타분석이란 심리치료의 효과성을 연구한 많은 개별 연구로부터 효과의 크기를 계산하고 그것을 하나로 요약하는 것이다.

(2) 치료요법 간의 비교

① 심리치료 요법 간 효과의 차이가 있는지를 검증하는 방법이다.

② 연구의 관심이 되는 치료집단과 통제집단으로 무처치 통제집단, 대기자 통제집단, 플라시보 통제집단, 짝지은 통제집단 혹은 다른 치료집단과의 비교를 통하여 심리치료의 효과성을 검증하는 것이다.

25 다음 보기의 사례를 읽고 연구 절차상의 문제점 및 대안 4가지를 제시하시오.

[11, 13, 20b, 22b 기출]

한 임상심리학자는 최근 자신이 개발한 사회공포증 치료법의 효과성 여부를 검증하기 위한 실험을 실시하였다. 사회공포증이 의심되는 20명의 인원을 대상으로 5회에 걸쳐 치료를 시행한 후 그 변화를 살펴보았다. 치료 효과를 검증하기 위한 방법으로 치료 전과 치료 종료 후 실험대상자들에게 자신의 증상에 대한 심각성 수준을 7점 척도상에 평정하도록 하였다. 임상심리학자는 치료 종료 후 실험대상자들에 의한 척도상의 평가점수가 유의미하게 낮게 나왔다는 사실을 토대로 자신의 치료법이 효과가 있다고 주장하였다.

🖊 해설

(1) 집단 설정 과정 및 표본의 대표성 문제

소수의 인원과 구체적인 기준 없이 실험 대상자들을 선정함으로 결과를 일반화하는데 한계를 보임 → 표본의 대표성을 확보할 수 있도록 구체적인 기준을 마련하고 실험대상자를 선정한다.

(2) 통제집단의 결여

실험집단과 통제집단으로 나누는 것은 정확한 인과관계를 추리하기 위한 것이다. → 실험집단과 통제집단으로 나누어 실시한다.

(3) 조사 반응성(반응 효과성)

실험대상자들은 관찰대상이 된다는 사실을 인식함으로써 평소와는 다르게 반응할 수 있다. → 조사 반응성을 무력화하기 위해 실험의 목적이나 방법을 비밀로 하여 실시한다.

(4) 비교 및 검증 과정의 결여

치료적 효과는 단순히 자기 보고식 평정 척도만으로는 검증될 수 없다. → 치료적 효과를 검증할 만한 표준화된 검사를 실시한다.

26 아동 및 청소년을 대상으로 한 상담에서는 발달적 측면에 대한 고려가 이루어져야 한다. 피아제(Piaget)의 인지발달 이론에 의한 발달단계에서 전조작기, 구체적 조작기, 형식적 조작기에 해당하는 아동 및 청소년을 위한 상담의 특성 및 주의사항을 발달단계별로 쓰시오. [03, 19b, 23a 기출]

🖋 **해설**

(1) 전조작기(2~7세)

① 자신이 가지고 있는 내재적 표상을 여러 형태의 상징으로 표현하기 시작하며 자기중심적이며 보존성이 발달되지 않아 언어적 설명이 어렵다.

② 자기중심적 사고, 물활론적 사고, 직관적 사고, 그리고 상징놀이를 많이 하는 것이 이 단계의 특징이다. 그러나 논리적 사고를 할 수 있는 인지적 조작은 아직 불가능한 단계이다.

③ 상담자는 듣기와 말하기만으로 상담을 이끌어 가는 데 어려움이 있음을 염두에 두고, 오감을 활용한 놀이법을 활용하거나 자신을 표현할 수 있는 놀이감을 제공하여 상징놀이를 시도하는 등 다양한 기법을 활용할 필요가 있다.

(2) 구체적 조작기(7~12세)

① 보존성의 개념을 습득하여 사물이나 현상에 대한 약간의 논리적 설명이 가능하고, 유목화 등의 능력을 사용할 수 있으며, 수와 물질의 특성에 대하여 분류와 배열의 능력이 발달한다.

② 합리적이고 체계적인 과학적 사고와 함께 이상주의적 사고를 하는 것도 이 시기의 특징이다. 그러나 이는 눈에 보이는 것에 국한되어 아직 추상적인 추론능력은 부족하다.

③ 상담자는 아동이 가설·연역적 사고력 결핍으로 인해 여러 가지 가능성을 고려하는 데 어려움이 있음을 염두에 두고, 역할연기, 독서치료, 미술 활동 등을 통한 다양한 체험이 이루어지도록 할 필요가 있다.

(3) 형식적 조작기(12세 이상)

① 논리적 사고(연역적)를 통하여, 직접 눈에 보이지 않는 가설적 상황을 대상으로 하는 추상적인 문제의 해결도 가능하며, 인간의 정신적 능력이 최고 수준으로 세련되어지는 단계이다. 피아제는 이 시기를 인지발달의 절정으로 보고 있다. 형식적 조작단계의 아동은 논리적 조작에 필요한 모든 종류의 문제를 해결할 수 있는 능력을 획득하게 된다. 사고의 질적 잠재력은 형식적 조작이 성취될 때 최고조에 달하게 된다. 그러나 신체적 성숙과 정신적 성숙도 간에 차이가 있으며, 특히 감정의 기복이 심하여 극도의 침울한 상태와 흥분된 상태를 경험하기도 한다.

② 상담자는 청소년의 진정한 감정이 표면적 행동으로 위장되어 있음을 염두에 두고, 청소년의 행동이 의도적인 것이라고 간주한 채 섣부른 반응을 하지 않도록 주의해야 한다. 더불어 청소년기의 정서적 취약성을 이해하고 이에 민감하게 반응할 필요가 있다.

27

표준화 검사에서 흔히 사용되는 원점수와 백분위 점수, Z 점수, T 점수 간의 관계를 중앙 집중치와 분산의 관점에서 비교하고 흔히 검사결과에서는 어떠한 수준을 이상으로 간주하는가에 대해 설명하시오.

[05 기출]

해설

(1) 원점수와 백분위 점수, Z 점수, T 점수 간의 관계

① 원점수는 실제 점수의 개별적 채점 결과로 그 자체로는 아무런 정보를 주지 못한다.

② 백분위 점수는 원점수의 분포에서 100개의 동일한 구간으로 점수들을 분포하여 변환점수를 부여한 점수로 정규분포 상에서 평균, 중앙값, 최빈값은 '50'으로 동일하다.

③ Z 점수는 원점수를 평균이 0이고 표준편차가 1인 Z 분포 상의 점수로 변환한 점수이다. 정규분포 상에서 평균, 중앙값, 최빈값은 '0'이다.

④ T 점수는 평균이 50, 표준편차가 10이 되도록 Z 점수를 변환한 점수이다. 정규분포 곡선에서 평균, 중앙값, 최빈값은 '50'이다.

(2) 이상으로 간주되는 수준

백분위 점수	2.28% 이하, 97.72 이상
Z 점수	−2.0 이하, +2.0 이상
T 점수	30 이하, 70 이상

28 타당도의 개념 및 종류에 대해 설명하시오.

[04 기출]

🖋 해설

(1) 타당도의 개념

측정하려 하는 바를 얼마나 잘 측정하고 있는가를 의미한다.

(2) 내용 타당도

검사가 재고하고자 하는 구성개념의 영역을 문항들이 얼마나 잘 대표하고 있는 가를 의미(전문가의 평가)한다.

(3) 준거 타당도

검사와 외적 준거 간의 관련성의 정도를 말한다.

예 예언 타당도, 동시 타당도

(4) 구성 타당도

가장 많이 쓰이는 것으로 검사가 측정하고자 하는 이론적 구성개념을 측정하는 정도이며, 이미 만들어진 검사와의 상관을 알아본다.

예 요인분석

😊 참고 안면 타당도
전문가가 아닌 일반인이 검사의 내용에 대한 타당도를 평가

01 웩슬러가 정의한 지능의 개념을 쓰고, 유동성 지능과 결정성 지능의 특징을 각각 2가지씩 기술하시오.

[04, 10, 15, 19b 기출]

📖 해설

(1) 지능의 개념

지능은 개인이 목적적으로 행동하고 합리적으로 사고하며, 자신을 둘러싼 환경을 효율적으로 다룰 수 있는 종합적이고 전체적인 능력이다.

(2) 유동성 지능과 결정성 지능의 특징

유동성 지능	• 유전적, 선천적 능력으로 경험이나 학습의 영향을 거의 받지 않으며, 청년기 이후부터 퇴보한다. • 속도, 기계적 암기, 지각능력, 일반적 추론능력 **⑩** 빠진 곳 찾기, 차례 맞추기, 토막짜기, 모양 맞추기, 숫자 외우기
결정성 지능	• 후천적 능력으로 환경이나 경험, 문화적 영향에 의해 발달되며, 나이를 먹으면서도 발달이 지속될 수 있다. • 언어이해 능력, 문제해결 능력, 상식, 논리적 추리력 **⑩** 기본지식, 어휘, 이해, 공통성

02 지능을 평가할 때 주요 쟁점인 임상적 접근과 개념적 접근에 대해 설명하시오.

[18a, 21a, 24c 기출]

📖 해설

임상적 접근 (Clinical Approach)	• 주로 개별 사례에 집중하여 지능을 평가하는 방식이다. 이 접근은 전문가, 즉 심리학자나 임상전문가가 개인의 지능을 평가하기 위해 주관적 판단을 포함한 다양한 방법을 사용하는 방식이다. 주로 검사 도구뿐만 아니라 개인의 정서적, 환경적, 문화적 맥락을 종합적으로 고려하는 특징이 있다.
개념적 접근 (Conceptual Approach)	• 주로 이론과 과학적 연구에 기반한 지능의 정의와 측정 방법에 초점을 둡니다. 이 접근은 지능을 다양한 하위 요소로 나누고, 이를 구체적이고 체계적으로 측정하기 위한 표준화된 검사 도구를 사용한다. 예를 들어, 웩슬러 지능 검사(WAIS)나 스탠포드-비네 지능검사(SBIS) 같은 지능 검사는 개념적 접근을 기반으로 만들어졌다.

03 성인 지능검사 실시하는데 수검자와 라포를 형성하기 위한 구체적 방법을 쓰시오.

[18b 기출]

해설

① 활동, 흥미 등의 비공식적 대화를 통해 편안한 상태를 유지하도록 돕는다.
② 검사 전에 수검자가 알아두어야 할 일반적인 사항을 설명해 준다.
③ 전문가적인 태도로 서두르지 않고 과제를 실시한다.
④ 수검자의 노력에 대해 격려해 주면서 열의와 관심을 보여준다.
⑤ 검사의 속도와 수검자의 상태 변화에 유의한다.
⑥ 약간의 융통성은 허용되지만 표준적인 실시절차를 지켜나가기 위해서 검사자의 통제를 유지해 나가야 한다.

04 아동을 대상으로 한 지능검사에서 검사자와 수검자 간의 관계형성(Rapport)은 필수적이다. 지능검사를 실시하는 검사자가 수검자와 라포를 형성하기 위한 구체적인 방법 4가지를 쓰시오.

[12, 24b 기출]

해설

① 검사를 실시하는 동안에는 검사자와 아동 외 그 누구도 검사실 안에 있게 해서는 안 된다.
② 제시되는 다양한 과제들과 문제들을 아동이 재미있어할 것이라 생각하면서 자신감 있는 태도로 아동에게 접근한다.
③ 검사 시작 시 아동의 활동이나 흥미에 대한 가벼운 대화를 통해 아동이 편안한 상태로 검사에 임하게 한다.
④ 지능검사라는 말은 하지 않도록 한다.
⑤ 일정한 페이스를 유지하되, 아동의 기분이나 협조에 관한 변화에 대해서는 언제나 주시하며 필요하다면 휴식을 갖도록 한다.
⑥ 아동의 노력을 칭찬함으로써 열의와 관심을 보여준다.
⑦ 만약 아동이 어떤 과제를 수행하지 못하거나 질문에 답하지 못하는 경우에는 용기를 북돋아 준다.

K-WAIS-IV에 대하여 설명하시오.

해설

(1) 언어이해 – 공통성, 어휘, 상식, (이해)

언어적 이해능력, 언어적 정보처리능력, 언어적 기술 및 정보의 새로운 문제해결을 위한 적용능력, 어휘를 이용한 사고능력, 결정적 지식, 인지적 유연성, 자기 감찰 능력 등을 반영한다.

(2) 지각추론 – 토막짜기, 행렬추론, 퍼즐, (무게 비교, 빠진 곳 찾기)

지각적 추론능력, 시각적 이미지에 대한 사고 및 처리능력, 시각–운동 협응능력, 공간관리 능력, 인지적 유연성, 제한된 시간 내에 시각적으로 인식된 자료를 해석 및 조직화하는 능력, 유동적 추론능력, 비언어적 능력 등을 반영한다.

(3) 작업기억 – 숫자, 산수, (순서화)

작업기억, 청각적 단기기억, 주의집중력, 수리능력, 부호화 능력, 청각적 처리기술, 인지적 유연성, 자기감찰 능력을 반영한다.

(4) 처리속도 – 동형 찾기, 기호 쓰기, (지우기)

시각정보 처리속도, 과제 수행속도, 시지각적 변별능력, 정신적 수행의 속도 및 정신운동 속도, 주의집중력, 시각–운동 협응 능력, 인지적 유연성 등을 반영한다.

※ 괄호 안은 보충검사에 해당한다.

06 K-WAIS Ⅳ의 핵심 소검사들을 쓰고 각각 소검사가 측정한 내용을 기술하시오.

[06, 22b 기출]

06-1 웩슬러 소검사를 기술하시오.

[23a 기출]

해설

(1) 언어이해
　공통성 : 유사성의 관계능력 파악, 추상적인 사고능력
　어휘 : (전체지능 대표) 학습능력과 일반개념 측정
　상식 : (병전지능 대표) 개인의 기본지식 정도

(2) 지각추론
　토막짜기 : (유동지능, 병전지능 대표) 비언어적 개념형성 능력, 시각-운동 협응
　능력
　퍼즐 : 시각적 재인 및 검증능력, 전체를 부분적으로 분석하는 능력
　행렬추리 : 지각적 조직화 능력, 추론능력, 세부적 주의력/집중력

(3) 작업기억
　숫자 : 청각적 단기 기억력, 주의력/집중력 측정
　산수 : 수 개념과 주의 집중력 측정, 계산력, 단기기억 측정

(4) 처리속도
　기호쓰기(뇌손상에 민감) : 단기 기억력 및 민첩성, 시각-운동협응 능력 측정
　동형찾기 : 시각적 단기기억, 시각적 변별력, 주의집중력 반영

07 K-WAIS-4의 연속적인 수준의 해석절차 5가지를 쓰시오. [21b 기출]

> 🖹 **해설**
> ① 1단계 : 전체 지능지수 보고 및 기술
> ② 2단계 : 각 지표의 보고 및 기술
> ③ 3단계 : 지표 수준에서의 차이값 비교 평가
> ④ 4단계 : 지표 수준에서의 강점과 약점 평가
> ⑤ 5단계 : 소검사 수준에서 차이값 비교 평가
> ⑥ 6단계 : 과정 분석(선택적)

08 K-WISC-IV의 핵심 소검사 항목을 모두 쓰시오. [15a, 17a 22b 기출]

08-1 K-WISC-IV의 지표 4가지와 지표별 소검사 1가지씩 쓰시오. [23b, 24a 기출]

> 🖹 **해설**
> ① **언어이해** : 공통성, 어휘, 이해, (상식, 단어추리)
> ② **지각추론** : 토막짜기, 공통그림 찾기, 행렬추리, (빠진 곳 찾기)
> ③ **작업기억** : 숫자, 순차 연결, (산수)
> ④ **처리속도** : 기호쓰기, 동형찾기, (선택)
> ※ 괄호 안은 보충검사에 해당한다.

> 😊 **참고** K-WISC-IV와 K-WAIS IV의 소검사 비교

지표		K-WAIS-IV (성인용 : 16세~69세)	K-WISC-IV (아동용 : 5세~16세)
언어이해 지표	언어(좌뇌)와 관련, 축척된 지능, 결정지능	공통성, 상식, 어휘, (이해)	공통성, 어휘, 이해, (상식), (단어추리)
지각추론 지표	선천적 우뇌와 관련, 타고난 지능, 유동지능	토막짜기, 퍼즐, 행렬추론, (빠진 곳 찾기), (무게비교)	토막짜기, 공통그림찾기 행렬추리, (빠진 곳 찾기)
작업기억 지표	단기기억, 주의집중력	숫자, 산수, (순서화)	숫자, 순차연결, (산수)
처리속도 지표	좌뇌와 우뇌를 함께 사용, 학습능력과 상관관계가 높음	기호쓰기, 동형찾기, (지우기)	기호쓰기, 동형찾기, (선택)

( )는 보충 소검사입니다.

09 웩슬러 지능검사의 소검사(기본지식) 중 상식검사가 측정하는 내용 5가지를 쓰시오.

[20c, 23c 기출]

🗨 **해설**

① 일상적이고 사실적인 범위의 지식
② 학습, 학교교육의 정도
③ 지적 호기심, 지식추구의 정도
④ 기민성, 일상세계에 대한 관심
⑤ 장기기억의 정도

10 웩슬러 지능검사의 소검사인 이해 소검사로 측정하는 내용 5가지를 쓰시오.

[21a 기출]

🗨 **해설**

① 결정적 지능
② 사회적 판단
③ 상식수준
④ 사회적 판단에 대한 평가 능력
⑤ 과거 경험에 대한 평가 능력
⑥ 장기기억

😊 **참고** 이해 소검사

이해 소검사는 성인용과 아동용 웩슬러 지능검사의 언어이해 지표의 보충 소검사로 일상의 사회적 상황과 관련된 문항들에 답하는 검사이다. 사회적 상황에 내재된 일반적인 원칙이나 자신의 이해에 기초하여 대답하도록 요구되고 사회적 상황에서 보이는 실제적인 추론 능력과 판단력을 활용하게 되어 실제적이고 경험적인 지식이 요구된다.

11 웩슬러 지능검사의 양적 분석에 포함되어야 할 내용 3가지를 쓰시오.

[11, 13, 18b, 23a 기출]

> **해설**
> ① 현재 지능 파악
> ② 병전 지능 파악
> ③ 언어성 검사와 비언어성 검사 간의 비교
> ④ 소검사 간 점수들의 분산 분석

> **참고** K-WAIS-IV 프로파일의 기본적인 분석 절차

1단계	전체 지능 지수에 대한 검토
2단계	각 지수 점수에 대한 검토
3단계	차이값의 비교, 강점과 약점의 평가

12 K-WISC-IV 검사를 해석하는 과정에서 과정 분석에 해당하는 점수 5가지를 쓰시오.

[16b 기출]

> **해설**
> ① **토막짜기** : 시간 보너스가 없는 토막짜기
> ② **숫자** : 숫자 바로 따라하기
> ③ **숫자** : 숫자 거꾸로 따라하기
> ④ **숫자** : 숫자 순서대로 따라하기
> ⑤ **숫자** : 최장 숫자 바로 따라하기
> ⑥ **숫자** : 최장 숫자 거꾸로 따라하기
> ⑦ **숫자** : 최장 숫자 순서대로 따라하기

> **참고** 과정점수
> ① 과정점수(process sorce)란 검사수행의 질적 해석이 중요하다는 관점에서 만들어진 점수로 속도를 배제했을 때 수행능력을 나타낸다.
> ② 토막짜기 1개, 숫자 6개, 순서화 1개의 과정점수를 제시한다. 추가적 실시 절차없이 본 수행의 결과에서 도출한다.
> ③ 과정점수가 소검사 점수나 조합점수를 대체할 수 없다.

13 웩슬러 지능검사에서 언어성 점수가 동작성 점수보다 유의미하게 낮게 나왔을 경우의 특징을 예를 들어 설명하시오.   [16b, 20a 기출]

해설

웩슬러 지능검사에서 동작성 점수보다 언어성 점수가 낮다는 것은 선천적으로 타고난 지능에 비해 후천적으로 학습되고 발달된 지능의 수준이 낮다는 것이다. 이는 결정지능에 비해 유동지능이 언어적 이해력에 비해 지각적 구조화 능력이 우수함을 의미한다.

지능검사 결과 동작성 지능검사에 비해 언어성 지능이 낮게 나오는 경우는 주의력결핍과잉행동장애(ADHD)나 자폐증 같은 행동장애에서 흔하다. ADHD 아동의 경우에는 주의력 결핍이나 과잉 행동으로 인해 자폐증 아동의 경우에는 의사소통능력 결핍이 학습을 방해하여 언어성 지능 발달에 손상을 입었을 가능성이 시사된다.

그 결과 유동성 지능과 결정성 지능 사이의 불균형으로 인한 학습장애의 가능성도 높다.

14 웩슬러 지능검사의 결과를 통해 나타나는 우울증의 특징 5가지를 쓰시오.
                                                                  [04, 10 기출]

해설

① 언어성 지능이 동작성 지능에 비해 상대적으로 높은 수준을 보인다.
② 쉽게 포기하는 경향을 보이는 등 지구력이 부족하다.
③ 전반적으로 반응속도가 느리다.
④ 언어성 검사 중 공통성의 점수가 낮으며, 동작성 검사 중 빠진 곳 찾기를 제외한 다른 동작성 소검사들에서 낮은 점수를 보인다.
⑤ 반응의 질적인 면에서의 정교화나 언어표현의 유창성 등이 부족하다.
⑥ 자신에 대해 비판적인 양상을 보인다.

15 웩슬러 지능검사에서 병전 지능을 추정할 수 있는 소검사 3가지와 그 이유를 쓰시오.

[19a, 19b 기출]

해설

(1) 웩슬러 지능검사의 소검사

① **어휘(일반 지능을 대표)** : 학습능력과 일반개념을 측정

② **상식(언어 지능을 대표)** : 개인의 기본지식을 측정

③ **토막짜기(유동 지능을 대표)** : 시각–운동 협응능력을 반영

(2) 이유

① 병전 지능은 피검자가 병리를 겪지 않았더라면 쓸 수 있는 지능으로 타고난 지능이 환경의 영향으로 발달된 지능이다.

② 병전 지능 추정의 기준이 되는 웩슬러 지능검사의 소검사는 '어휘, 상식, 토막짜기'이다. 그 이유는 위의 소검사의 결과가 사건이나 상황의 변화에 영향을 받지 않고 안정적이기 때문이다.

16 총집검사(Full Battery)에서 지능검사를 시행하는 이유 5가지를 쓰시오.

[18b, 21b 기출]

해설

① 전반적인 지적능력 수준을 평가한다.

② 지적기능 및 인지적 수준을 파악한다. (병전 지능의 수준을 측정한다.)

③ 기질적 뇌손상 또는 뇌손상에 따른 인지적 기능을 평가한다.

④ 개인의 성격 및 자아기능에 관한 정보를 제공한다.

⑤ 임상적 진단을 명료화한다.

17 다음 검사결과를 보고 물음에 답하시오.

[17b, 20a, 20c 기출]

> 50대 여성 내담자의 지능검사 결과 각 소검사별 평가치는 기본지식 8, 숫자 6, 어휘 10, 산수 7, 이해 9, 공통성 9, 빠진 곳 찾기 5, 차례 맞추기 6, 토막짜기 5, 모양 맞추기 6, 바꿔 쓰기 5로 나왔다.

(1) 정신과적 진단 2가지를 쓰시오.

> **해설**
> ① 주요 우울 장애
> ② 불안 장애

(2) 감별 진단을 위해 고려해야 하는 사항 4가지를 쓰시오.

> **해설**
> ① 우울 에피소드 여부
> ② 자살 충동성
> ③ 불안에 대한 원인
> ④ 사고장애의 가능성

(3) 위의 내담자가 신경증적 손상은 없고 남편의 외도로 인하여 스트레스를 받아, 산수 및 숫자점수의 상대적 저하와 동작성 지능의 전반적 저하가 나온 결과에 대하여 설명하시오.

> **해설**
> ① 기질적 손상에 의한 것이 아니므로 정서적 우울감이 의심된다.
> ② 무기력과 에너지 수준의 저하이다.
> ③ 주의집중 및 시간제한 검사의 저조이다.
> ④ 동작성 검사 수행에 어려움이 있다.

18 다음의 사례에 대해 추정할 수 있는 내용을 쓰시오.

[20b, 21a 기출]

> 중1인 아동이 이혼한 엄마와 살고 있다. 방학 때는 아버지와 생활하며, 아버지를 만나는 것을 즐거워하며, 아버지에 대해 긍정적인 생각을 하고 있다. 학교에서는 산만하며, 과제를 빼먹기 일쑤이고, 수업 시간에 집중하지 않는 편이다. 언어성 지능은 120, 동작성 지능은 136이며, 특이하게도 숫자 거꾸로 외우기 11, 산수 7을 기록하고 있다.

🖎 해설

사례 아동은 지능수준이 우수(언어성 지능)에서 매우 우수(동작성 지능) 수준으로 지능이 높은 학생이다. 그러나 학교에서 수행이 저조하고 학습태도가 그리 좋지 않은 문제를 호소하고 있다. 이런 경우 동작성 지능에 비해 언어성 지능이 낮아 ADHD 등의 행동문제를 의심해 볼 수 있다. 특히 숫자 거꾸로 외우기와 산수 소검사 점수가 평균(숫자 거꾸로 외우기) 혹은 평균 이하(산수)로 전체 지능에 비해 낮아 청각적 단기기억이나 주의집중력이 낮고 불안이나 긴장에 민감하며(숫자 거꾸로 외우기) 주의집중이 안 되고 단기기억력이 떨어지는 점(산수검사)이 사례아동의 ADHD 장애 진단의 가능성을 뒷받침한다.

😊 참고

(1) 언어성 검사 IQ 〈 동작성 검사 IQ

주요원인	• 수검자가 저학력인 경우 • 시·공간적 자극을 처리하는 뇌의 우반구가 발달한 경우 • 언어적 자극을 처리하는 뇌의 좌반구가 손상된 경우 • 자폐증, 정신지체 장애, 학습 장애, 반사회적 성격 장애 등을 가진 경우
특징	• 시각-운동 협응능력이 상대적으로 발달함 • 청각적-언어적 정보처리 능력이 상대적으로 저조함 • 축적된 경험을 통한 문제해결 능력이 저조함 • 언어능력, 읽기능력이 저조하며, 학업수행에 어려움이 있음 • 시간제한이 없는 과제에서도 이를 효율적으로 수행하는 데 어려움이 있음

(2) 숫자 낮은 점수

청각적 단기기억력과 주의력/집중이 낮고, 불안이나 긴장도에 민감하다.

(3) 산수 낮은 점수

수 개념과 주의집중력이 낮고, 암산력과 단기기억이 저조하다.

19 카우프만 검사가 다른 개인용 지능검사와 구별되는 특징을 3가지 쓰시오

[16b 기출]

🖋 해설

척도의 특징적 구성	카우프만 검사(K-ABC ; Kaufman Assessment Battery for Children)는 지능을 인지처리 과정으로 보고, 이를 문제 혹은 과제의 해결이 순차처리적인지 동시처리적인지에 따라 분리하여 측정한다. 여기에는 언어능력이 배제된 비언어성 척도를 마련하여 언어장애 아동의 지능을 효과적으로 평가하며, 후천적으로 습득된 지능을 지능 척도와 분리하여 평가함으로써 아동의 문제해결력과 함께 그러한 문제해결력을 사용하여 얻은 습득된 능력을 비교할 수 있도록 한다.
처리과정 중심의 결과	K-ABC는 처리과정 중심의 결과로써 검사결과에 근거한 교육적 처치가 가능하다. 처리 중심의 검사는 기존의 대다수 내용 중심의 검사와 달리 아동이 왜 그러한 정도의 수행을 하였는지에 대해 설명해 줄 수 있으므로, 지능검사의 결과에 근거한 교육적 처치를 마련할 수 있는 것이다.
연령별 하위검사의 차별화	K-ABC는 인지발달이론에 근거하여 연령별로 실시하는 하위검사를 차별화하였다. 즉 16개의 하위검사 중 수검자의 연령 및 인지발달의 수준에 따라 7~13개의 하위검사를 실시하도록 되어 있다.
좌뇌와 우뇌의 고른 측정	K-ABC는 좌뇌와 우뇌의 기능을 고루 측정할 수 있는 하위검사로 구성되어 있다. 이는 전통적 지능검사들의 경우 주로 좌뇌의 기능을 측정하는 좌뇌지향적 검사로서, 우뇌가 발달한 아동이나 우뇌지향적 문화권의 아동에게 불리한 결과로 나타날 수 있다는 지적에서 비롯된 것이다.

20 Lichtenberger와 카우프만(2009)이 제시한 지능검사의 철학 5가지를 쓰시오.

[22a, 24b 기출]

🖋 해설

① 지능검사의 소검사는 개인이 학습해 온 것을 측정한다.
② 지능검사의 소검사는 개인 행동 표본일 뿐 총체는 아니다.
③ 개인 대상의 표준화된 검사는 특정한 실험적 환경하에서 정신기능을 평가한다.
④ 지능검사와 같은 종합검사는 이론적 모형에 근거하여 해석해야 유용하다.
⑤ 검사 프로파일을 통해 도출된 가설은 다양한 출처의 자료를 통해 지지되어야 한다.

01 MMPI-2에서 재구성 임상 척도를 개발하게 된 목적은 무엇인가? [16a, 20b 기출]

> 🖐️ 해설

(1) 재구성 임상 척도 개발 목적

① 재구성 임상 척도는 MMPI 개발이 경험적 문항 선정 방식에 기인하였기 때문에 발생하는 다음 두 가지 문제를 해결하기 위해 Tellegen 등(2003)에 의해 개발되었다.
- 임상 척도 간에 높은 상관이 나타난다는 것
- 각 임상 척도의 문항에서 그 타당성이 의심스러운 모호 문항이 포함되어 있다는 것

② 기본 임상 척도의 중요한 기술적 특성을 그대로 유지하면서 그동안 제기되었던 해석상의 모호함을 감소시키고 변별력을 증가시키기 위해 개발되었다.

02 MMPI-2에서 이상으로 간주하는 점수와 그 이유에 대해 설명하시오. [16a 기출]

> 🖐️ 해설

(1) 이상으로 간주되는 점수(절단 점수)

65T이며 이는 백분위로 상위 93%에 해당한다.

(2) 이유

MMPI-2에서 이상으로 간주하는 해석 가능한 높은 점수는 65T 이상이며 그 이유는 65T가 백분위 92에 해당하는 높은 점수이기 때문이다. 즉 전체 인구에서 65T 이상을 보이는 사람들의 분포는 8% 이하이고 이는 정상적인 범위에서 훨씬 벗어나는 이상 점수라고 보는 것이다.

03 MMPI의 일반적 해석과정 7단계를 간략히 기술하시오.

[15 기출]

🖋 해설

(1) 제1단계 검사태도에 대한 검토

검사태도의 양적 측면과 질적 측면을 검토한다.

(2) 제2단계 수검자의 일관성 문제 검토

수검자의 일관성 문제를 검토하고, 일관성의 문제가 없다면 수검자의 반응자세를 검토하며 과대·과소보고의 가능성을 살펴본다.

(3) 제3단계 검사결과에 반영된 심리적 고통 평가

검사결과에 반영된 심리적 고통의 전반적인 수준을 평가하며 개별척도들의 비교를 통해 고통의 성질과 근원을 구체적으로 평가할 수 있다.

(4) 제4단계 수검자 적절성 평가

수검자의 정서적,행동적 통제력의 전반적인 적절성을 평가하며 정서적 과잉통제 또는 행동적 과소통제 여부를 살펴본다.

(5) 제5단계 임상 척도 부합 여부 검토

임상 척도의 프로파일이 4가지 일차적 패턴 중 어느 것과 부합하는지를 살펴보는 것이다. (1-3, 2-7, 4-9, 6-8)

(6) 제6단계 낮은 임상 척도에 대한 검토

점수가 매우 낮은 임상 척도를 검토해 본다.

(7) 제7단계 검사결과의 구체화

검사결과에서 시사되는 증상이나 호소문제, 귀인양식, 행동 등을 한층 더 구체화한다.

04 MMPI-2의 타당도 척도 4가지를 쓰시오.

[13 기출]

해설

(1) ?(무응답) 척도

피검사자가 응답하지 않은 문항과 "그렇다"와 "아니다"에 모두 답한 문항들의 총합이다.

(2) L 척도

원래 피검사자가 자신을 좋은 모양으로 나타내 보이려는 다소 고의적이고도 부정직하며 세련되지 못한 시도를 측정하는 척도이다.

(3) F 척도

검사 문항에 대해 비전형적인 방법으로 응답하는 사람들을 탐지하기 위한 것으로 일반 대중의 생각이나 경험과 다른 정도를 측정한다.

(4) K 척도

분명한 정신적인 장애를 지니면서도 정상적인 프로파일을 보이는 사람들을 식별하기 위한 것으로, L 척도 보다 더 은밀하고 세련되게 자신을 방어하려는 시도를 측정한다.

05 MMPI-2에서 ?(무응답) 척도가 상승하는 경우를 5가지 쓰시오.

[11, 15, 22b 기출]

해설

① 수검자의 부주의
② 혼란으로 문항누락
③ 둘 중 하나를 선택하지 못하는 우유부단함
④ 바람직하지 않은 부분에 대한 회피
⑤ 정보나 경험의 부족
⑥ 검사에 비협조적이고 반항적인 태도
⑦ 극도의 불안이나 우울 증상

06 MMPI에서 과장된 보고에 상승하는 척도 3개를 설명하시오. [19b, 23a 기출]

해설

(1) F 척도(비전형 척도)
정신병리나 자신의 문제를 과장하는 것으로 '도움을 청하는' 의도로서 과장했을 가능성을 고려한다.

(2) F(B) 척도(비전형-후반부 척도)
내담자(수검자)가 수검태도가 크게 변화되었는지 파악하는 목적으로 사용한다.

(3) F(P) 척도(비전형-정신병리 척도)
F 척도에 비해 정신병리에 덜 민감한 척도로 정신병리나 자신의 문제를 과장하는 것으로 '도움을 청하는' 의도로서 과장했을 가능성을 고려한다.

07 MMPI의 타당도 척도에서 긍정왜곡과 부정왜곡에 대해 설명하시오. [19b 기출]

해설

(1) 긍정왜곡
① L, K 척도 상승(T 점수 60 이상), F 점수 하락(T 점수 50 이하) : V형
  • 바람직하지 못한 감정이나 충동 또는 문제를 부인하거나 회피하려 한다.
  • 자신을 가능한 잘 보이려고 애쓰는 유형이다.
② L 척도 상승(T 점수 70 이상)
  • 피검자가 자신을 좋은 모양으로 나타내 보이려는 세련되지 못한 방어 가능성으로 교육수준이 낮거나 통찰력 결여 시 상승한다.
③ S 척도 상승
  • 방어성에 대한 정보를 주는 척도로 긍정왜곡 시 탐지되도록 구성한다.

(2) 부정왜곡
① K 척도 하락(T 점수 50 이하), F 점수 상승(T 점수 60 이상) : 삿갓형
  • 자신의 신체적, 정서적 곤란을 인정하고 이 같은 문제에 대한 도움을 요청하며 자신이 해결할 수 있는 능력이 없다고 인식한다.
  • F 점수가 상승할수록 스스로 어려움을 느껴, 보다 빨리 도움을 얻고자 증상을 과장하거나 혹은 일부러 정신적 장애가 있는 것처럼 위장하는 것으로 볼 수 있다.
② F 척도의 상승(T 점수 70 이상)
  • 비임상장면에서 꾀병, 과대망상, 자신의 책임회피, 다른 사람을 기만할 목적을 가진 사람에게 나타난다.

08

MMPI 결과 T 점수로 L 척도 48, F 척도 110, K 척도 45를 보이고 5번 척도를 제외한 대부분의 임상 척도가 높게 상승하였다. 이런 프로파일을 보일 가능성이 있는 사람들의 유형을 3가지 쓰시오. [09, 15, 20c, 24a 기출]

> 🏷 **해설**
>
> **(1) 가능한 유형 3가지**
>
> ① 자신의 문제를 과장하여 반응함으로써 주위의 관심이나 도움을 받으려는 사람
>
> ② 자신의 책임을 회피하거나 다른 사람을 기만할 목적을 가진 범법자
>
> ③ 검사 자체 또는 검사자에게 저항하는 사람
>
> 😊 **참고** 타당도 형태(삿갓형)의 특징
> 정신병리를 가진 사람의 경우 F 점수가 70~90 정도로 나타나면서 L 척도나 K 척도와 함께 동반상승하는 반면, 부정왜곡 파일에서는 F 척도가 단독으로 100 이상 높게 나타나는 양상을 보인다.

09

어떤 환자에게 MMPI를 실시한 결과 L, K가 70이 넘어 방어적 경향이 강한 것으로 나타났고, 검사결과를 해석할 수 없는 정도였다. 그러나 이 사람에게 심리검사는 꼭 필요한 것으로 판단되었다. 이때 임상심리사가 취할 수 있는 방법을 2가지로 구분해서 설명하시오. [18a, 20c 기출]

> 🏷 **해설**
>
> ① 검사 및 검사자에게 저항하는 것으로 볼 수 있어 내담자와 라포형성을 통해 저항을 감소시킨다.
>
> ② 심리적 약점에 대한 방어적 태도로 인한 것으로 볼 수 있어 검사결과의 비밀보장에 대해 설명해 주고 방어적인 태도를 감소시킨다.
>
> ③ MMPI가 아닌 상대적으로 방어가 적은 HTP 그림검사 등 투사검사를 활용한다.

10 타당도 척도 L, K 30 이하/ F 70 이상일 때 유형 2가지를 쓰시오.

[15a, 19b, 20a 기출]

🛋 해설

① 임상장면에서 가장 자주 보게 되는 프로파일 형태로 피검자가 자신의 신체적 정서적 곤란을 인정하고 이와 같은 문제들을 스스로 해결할 자신이 없어 도움을 요청하고 있는 상태

② 비임상 장면에서 꾀병, 과대망상, 자신의 책임회피, 다른 사람을 기만할 목적을 가진 사람에게 나타남

11 MMPI 6번 척도가 T 점수 72점이 나왔다면 이는 임상적으로 어떤 의미인지 5가지를 제시하시오.

[03, 05, 15, 20a 기출]

🛋 해설

① 주위 환경에 경계심과 의심이 많다.
② 분노를 쉽게 느끼고 특정인에게 집중되어 있다.
③ 방어적이고 불신감이 많으며 대인 접촉이 어렵다.
④ 자신의 문제를 인정하기보다 타인의 탓으로 돌린다.
⑤ 피해망상, 과대망상, 관계망상 등의 사고 장애가 있을 수 있다.

12 MMPI 9번 척도가 27점일 때 임상적 현상 2가지를 쓰시오. [17a, 24c 기출]

해설

① 척도 9가 낮고 척도 2가 높은 경우, 양극성 장애의 우울증 상태일 수 있다.

② 갑상선 같은 의학적 문제로 에너지 수준이 낮아졌을 수 있다.

③ 다른 상승한 임상 척도가 없고 척도 9가 낮다면 믿음직스럽고 예의가 바르다. 조심스러워서 과하게 관여하지 않고, 참을성이 있으며 정서적으로 안정적일 수 있다.

13 MMPI-2 척도에서 6-8/8-6유형의 일반적인 특성 5가지와 가능성 있는 장애 진단명 2가지를 쓰시오. [7, 10, 16b, 22b 기출]

해설

(1) 일반적인 특성

① 현저하게 사고과정의 어려움이 있으며 자폐적이고 산만하고 기괴한 사고내용이 있다.

② 주의집중력의 곤란, 기억력 저하, 판단력 장애도 흔히 나타난다.

③ 피해망상. 과대망상. 환각이 나타나며 현실 검증력의 장애를 보인다.

④ 정서적으로 둔화되어 있고 상황에 맞지 않는 부적절한 감정반응이 있다.

⑤ 의심과 불신이 많고 타인에게 적대감이 있으며 친밀한 관계를 회피한다.

(2) 가능성 있는 장애 진단명

① 조현병(정신분열증)

② 편집성 성격 장애

14

MMPI 상승 분석에서 4-9/9-4 형태에 대한 해석 5가지를 쓰시오.

[17a, 20a, 21a, 23b, 24a 기출]

해설

① 공격적이고 충동적인 행동의 외현화된 표출이다.
② 강한 적개심이나 공격성의 외현적 행동의 표현이다.
③ 사회적 규범과 가치관에 무관심하거나 무시하며 반사회적인 경향이다.
④ 행동이 앞서며 욕구지연이 어렵고 욕구좌절에 대한 인내력이 낮다.
⑤ 피상적이고 착취적인 대인관계 행동 가능성이 있다.

15

MMPI 4, 6번 척도가 상승되어 있고 척도 5가 이들 척도보다 10점 이상 낮거나 T 점수가 50점 이하로 하락되어 있는 형태의 명칭을 쓰시오.

[17b 기출]

해설

"수동-공격형 V" 형태 또는 "Scharlett O' Hara V" 형태

참고 수동-공격형 V 형태의 특성

1	수동적, 의존적, 전통적 여성 역할에 과도하게 동일시하며 표면적으로 사교적이지만 내면에는 분노감이나 적대감, 강한 애정 욕구가 있다. 특히 남자에게 의지하며 지나칠 정도로 애정을 요구하는 경향이 있다.
2	원하는 것을 얻어내기 위해 요구적이고 도발적인 태도로 타인을 조정하려 한다.
3	척도 6의 상승은 자신의 결점이나 실패를 외부환경으로 돌리려는 투사적 경향성이나 만성적 분노감을 반영한다.
4	타인을 화나게 하는데 능숙하지만 그 책임을 인정하려 하지 않기 때문에 치료적 개입이 쉽지 않다.

16

MMPI-2 프로파일에서 가장 우선적으로 다루어야 할 척도는 무엇이고 그 이유를 기술하시오.

[17a, 23a 기출]

> (1) 1-2-3　　(2) 3-4　　(3) 7-8-9　　(4) 2-7-3

해설

7-8-9 쌍 코드는 정신증적 증상을 보일 가능성이 높아 보인다. 따라서 비현실적인 공상이나 망상 등으로 인해 현실 검증력이 손상되었을 가능성이 높으며, 높은 곳에서 뛰어내리는 등의 위험한 행동을 할 수 있는 유형이라고 보이기 때문에 가장 급박한 상황이라고 볼 수 있다. 7-8-9 코드는 조기 정신증의 발견과 치료로 만성적인 정신증으로의 이행 예방과 함께 이를 지연시키기 위해 우선적으로 다루어야 한다.

참고 코드

1-2-3 쌍 코드	1-2-3 쌍 코드는 신경증적 증상으로 주로 신체화 증상을 호소하게 됨으로 급박한 상황이라고 볼 수 없다.
3-4 쌍 코드	3-4 쌍 코드는 예민하고 다분히 신경질적인 반응을 보이겠지만 반사회적이거나 위험한 폭력적 행동을 보이지 않을 경우 급박한 상황이라고 볼 수 없다.
2-7-3 쌍 코드	2-7-3 쌍 코드는 매우 불안하고 예민하고 우울하기 때문에 우울 장애나, 불안 장애들이 가능하나 크게 급박한 상황이라고 볼 수 없다.

17

MMPI 성격병리 5요인 척도에 대해 쓰시오.

[18b, 21b 기출]

해설

① AGGR(공격성)
② PSYC(정신증)
③ DISC(통제결여)
④ NEGE(부정적 정서성, 신경증)
⑤ INTR(내향성, 낮은 긍정적 정서성)

18 MMPI-2 재구성 임상 척도에서 불신과 착취를 나타내는 척도 기호를 쓰시오.

[20b 기출]

해설

불신과 착취를 나타내는 기호는 RC6이다.

19 MMPI 검사의 임상척도 중 편집증 척도의 임상 소척도 3가지를 쓰고 설명하시오.

[23b 기출]

해설

Pa1 피해의식	이 소척도에서 높은 점수를 받은 사람은 세상을 위협적이라고 지각하며 자신이 오해받고 부당한 대우를 받는다고 느낀다. 높은 점수를 받은 사람들 중에는 관계 사고나 망상을 보고하는 사람도 있을 수 있다.
Pa 2 예민성	이 소척도에서 높은 점수를 받은 사람은 다른 사람들보다 신경질적이고 예민하다. 그들은 외롭고 오해 받는다고 느끼며, 스스로를 기분 좋게 하기 위해서 위험하거나 자극적인 활동을 찾을 수 있다.
Pa 3 순진성	이 소척도에서 높은 점수를 받은 사람은 다른 사람에 비해서 비현실적으로 낙관적인 태도를 갖는다. 그들은 스스로를 적대감이나 부정적인 충동을 가지고 있지 않고, 높은 도덕적 기준을 가지고 있으며, 사람을 의심하지 않는다고 표현한다.

20 MMPI-2 척도의 2개인 편집증, 경조증에 대해 쓰시오.

[23c 기출]

해설

(1) 대인관계 예민성, 피해의식, 막연한 의심, 경직된 사고, 관계망상 등을 포함하는 척도 : 6번, 편집증 척도
(2) 고양된 기분, 말과 행동의 속도가 빨라짐, 화를 잘 냄, 사고의 비약, 단기간의 우울 등을 포함하는 척도 : 9번, 경조증 척도

21 다음은 20대 남성의 다면적 인성검사의 결과이다. 이 결과를 타당도 척도와 임상 척도의 코드 유형에 근거하여 각각 설명하시오. [15 기출]

> • **타당도 프로파일** : VRIN(46), TRIN(50), F(73), FB(52), FP(50), L(45), K(37), S(40)
> • **임상 프로파일** : Hs(57), D(76), Hy(64), Pd(66), Mf(48), Pa(65), Pt(74), Sc(56), Ma(49), Si(61)

해설

(1) 타당도 척도

① VRIN, TRIN, FB, FP 척도가 정상 범위 내에 있는데, 이는 수검 태도에는 문제가 없다는 것을 알 수 있다.

② F 척도가 70 이상 상승되어 있는데 이는 신경증이나 정신증, 현실 검증력 문제를 의심할 수 있다.

③ L, K, S 척도의 낮은 점수는 도움을 요청하는 상태로 보여진다.

(2) 임상 척도

임상척도 2, 4, 6, 7이 65T 이상으로 상승되어 있고 3번도 64T여서 전반적인 심리적 고통을 호소하고 있는 것으로 볼 수 있다. 세부적으로는 아래의 증상들을 보일 수 있다.

① 우울, 불안, 긴장되어 걱정이 많고 예민하다.

② 문제를 예상하고 걱정하며 과민하고 쉽게 불안정해진다.

③ 체중감소, 불면, 식욕부진 등 신체 증상과 우울증의 임상적 증상이 나타난다.

④ 비관적이고 생각이 많고 죄책감을 자주 느낀다.

⑤ 지나치게 엄격하고 완벽주의적이며 생각이 많아 결정의 어려움이 있다.

22 다음은 38세 미혼여성의 MMPI 검사결과이다. 이를 토대로 수검자의 임상적 특징, 가능한 진단명, 주로 사용하는 방어기제에 대해 간략하게 기술하시오.

[12, 18b 기출]

L	F	K	1	2	3	4	5	6	7	8	9	0
76	42	80	85	60	78	62	42	53	60	56	42	50

해설

(1) 임상적 특징

① 타당도 척도의 L 척도 76, F 척도에서 42, K 척도 80 → 타당도 척도 V형이다.
- 폐쇄성
- 바람직하지 못한 충동의 부인 및 감정축소
- 자신을 호의적으로 생각함
- 심리적 통찰력 부족

② 임상 척도의 척도 1 Hs에서 85, 척도 3 Hy에서 78 → 1-3의 상승 척도 쌍이다.
- 자신의 정신적인 고통이나 심리적인 문제를 신체적인 증상으로 전환함
- 불안을 거의 경험하지 않으며 신체적인 고통에 관해서만 과도하게 불편감을 호소함
- 성격적으로 미성숙하고 자기중심적이고 이기적이며 애정 욕구가 강하고 의존적임

(2) 가능한 진단명

신체증상 장애

(3) 주로 사용하는 방어기제

억압 및 부인

23 다음 사례의 MMPI 검사결과에서 유추되는 임상적 특징 5가지를 기술하시오.

[05 기출]

L	F	K	Hs	D	Hy	Pd	Mf	Pa	Pt	Sc	Ma	Si
33	64	42	61	73	70	71	55	62	94	75	38	49

해설

① **타당도 척도 L-33, F-64, K-42** : 삿갓형으로 과대보고하며 자신의 고통과 어려움을 호소하고 있는 모양이다.

② **D-73, Pt-94, Ma-38** : 불안과 우울감을 과도하게 경험하고 있고 신체적인 활력 역시 다소 저하되어있는 것으로 보인다.

③ **Sc-75** : 현재 자신의 상황이나 상태에 대해 혼란감을 경험하고 있고, 주의집중이 곤란한 상태이다.

④ **Pd-71, Hy-70** : 내면에 분노가 있으나 이것이 행동적으로 표현되기보다 신체적인 증상으로 드러나고 있을 가능성이 있다.

⑤ ❶~❹ 위의 프로파일을 참고할 때, 정신증적 양상이 있는 우울증, 불안 장애 등의 진단이 시사된다.

24 다음 보기의 사례를 읽고 A 씨의 MMPI 검사결과에 따라 유추 가능한 진단명과 함께 진단의 이유를 각각 서술하시오. [15 기출]

> A 씨는 올해 24세로 군입대를 앞두고 병사용 진단서를 위해 병사 진단용 검사에 의뢰되었다. MMPI 검사결과 타당도 척도에 대한 T 점수가 L 척도 38, F 척도 112, K 척도 36으로 나타났다. 또한 임상 척도에 대한 T 점수에서 5번 Mf 척도를 제외한 대부분의 임상 척도에서 높은 점수를 보였으며, 그중 6번 Pa 척도, 7번 Pt 척도, 8번 Sc 척도 점수에서 90 이상으로 다른 임상 척도에 비해 높은 점수를 보였다. A 씨는 자신이 평소 과대망상 증상을 보인다고 호소하였다.

해설

(1) 진단명

진단명은 꾀병이다.

(2) 진단 이유

① 정신병리를 가진 사람의 경우 F 척도의 점수가 70~90 정도이나 꾀병 등의 부정왜곡 프로파일에서는 F 척도가 단독으로 매우 높게(100 이상) 나타난다.

② A 씨의 경우 군입대를 앞두고 있어 과대망상의 호소나 MMPI 검사의 결과는 군대징집 회피를 위한 의도적인 목적에서 비롯된 것으로 의심할 수 있다.

25

다음 사례를 읽고 검사결과 해석을 쓰시오.

> 20세 남성으로 재수하여 3월에 입학한 대학생이다. 재수를 시작한 지 1개월 만에 기분이 우울하고, 가슴이 두근거리고 머리가 아프고, 소화가 안 되고, 불면증이 나타났으며, 매사에 짜증이 나고, 집중력이 저하되어 공부도 안 되는 증상이 나타나기 시작하였다. 원하던 대학교에 입학한 후에도 증상이 지속되어 동네 내과 병원에 방문하였으나, 내과적 이상소견은 없어서 심리상담소에 방문하게 되었다.
>
> **〈검사결과〉**
> MMPI, BDI, K-WAIS를 실시하였는데, MMPI에서 L(52), F(58), K(62), Hs(59), D(72), Hy(58), Pd(62), Mf(35), Pa(54), Pt(65), Sc(46), Ma(48), Si(59)였고, BDI에서는 23점이었으며, K-WAIS에서는 언어성 IQ 125, 동작성 IQ 94, 전체 IQ 114로 나타났다.

🖉 해설

① 타당도 척도 L-F-K 점수가 안정적이어서 임상 척도를 수용할 만하다. 또한 일상적 문제들을 해결할 수 있는 적절한 능력이 있다고 판단되어 심리치료나 상담의 예후가 좋을 것 같다.

② 내과적 소견이 없는 상태로 소화가 안 되고 불면증이 나타나는 것은 D 척도와 Pt 척도 점수가 높아 매우 우울하며 심리적으로 불안한 것이 원인이 되어 심리적 문제를 신체화하고 있는 것으로 여겨진다.

③ BDI 23인 것과 K-WAIS 언어성 점수와 동작성 점수 간 차가 31점이나 차이가 나는 것으로 보아 중한 우울 상태임을 알 수 있다.

④ 주요 우울 장애나, 범불안 장애, 신체증상 장애 등의 감별진단이 필요해 보인다.

26 TCI의 척도를 구성하는 4가지 기질 차원과 3가지 성격 차원을 설명하시오.

[18a, 23c, 24a/c 기출]

해설

(1) 기질차원

자극에 대한 자동적인 정서적 반응성향으로 유전적이며 전 생애를 통해 안정적이다.

① **자극추구** : 새로운 자극이나 잠재적 보상 단서에 접하면 이러한 자극에 끌리면서 행동이 활성화되는 경향성 → 행동 활성화 시스템, 도파민 기제와 관련

② **위험회피** : 위험하거나 혐오 자극에 접하면 행동이 억제되고 위축되는 경향성 → 행동 억제 시스템, 세로토닌 기제와 관련,

③ **사회적 민감성** : 사회적 애착을 이루기 위해 사회적 보상 신호에 민감하게 반응하는 경향성 → 행동 유지 시스템, 애착/사회적 관계, 노르에피네프린 기제 관련

④ **인내력** : 지속적인 강화가 없더라도 한 번 보상된 행동을 일정한 시간 동안에 꾸준히 지속하려는 경향성 → 야망, 부분적 강화 관련

(2) 성격 차원

자기개념, 추구하는 목표 및 가치에서의 개인차. 기질이라는 원재료를 바탕으로 환경과의 상호작용 속에서 형성 (경험적, 환경적)한다.

① **자율성** : 자기와 자기와의 관계, 통제력, 적응력, 책임감, 자기수용

② **연대감** : 자기와 타인과의 관계, 타인수용 및 공감, 부드러움, 타인존중

③ **자기 초월** : 자기와 만물과의 관계, 개인의 영성, 이상주의, 창조적

27 적성검사와 흥미검사의 공통점과 차이점을 설명하시오.

[16b 기출]

해설

(1) 공통점

장래의 어떤 직업을 선택할 수 있고, 그 직업을 수행할 능력이 있는지를 선별해주는 검사이다.

(2) 차이점

① **적성검사** : 특정 직업에 종사하여 그것을 효과적으로 수행할 수 있을 만한 능력을 주로 알아보는 검사 **예** GATB : General Aptitude Test Battery

② **흥미검사** : 구체적인 특정 활동이나 직업에 대한 미래의 직업 만족 가능성을 주로 알아보고자 하는 검사 **예** 스트롱 검사, 홀랜드 검사

28 다음은 심리상담소에서 실시한 A 군의 홀랜드 유형 직업 적성검사 결과이다. 이를 토대로 다음에 제시된 물음에 답하시오. [09 기출]

성격유형	R	I	A	S	E	C
결과	17	39	72	81	45	14

(1) A 군의 성격유형 특성과 함께 이상적인 직업을 1가지 이상 제시하시오.

> **해설**
>
> S와 A 간의 점수 차이가 10점 미만이므로 'S-A'나 'A-S' 유형으로 구분할 수 있다.
> - 'S (사회형)'은 사람들과 함께 일하는 것을 좋아하며, 원만한 대인관계를 맺는다.
>   **예** 간호사, 상담치료사, 사회사업가
> - 'A (예술형)'은 새로운 방식에 대한 표현과 상상적, 창조적인 것을 지향한다.
>   **예** 연극배우

(2) A 군에게 적합하지 않은 직업을 1가지 이상 제시하시오.

> **해설**
>
> A 군은 C와 R이 현저히 낮다.
> - 'C(관습형)'은 구조화된 상황에서 구체적인 정보를 토대로 정확하고 세밀한 작업을 선호한다.
>   **예** 회계사, 통계학자
> - 'R(현장형)'은 자신의 손이나 도구를 활용하는 활동을 선호한다.
>   **예** 인쇄기사, 엔지니어

29 MMPI나 BDI 같은 자기 보고형 객관적 심리검사의 장점과 단점을 3가지씩 쓰시오.

[09, 17b, 22a 기출]

해설

(1) 객관적 심리검사의 장점

① **검사 실시의 간편성** : 시행과 채점, 해석의 간편성, 짧은 시행시간

② **검사의 신뢰도 및 타당도** : 투사적 검사에 비해 신뢰도와 타당도가 높음

③ **객관성의 증대** : 투사적 검사에 비해 검사자 변인, 검사 상황 변인에 영향을 적게 받으며, 개인 간 비교가 객관적이라 할 수 있음

(2) 객관적 심리검사의 단점

① **사회적 바람직성** : 피검자들은 문항 내용이 표면적으로 드러나는 객관적 검사에서 바람직한 문항에 대해 긍정적으로 반응하는 경향이 있다.

② **반응 경향성** : 응답하는 방식에 있어서 긍정적이거나 부정적으로 일관되게 응답하려는 경향이 있다.

③ **문항 내용의 제한성** : 검사결과가 지나치게 단순화되는 경향이 있다.

☑ 세부항목 4 투사검사를 지침에 맞게 실시, 채점할 수 있다.

01 로르샤하 검사결과를 엑스너 방식으로 채점하고자 한다. 질문을 통해 탐색해야 할 내용을 5가지 기술하시오.

[12, 20a 기출]

해설

① 반응의 위치 : 카드 blot의 어떤 부분에 반응하였는가?

② 반응의 결정요인 : blot의 어떤 특징이 반응을 결정하였는가?

③ 반응내용 : 반응이 어떤 내용 범주에 속하는가?

④ 특수점수 : 특이한 언어반응이 일어나고 있는가?

⑤ 쌍반응 : 사물을 대칭적으로 지각하고 있는가?

55

02 로르샤하 엑스너 방식 종합채점 항목 5가지를 쓰시오. [20a, 23a, 24a 기출]

해설

① **반응영역·위치** : 수검자의 주된 반응이 어느 영역에 대해 일어나고 있는가?
② **발달질** : 반응영역에서 발달수준은 어떠한가?
③ **결정인** : 반응을 결정하는 데 영향을 미친 반점의 특징은 어떠한가?
④ **형태질** : 반응이 잉크 반점의 특징에 얼마나 부합하는가?
⑤ **반응내용** : 반응은 어떤 내용의 범주에 포함되는가?
⑥ **평범반응** : 일반적으로 흔히 나타나는 반응인가?
⑦ **쌍반응** : 사물에 대해 대칭적으로 지각하고 있는가?
⑧ **조직화 활동** : 자극을 어느 정도 조직화하여 응답하고 있는가?
⑨ **특수점수** : 어떠한 특이한 반응을 보이고 있는가?

참고 엑스너의 종합체계 반응의 채점방식은 기본적으로 다음 9가지 항목으로 채점한다.

채점항목	기호	내용
반응의 위치	W 전체(Whole)	• blot의 전체가 응답에 사용될 때
	D 부분(Detail)	• 흔히 반응되는 blot이 사용될 때
반응위치의 발달질	+ 통합반응	• 분리된 부분이 분리되었다가 다시 통합되는 것 • 의미있게 연관될 때 • 사물들 중 하나는 원래 일정한 형태를 지니고 있거나 일정한 형태를 지니고 있는 상태로 묘사 **예** 거울을 통해 자기를 보는 사람
	0 보통반응	• 단일 사물을 가리킬 때 **예** 나비
	V/+ 모호-통합반응	• 특정형태를 지니지 않고 있고 사물묘사가 특정형태를 드러내고 있지 않다. **예** 어떤 종류의 지도반응의 결정
반응의 결정요인	F, M, FM, m, C, CF, FC, Cn 등	형태, 움직임, 색채, 무채색, 음영–재질, 음영–차원, 음영–확산, 형태차원, 쌍, 반사
형태질	+ 우수하고 정교한	매우 정확히 형태 묘사
	0 보통반응	흔히 지각되는 사물묘사, 알아보기 쉽게, 평범하게
	U 드문	흔히 반응되지 않는
	– 왜곡된	특징이 왜곡되고 인위적, 비현실적

반응내용	H, (H), Hd, (Hd), Hx, A, (A), Ad, (AD), Ab, Al, An, Art 등		26개 반응내용 전체인간, 가공인간, 인간부분, 인간경험, 전체동물, 동물부분, 추상반응, 알파벳, 해부, 예술, 인류학, 피, 식물, 의복, 폭발, 불, 음식, 지도, 가구, 풍경, 자연, 성반응, 과학 등	
평범반응	p		13개의 평범반응이 있음 📖 1번 카드 전체를 보고 박쥐로 볼 경우	
조직활동	특이한 언어반응 6개	DV, DR, INCOM, FACOM, CONTAM, ALOG	14개의 특수점수	특이한 언어반응 📖 거미들이 서로 밀어제치려고 한다.
	반응반복과 통합실패 2개	PSV, CONFAB		이탈적 반응 📖 고양이일지도 모르는데 나의 아버지는 고양이를 늘 미워하였다.
	개인적 반응 1개	PER		부적절한 반응합성 📖 닭의 머리가 달린 여인
	특수 색채 반응 1개	CP		우화적 합성 📖 두 마리 닭이 농구를 하고 있다.
	특수 내용 4개	AB, AG, COP, MOR		
특수점수	추상적인 내용 AB		인간의 지각이나 정서적 경험에 관한 것과 주제가 명백하고 상징적 의미를 지니는 경우 채점 📖 독재자를 상징하는 조각. 이것은 우울을 생각나게 한다. 등	
	공격적인 내용 AG		싸운다, 공격한다, 부순다, 찢는다, 화난다 등 내용이 사람과 관련된 반응이 포함되었을 때 📖 두사람이 말다툼을 하고 있다.	
	협조적인 동작 COP		움직인 반응에 둘 이상이 호의적으로 상호작용하는 장면에 채점 📖 두 사람이 함께 춤을 추고 있다.	
	병적인 내용 MOR		파괴되고 손상된 사물, 우울한 느낌을 주는 사물특징이 표현될 때 📖 죽은 개, 음울한 집, 불행한 사람 등	
	개인적 응답 PER		개인적 지식이나 경험을 언급할 때 📖 개미는 내가 정원에서 봤기 때문에 잘 알고 있다.	
	특수 색채현상 DV		색채이름을 잘못 언급할 때	
	특수 색채투사 CP		색채를 응답할 때 채점 📖 자주색 나비군요.	
쌍반응	2개의 반응		반사회성, 자기중심성과 연관 📖 곰들, 개두마리, 사람들	

03 로샤 반응영역 채점 D, Dd, S의 의미와 채점기준을 쓰시오. [19a, 23a, 23c 기출]

> **해설**
>
> ① **D(보통 부분반응)** : 자주 사용되는 반점의 영역(82개의 영역)
> ② **Dd(드문 부분반응)** : 드물게 사용되는 반점의 영역(W나 D가 아닌 반응은 자동적으로 Dd)
> ③ **S(공백반응)** : 흰 공간 영역을 반응에 포함되는 경우(Ws, Ds, Dds 처럼 다른 영역에 추가해서 사용)

04 Rorschach 검사의 특수 점수의 특수내용 종류 3가지를 쓰고 각각에 대해 설명하시오. [18a, 20c, 23b 기출]

> **해설**
>
> **(1) 공격적 운동(AG)**
> ① 운동반응(M, FM, m)에 '싸움, 파괴, 논쟁, 매우 화가 난 것처럼 보인다'와 같은 분명히 공격적인 내용이 포함되어 있을 때 채점한다.
> ② 반드시 주체적인 공격이 포함되어 있어야 한다.
>
> **(2) 협조적 운동(COP)**
> ① 두 가지 또는 그 이상의 대상이 적극적인 또는 협조적인 상호작용을 하는 운동반응(M, FM, m)을 하고 있는 경우이다.
> ② COP로 채점하기 위해서는 적극적이거나 협조적인 상호작용이 분명해야 한다.
>
> **(3) 병리적 내용(MOR)**
> 대상이 다음 두 가지 특징 중 한 가지를 가지고 있을 때 채점한다.
> ① 대상이 죽은, 파괴된, 폐허가 된, 오염된, 손상된, 상처 입은 또는 깨어진 대상으로 지각한 경우이다.
> ② 대상에 대해 우울한 감정이나 특징을 부여하는 반응이다.
>
> **(4) 추상적 내용(AB)**
> AB 특수 점수는 분명하고 구체적인 상징적 표현을 포함하는 반응을 채점한다.
> ① 인간 경험(Hx)인 경우에 인간의 정서나 감각적 경험을 나타낸다.
> ② 형태가 사용되기는 하지만 분명하게 하고 상징적인 의미를 나타내기 위하여 윤색한 경우이다.

05 Weiner는 객관적 검사와 투사적 검사의 구분에서 Rorschach 검사를 투사적 검사로 분류하는 것에 대해 이의를 제기했는데 그 이유 2가지를 쓰시오.

[18a, 24c 기출]

해설

Rorschach 검사의 구조화된 해석 가능성	• Weiner는 Rorschach 검사가 객관적인 해석을 제공할 수 있는 구조화된 평가도구라고 주장하였다. • 투사적 검사로 분류된 대부분의 검사들은 피검사자가 자유롭게 반응하고 그 반응을 주관적으로 해석하는 경향이 있지만, Rorschach 검사는 엄격한 코딩 체계와 해석 지침이 있어 객관적인 분석이 가능하다고 보았다. 예를 들어, Exner의 종합 체계 같은 표준화된 해석 방법을 통해 Rorschach 검사결과의 신뢰성과 타당성을 높일 수 있다.
Rorschach 검사의 심리적 기능 평가	• Weiner는 Rorschach 검사가 단순한 '투사' 이상의 역할을 한다고 주장하였다. • 투사적 검사들이 주로 피검사자의 무의식적 욕구나 동기를 반영한다고 여겨지는 반면, Rorschach 검사는 개인의 인지적, 정서적 기능, 정보 처리 방식 등을 평가하는 데 중점을 둔다. 즉, 이 검사는 피검사자가 어떻게 사고하고 감정을 조절하는지, 주변 환경에 어떻게 반응하는지 등 보다 다양한 심리적 기능을 측정하는 도구로 사용될 수 있다고 주장하였다.

06 로르샤하 검사나 다면적 인성검사와 같은 진단적 심리검사는 그 결과가 일치하지 않을 수 있다. 그 이유에 대해 간략히 설명하시오. [08, 10, 16a/b 기출]

해설

① 인간의 성격은 복합적인 구조로 이루어져 있으며, 개인차가 다양한 양상으로 나타난다.

② 각각의 심리검사는 성격의 상이한 수준을 측정한다.
  • 로르샤하 – 개인의 무의식에 기초한 독특한 반응
  • 다면적 인성검사 – 개인마다 가지고 있는 공통된 특성을 평가

③ 각각의 심리검사는 측정방법과 관련된 다양한 요인들에 의해 영향을 받는다.
  • 로르샤하 – 투사적 방식에 의해 개인의 내면적 특성의 표출
  • 다면적 인성검사 – 객관적 방식에 의해 개인의 일정한 형식에 반응하도록 유도

④ 각각의 측정방법은 검사결과의 산출에도 영향을 미친다.
  • 로르샤하 – 채점자 변인이 크게 작용
  • 다면적 인성검사 – 사회적 바람직성, 반응 경향성 등에 따라 평가결과에 차이가 생김

07 투사적 그림검사인 집–나무–사람 그림검사에서 크기와 위치가 나타내는 의미를 2가지씩 제시하시오. [07, 20c 기출]

해설

(1) 그림의 크기
  ① **과도하게 큰 그림** : 공격성, 과장성, 낙천성, 행동화 성향, 자기확대 욕구 등
  ② **과도하게 작은 그림** : 열등감, 불안감, 위축감, 낮은 자존감, 의존성 등

(2) 그림의 위치
  ① **높은 위치에 그려진 그림** : 높은 욕구 수준, 목표달성에 대한 스트레스, 공상적 만족감, 불안정감 등
  ② **낮은 위치에 그려진 그림** : 우울 성향, 실제적인 것 선호 성향 등

08 집-나무-사람 그림검사에서 사람 그림을 통해 평가할 수 있는 측면 3가지를 쓰시오.　　　　　　　　　　　　　　　　　　　　　　　　　[14, 22a 기출]

🖐 **해설**

(1) 자화상 : 현재의 자아 상태

　자화상은 수검자가 자신에 대해 스스로 어떻게 느끼는지를 묘사하는 것이다.

(2) 이상적인 자아 : 이상적으로 바라는 자기상

　이상적인 자아는 수검자가 이상적으로 바라는 자기상을 투사한 것이다.

(3) 중요한 타인 : 자신에게 영향을 미치는 중요 인물

　중요한 타인은 수검자의 현재 혹은 과거의 경험 및 환경으로부터 도출되는
것으로서 수검자에게 영향을 미치는 중요 인물들의 영향력을 반영한 것이다.

09 심리검사 중 투사검사의 장·단점을 3개씩 기술하시오.　　　　　[19b, 24a 기출]

🖐 **해설**

장점	단점
• 반응의 독특성	• 검사의 신뢰도가 낮음
• 방어의 어려움	• 검사의 타당도가 낮음
• 반응이 풍부함	• 반응에 대한 상황적 요인
• 무의식적 내용 반영	(검사자, 검사장소)의 영향력이 높음

01 신경심리 평가에서 일반적으로 다루어야 하는 주요 평가영역 6가지를 쓰시오.

[15 기출]

🔍 해설

(1) 지능

뇌손상은 지적능력의 저하를 야기한다.

(2) 기억과 학습능력

① 전두엽의 손상은 단기기억의 손상

② 측두엽과 간뇌, 기저전뇌 등은 장기기억의 손상

(3) 언어기능

신경학적 이상은 실어증 또는 언어기능 장애 야기

(4) 주의력과 정신 처리 속도

① 뇌간 – 각성과 의식에 관여   ② 대사피질 – 입력정보의 조절 기능

③ 두정엽 – 선택적 주의   ④ 전두엽 – 주의 자원의 배분 기능

(5) 시각 구성 능력(시공간 기능)

시공간적 지각능력의 손상은 구성 장애 또는 구성 실행증 초래

(6) 실행기능

집행기능(실행기능)은 특히 전두엽 – 피질하부 순환 경로상의 병변과 밀접한 관련이 있다.

(7) 성격 및 정서적 행동

성격 및 정서의 변화는 뇌손상의 직접적인 결과로 나타날 수 있다.

02 일반적으로 풀베터리에서 사용하는 검사 중 신경인지를 측정할 수 있는 검사 2가지를 쓰시오.

[16, 23c 기출]

🔍 해설

① BGT (Bender–Gestalt Test)

② K–WAIS–IV

03 다음 보기의 신경심리 검사들이 평가하는 인지기능 영역을 쓰시오. [15b, 20b 기출]

- Contrasting Program
- Go-No-Go Test
- Fist-Edge-Palm
- Alternating Hand
- Movement
- Alternating Square Triangle
- Luria Loop
- Controlled Oral
- Word Association Test(COWAT)
- Korean-Color Word Stroop Test(K-CWST)

해설

전두엽 집행 기능(전두엽 관리 기능)

04 신경심리검사에서 시공간 구성개념을 측정하기 위해 자주 사용하는 검사 5가지
만 쓰시오. [22a 기출]

해설

① 토막짜기(WAIS)
② 모양 맞추기(WAIS)
③ 벤더 도형 검사(BGT ; Bender Visual Motor Gestalt Test)
④ Rey 복합 도형 검사(R-CFT ; Rey-Osterrieth Complex Figure) : 시공간 구
   성 능력과 시공간 기억력을 평가하는 검사로 가장 널리 사용되고 있음
⑤ 도형 그리기 검사 : 겹친 오각형(MMSE)이나 원, 마름모, 사각형, 육면체(CERAD
   -N) 등 제시된 도형 자극을 모사하는 여러 종류의 그리기 과제들이 많이 개발되
   어 있음

05 다음 사례를 읽고 물음에 답하시오.

[17a, 21a 기출]

> 뇌졸중 환자에게 반구손상이 있음을 확인하고 손상 여부를 알아보기 위해 글자 지우기 검사를 실시하였고 그 결과 시야의 좌측 글자를 지우지 못하였다.

(1) 이 현상은 무슨 현상인가?

해설

편측무시(Unilateral Neglect)
뇌졸중 환자에게서 나타나는 지각 손상 중의 하나로 말초운동 및 감각신경의 손상과 상관없이 손상된 대뇌 반구의 반대편의 공간과 신체의 지각이 감소된 상태

(2) 뇌의 어느 부위가 손상 되었는가?

해설

뇌의 우반구 문제이거나, 후부 대뇌피질 위축의 문제일 수도 있다. 주로 시각적인 행동 장애를 일으킨다.

(3) 손상을 확인할 수 있는 심리검사 종류 1가지를 쓰시오.

📝 **해설**

(1) 직선 이분검사(Line Bisection Test)

① Schenkenberg 등(1980)에 의해 고안된 검사로 맨 위와 아래에는 15cm 길이의 선이 중앙 부위에 위치해 있고, 그 사이에는 각 3개씩의 10cm, 12cm, 14cm, 16cm, 18cm, 20cm 길이의 선이 중앙, 왼쪽, 오른쪽에 각 6개씩 배열되어 있다.

② 점수 계산법은 좌측 6개의 선과 중앙 6개의 선에 대해 환자가 선의 중심이라고 생각한 부위와 선의 실제 중앙점과의 편차를 해당선 길이 반으로 나눈 후 그 백분율을 합산하여 측정한다.

(2) 앨버트 검사(Albert's Test)

① Albert(1973)에 의해 고안된 검사로 흰 A4 용지에 40개의 선들이 무작위로 배열되어 있다.

② 모든 선을 찾아 표시하는 지우기 검사(Cancellation Test)이다.

(3) 'ㄹ' 지우기 검사(Letter Cancellation Test)

① 가로 14줄, 세로 14줄로 이루어진 모음과 자음들 속에서 'ㄹ'을 찾아 표시하도록 한 검사이다.

(4) 해 모양 지우기 검사(Shape Cancellation Test)

① 해 모양과 여러 다른 모양들이 무작위로 배열된 그림에서 해 모양을 찾아 표시하도록 한 검사이다.

(5) 집 보고 그리기

① Okkema(1993)의 그림을 참고하였으며 집 그림을 제시한 종이에 똑같은 그림을 그리도록 지시하였다.

② 그림의 왼쪽이 손실된 정도에 따라 1점(심한 무시)에서 4점(무시 없음)의 점수를 주었다.

☑ **세부항목 6** 다양한 행동평가 방법을 활용하여 목표 행동을 규정하고 자료를 수집할 수 있다.

01 내담자에 대한 심리평가를 위해 사용되는 행동평가 방법 4가지를 제시하시오.

[08, 11, 19b, 23b 기출]

🖉 해설

(1) 자연관찰법(직접관찰법)

관찰자가 내담자의 문제행동이나 증상을 실생활에서 직접 관찰하고 평가하는 방법이다.

(2) 유사관찰법(실험관찰법)

문제행동이나 증상을 실생활에서가 아닌 상담실이나 통제된 공간 내에서 관찰한다.

(3) 참여관찰법

내담자와 함께 생활하는 사람에게 문제행동이나 증상을 관찰하도록 하는 방법이다.

(4) 자기관찰법

내담자 스스로 관찰하고 보고하도록 하는 자기 보고식 방법이다.

02 아동 평가에서 특정 문제영역이 아닌 전반적인 광범위한 문제영역에 대해 보호자의 보고를 토대로 평가할 수 있는 평정 척도가 있다. 그에 해당하는 평정 척도 2가지를 쓰시오.

[12, 17b, 20a, 24c 기출]

🖉 해설

① 아동·청소년 행동평가 척도(K-CBCL)
② 아동 인성평정 척도(KPRC)

😊 참고 아동·청소년 행동평가 척도 및 아동 인성평정 척도

아동·청소년 행동평가 척도	아동 인성평정 척도
아동·청소년 행동평가 척도(Korea-Child Behavior Checklist,K-CBCL)는 미국의 리학자인 아헨바흐(Achenbach)와 에델브록(Edelbrock)이 1983년에 개발한 CBCL(Child Behavior Checklist)을 대한민국에서 오경자, 홍강의,이혜련 등이 1,990판으로 번역하여 표준화한 평가도구이다.	아동 인성평정 척도(Korean Personality Rating Scale for Childres,KPRC)는 한국 아동 인성 검사(Korean Personality Inventory for children, KPI-C)를 수정하고 한국임상 자료와 DSM-IV를 반영하는 등 한국 가이던스에서 주관하여 2005년에 개발한 검사이다. 2006년에는 표준화 연구가 이루어진 바 있다.

03 사회성숙도 검사에서 아동발달의 측정영역 6가지를 기술하시오.

[15. 22b, 24a 기출]

🖋 해설

(1) 자조영역

자조 일반, 자조 식사, 자조 용의

(2) 이동영역

기어 다니는 능력부터 어디든지 혼자서 다닐 수 있는 능력까지 측정

(3) 작업영역

단순 놀이에서 고도의 전문성을 요하는 작업에 이르기까지 다양한 능력 측정

(4) 의사소통 영역

동작, 음성, 문자 등을 매체로 수용 능력 및 표현 능력 측정

(5) 자기관리 영역

금전의 사용, 물건의 구매, 경제적 자립 준비, 그 밖의 책임있고 분별있는 행동을
통해 독립성과 책임감을 측정

(6) 사회화 영역

사회적 활동, 사회적 책임, 현실적 사고 등 측정

😊 **참고** 사회성숙도 검사

① 사회성숙도 검사는 자조(SH-self help), 이동(L-locomotion), 작업(O-occupation), 의사소통
(C-communication), 자기관리(SD-self direction), 사회화(S-socialization) 등과 같은 변인으
로 구성되는 사회적 능력(social competence)이다.
② 사회성숙도 검사는 적응행동(adaptive behavior)을 평가 혹은 측정하는 도구로서 1936년
미국의 E.A.DOLL이 〈바인랜드 사회성숙척도(Vineland Social Maturity Scale)〉라는 이름
의 사회성숙도 검사〈1965년 개정판(5판)〉를 모체로 하여 국내에서 김승국 등이 우리나라 사
정에 맞도록 수정하여 연구한 것이다.

04 관찰하기 좋은 4가지 방법을 쓰시오.

[14, 21a, 23c 기출]

📖 해설

관찰방법	종류	방식
행동묘사 관찰기록	• 일화 관찰기록 • ABC 관찰기록	• 행동을 객관적으로 묘사/서술
행동 결과물 중심 관찰기록	• 행동 결과물 중심 • 관찰기록지	• 반영구적으로 남는 행동의 결과물을 관찰, 기록함
행동 특성 중심 관찰기록	• 빈도 관찰기록 • 지속시간 관찰기록 • 지연시간 관찰기록 • 반응기회 관찰기록 • 기준치 도달 관찰기록	• 발생한 행동 자체의 특성을 관찰/기록
시간 중심 관찰기록	• 전체 간격 관찰기록 • 부분 간격 관찰기록 • 순간 관찰기록	• 시간을 중심으로 행동의 발생 여부를 기록

2 기초 심리상담

내담자와 관계 형성을 할 수 있다.

01 상담 초기 단계에 반드시 이루어져야 하는 내용을 3가지 쓰시오. [13, 16a, 23b 기출]

> 🖋 해설

① 상담 관계의 형성(Rapport)
② 내담자의 이해와 평가
③ 상담의 구조화
④ 상담목표 설정

02 경청방법 2가지를 설명하시오. [14 기출]

> 🖋 해설

(1) 언어적 방법

상담자는 내담자의 말에 주목하고 듣고 있다는 사실을 전달해 줄 필요가 있으며,
최소한의 격려어 '예', '음'를 사용할 수 있다.

(2) 비언어적 방법

내담자가 말할 때 진지한 관심을 나타내는 눈길을 보내고, 자연스럽고 이완된
자세를 취하며, 내담자의 말을 가로막거나 발언 중에 새로운 문제를 제기하지 말
아야 한다.

> 😊 참고 소극적 경청과 적극적인 반영적 경청

소극적 경청	수동적으로 들어주는 형태로서 질문이나 반박 등을 하지 않는 상태에서 조용히 끝까지 주의를 기울여 듣는다.
적극적인 반영적 경청	내담자의 이야기에 집중하고 있다는 깃을 상대가 자각할 수 있도록 때때로 질문하며, 명료화, 요약, 반영 등으로 공감을 표시한다.

03 내담자의 말을 경청하는 데 있어서 좋은 상담자가 되기 위한 구체적인 방법 5가지를 쓰시오. [06, 15, 20a/b, 23b 기출]

> 🖐 **해설**
> ① 반응하기 전에 충분히 말할 시간을 제공한다.
> ② 심각하게 말하고 있는 것을 그렇게 받아들인다.
> ③ 내담자의 말에 충분한 주의를 기울인다.
> ④ 고개를 끄덕이거나 '음' 하는 등의 반응으로 주의를 기울이고 있음을 알린다.
> ⑤ 필요한 질문을 하며, 불필요한 질문을 삼가한다.

04 효과적 경청을 위한 행동 3가지를 쓰시오. [22a 기출]

> 🖐 **해설**

(1) 눈맞춤을 하라

여러분이 이야기하고 있을 때, 상대방이 쳐다보지 않으면 어떤 느낌이 드는가? 대부분의 사람들은 보통 이러한 행동을 오만 또는 관심 부족으로 해석한다.

(2) 긍정적인 고갯짓과 적절한 표정을 보여라

효과적인 청취자는 현재 진행 중인 대화에 비언어적 신호로 관심을 보인다. 긍정적인 고갯짓이나 적절한 표정이 눈 맞춤에 더해지면 화자는 여러분이 정말 경청하고 있다고 생각할 것이다.

05 다음은 상담 초기에 흔히 볼 수 있는 대화이다. 보기에서 내담자는 상담의 효과에 대한 의문과 회의를 표명하였다. 이와 같은 경우 상담자는 어떻게 반응해야 하며, 그러한 반응의 근거는 무엇인지 설명하시오. [03, 06, 16a, 20a, 22b 기출]

> • **내담자** : 선생님, 저는 솔직히 확신이 서지 않습니다. 상담받고 나면 과연 좋아질까요?
>
> • **상담자** : 그렇게 말씀하시니 다행이군요. 솔직하게 이야기한다는 것 자체가 쉽지 않거든요.
>
> • **내담자** : 오해는 마세요. 선생님을 믿지 못해서가 아니에요. 단지 상담을 받아도 나아지지 않는다면 어떻게 해야 할지 불안해서요.
>
> • **상담자** : _____

🖋 **해설**

(1) 상담자의 반응

누구나 처음 상담을 받는 입장이라면 긴장하고 불안해할 수 있습니다. 그러나 저도 OOO님과 함께 최선을 다해 해결책을 찾을 수 있도록 힘쓰겠으니 함께 노력해 봅시다.

(2) 반응의 근거

① 상담 초기에 내담자는 문제해결의 의지와 해결되지 못할지도 모른다는 양가감정을 경험하게 된다.

② 내담자의 양가감정을 이해·수용하고 상호 긍정적인 친화 관계를 형성할 필요가 있다.

③ 상담 효과에 대한 불안은 곧 아직 신뢰 관계가 형성되지 못했기 때문이다. 서로를 믿고 존중하는 감정의 교류인 라포가 이루어지도록 힘을 기울여야 한다.

06 다음 보기의 사례를 읽고 내담자의 말에 대한 반영적 반응을 적절히 제시하시오.

[03, 05, 12, 14, 16a, 18b, 20b 기출]

> **내담자** : 이건 정말 믿을 수가 없어요. 선생님. 지난 번 상담을 받을 때 남편이 집에 일찍 들어오겠다고 약속했었잖아요? 그런데 정말로 남편이 제시간에 맞춰 집에 오더라고요. 그렇게 약속을 잘 지킬 줄 몰랐는데, 정말 깜짝 놀랐다니까요.

🖋️ **해설**

상담자 : 남편 분이 약속한 대로 정말 일찍 들어 오셔서 뜻밖이셨고 무척 기쁘셨던 것 같군요.

07 다음 보기의 내담자 진술에 대한 상담자의 반응은 각각 어떤 개입기술에 해당하는지 쓰시오.

[03, 04, 09, 13, 16b, 20a, 21a, 22a, 22b, 23b, 24a 기출]

> **내담자** : 저는 지난 밤 너무도 기이한 꿈을 꾸었어요. 아버지와 함께 숲으로 사냥을 나섰는데요. 사냥감에 온통 주의를 기울이느라 깊숙한 곳까지 다다르게 되었죠. 그런데 갑자기 바위 뒤편에서 커다란 물체가 튀어나오는 거에요. 저는 순간 사슴인 줄 알고 방아쇠를 당겼지요. 어렴풋이 그 물체가 쓰러진 듯이 보였고, 저는 두근거리는 가슴을 부여잡은 채 서서히 다가갔어요. 가보니 그 물체는 사슴이 아닌 아버지였어요. 아버지가 숨을 쉬지 않은 채 죽어 있더라고요. 저는 너무도 황당하고 두려워서 잠에서 깨어났는데요, 등에서는 식은땀이 줄줄 흐르더라구요.
>
> **상담자** : 당신은 지난 밤 꿈으로 인해 정말 많이 놀랐나 보군요. 황당하고 두려웠다는 것은 구체적으로 어떤 죄책감이 들었다는 의미인가요? 평소 아버지를 미워했나요? 아버지에 대한 적개심이 총을 오작동하도록 만든 것은 아닌가요?

🖋️ **해설**

① **반영** : "당신은 지난 밤 꿈으로 인해 정말 많이 놀랐나 보군요."
② **명료화** : "황당하고 두려웠다는 것은 구체적으로 어떤 죄책감이 들었다는 의미인가요?"
③ **직면** : "평소 아버지를 미워했나요?"
④ **해석** : "아버지에 대한 적개심이 총을 오작동하도록 만든 것은 아닌가요?"

08 다음 사례에서 상담자가 말하려는 것이 무엇인지 기술하시오. [17a, 22a 기출]

> • **내담자** : 저는 필요 없는 사람인가 봐요.
> • **상담자** : 당신이 필요 없다구요? 참담한 기분이겠군요.
> • **내담자** : 지난 주에 만났던 남자친구가 저에게 필요 없다고 했어요.
> • **상담자** : 그 사람이 당신을 쓸모없는 인간이라고 말했다구요?

🖐 해설

(1) 재진술 (Restatement)
① 내담자가 말한 내용을 다시 한번 반복해 주는 것이다.
② 상담자가 내담자를 이해하고 있다는 메시지를 전달해 준다.
③ 혼란된 내용을 정리함으로써 이야기 주제를 부각시켜 준다.
④ 재진술을 통해 상담자의 이해가 올바른지 검토할 수 있고 내담자가 자기 자신에게 더 주의를 기울이게 해준다.

09 심리상담 과정에서 내담자가 침묵을 지키는 이유 5가지를 기술하시오.

[08, 10, 12, 15, 19a, 23a 기출]

🖐 해설
① 내담자가 상담 초기 관계 형성에서 두려움을 느끼는 경우
② 상담 중 논의된 것에 대한 깊은 음미나 정리 중일 경우
③ 상담자에 대한 적대감이나 저항이 있을 경우
④ 상담자의 확인이나 해석을 기다리는 중일 경우
⑤ 감정표현으로 인한 피로를 회복하는 중일 경우
⑥ 상담자가 다음에 무엇을 논의할지 결정해 주기를 기다리는 경우
⑦ 정말 할 말이 없거나 적절한 표현을 찾지 못할 경우

10 내담자의 반응을 해석할 때의 주의사항 5가지를 제시하시오.

[06, 08, 11. 15, 18b, 20c, 21b 기출]

🖐️ **해설**

① 내담자가 받아들일 준비가 되어 있다고 판단될 때 조심스럽게 한다.
② 내담자의 성격을 파악하지 못했거나, 실증적인 근거가 없는 경우 해석을 삼가한다.
③ 상담 초기에는 감정의 반영, 중기에는 명료화, 후기에 구체적인 해석 과정을 거쳐 해석하도록 한다.
④ 즉각적인 해석이나 충고적인 해석을 삼가한다.
⑤ 가급적 스스로 해석해 보도록 인도한다.

11 다음의 해석단계를 순서대로 기호로 쓰시오.

[22b 기출]

ㄱ. 내담자가 해석을 받아들일 준비가 됐는지 확인한다.
ㄴ. 내담자가 해석에 어떻게 반응하는지 확인한다.
ㄷ. 해석을 제공하고자 하는 상담자의 의도를 재고한다.
ㄹ. 다양한 방법으로 해석을 제공한다.

🖐️ **해설**

ㄱ. 내담자가 해석을 받아들일 준비가 됐는지 확인한다.
ㄷ. 해석을 제공하고자 하는 상담자의 의도를 재고한다.
ㄹ. 다양한 방법으로 해석을 제공한다.
ㄴ. 내담자가 해석에 어떻게 반응하는지 확인한다.

12 방어기제의 의미를 쓰고, 방어기제 유형 5가지를 간략히 설명하시오.

[04, 07, 09, 10, 17b, 21a, 22b, 23b/c, 24a 기출]

🕮 해설

(1) 방어기제의 의미

무의식적 욕구나 충동으로부터 자아를 보호하기 위해 무의식적으로 불안을 회피하는 사고 및 행동이다.

(2) 방어기제의 종류

① **합리화** : 받아들이고 싶지 않은 충동이나 행동을 정당화시키기 위하여 사회적으로 용납되는 그럴듯한 설명이나 이유를 대는 것이다.

② **부인** : 엄연히 존재하는 위험이나 불쾌한 현실에 눈을 감아 버린다.

③ **억압** : 괴롭히는 욕구나 생각 또는 경험을 의식 밖으로 몰아내어 무의식 속에 두는 것이다.

④ **투사** : 자신이 받아들일 수 없는 충동이나 속성을 타인의 것으로 돌리거나 자신의 실패를 타인의 탓으로 돌리는 것이다.

⑤ **전치** : 위협적이 아닌 대상을 향해 긴장을 해소하거나 증오감을 표현하는 것이다.

13 전이, 역전이에 대해 설명하시오.

[08, 15, 23a 기출]

🕮 해설

(1) 전이(Transference)

① 내담자가 어린 시절 어떤 중요한 인물에 대해 가졌던 관계를 상담자에게 표출하는 것이다.

② 과거에 충족되지 못한 욕구를 현재의 상담자를 통해 해결하고자 하는 현상으로 상담자는 전이를 통해 현재 내담자의 문제와 관련된 과거의 갈등을 통찰하도록 하는 중요한 단서이다.

(2) 역전이(Counter Transference)

① 내담자 태도나 행동에 대한 상담자의 개인적인 정서적 반응이자 투사이다.

② 효과적인 상담을 위한 분석 대상이자 기술로 간주된다.

③ 내담자의 심리적 갈등을 이해하는 데 중요한 열쇠가 될 수도 있다.

14 로저스가 강조한 치료자의 특성 3가지를 쓰시오. 인간중심 심리치료에서 중요하게 여기는 치료자의 3가지 태도를 쓰시오.

[08, 10, 14, 17b, 18b, 19b, 21a/b, 22a, 23b/c, 24b 기출]

🔖 해설

(1) 무조건적 긍정적 관심(수용)

내담자의 감정, 생각, 행위의 좋고 나쁨의 평가와 판단을 하지 않고 무조건적으로 관심을 기울이고 수용하고 받아들인다.

(2) 정확한 공감적 이해

내담자의 경험과 감정을 민감하고 정확하게 내담자의 입장에서 이해한다.

(3) 일치성, 진실성

치료자의 내적 경험과 외적표현은 일치해야 하고, 그 관계에서 일어나는 감정을 솔직히 표현하며 진실해야 한다.

15 인간중심 치료에서 Rogers가 제시한 긍정적인 성격변화를 위한 필요충분조건 5가지를 쓰시오.

[18a, 20c, 21a 기출]

🔖 해설

① 상담자와 내담자가 심리적 접촉을 한다.
② 상담자는 내담자와의 관계에서 안정되고 조화롭고 통합적이어야 한다.
③ 내담자는 의사소통 과정에서 상담자의 무조건적인 긍정적 존중 및 공감적 이해를 지각하고 경험한다.
④ 상담자는 내담자에게 무조건적인 긍정적 존중 태도를 가진다.
⑤ 상담자는 내담자의 내적 참조 준거를 공감적으로 이해하고 내담자에게 자신의 경험을 전달하려고 시도한다.

☺ 참고 ① 유기체적 신뢰   ② 창의성   ③ 실존적 삶
④ 경험적 자유   ⑤ 경험에 대한 개방성   ⑥ 지금-여기에 집중

16 상담자와 내담자의 관계에서 윤리적 지침과 행동강령 5가지를 쓰시오.

[06, 12, 20b, 20c, 21a, 24b 기출]

해설

(1) 윤리적 지침

① **전문가로서의 태도** : 상담자는 자기 자신의 교육과 수련, 경험 등에 의해 준비된 범위 안에서 전문적인 서비스와 교육을 제공한다.

② **성실성** : 상담자는 상담의 한계점, 상담의 이점, 자신의 강점과 제한점 등을 성실히 알린다.

③ **사회적 책임** : 상담자는 사회의 윤리와 도덕기준을 존중하고, 사회공익과 자신이 종사하는 전문직의 바람직한 이익을 위해 최선을 다한다.

④ **인간권리와 존엄성에 대한 존중** : 상담자는 일차적 책임은 내담자의 복지를 증진하고 존엄성을 존중하는 것이다.

⑤ **정보의 보호** : 상담자는 사생활과 비밀유지에 대한 내담자 권리를 최대한 존중해야 할 의무가 있다.

(2) 행동강령

① 내담자와 성관계를 맺지 않는다.

② 구조화된 상담 장면을 깨뜨리지 않는다.

③ 법적으로 문제될 만한 말을 들었을 때는 비밀보장 원칙을 깰 수 있다.

④ 자신의 전문적 분야와 그 한계를 알고 한계 밖의 내담자는 자문, 의뢰를 실시한다.

⑤ 내담자가 연락 없이 상담에 나오지 않을 경우, 연락을 취하여 필요한 조치를 취한다.

17 심리상담자가 준수해야 할 윤리적인 의무 중 '이중 관계 지양'에 대해 설명하시오.

[10, 16b, 22a, 23b 기출]

17-1 이중 관계의 의미와 피해야 하는 이유를 예를 들어 설명하시오. [18a, 21a 기출]

해설

(1) 이중 관계

상담자와 내담자가 상담 관계 외에 사적 관계 등을 맺는 것이다.

(2) 피해야 하는 이유

① 상담자와 내담자가 이중 관계로 인해 거래 관계를 맺는 경우 내담자가 상대적으로 약자이므로 상담자의 부탁을 거절하기 어렵게 되고 상담시간에 집중할 수도 없게 된다.

② 이중 관계로 인해 사적 관계를 맺는 경우 정확한 공감을 방해할 수 있다.

③ 이중 관계는 상담전문가로서 객관성을 손상시킬 수 있다.

18 심리치료자가 내담자의 비밀을 보장할 수 없는 경우 5가지를 쓰시오.

[11, 20c, 24a 기출]

18-1 비밀보장 예외의 경우 필요한 절차 2가지씩을 쓰시오. [07 기출]

해설

(1) 비밀보장 예외사항

① 내담자가 자신이나 타인을 해칠 가능성이 있을 경우

② 내담자가 감염성이 있는 치명적인 질병에 걸린 경우

③ 법률에 의해 위임되거나 법률에 의해 승인된 경우

④ 전문적인 서비스가 필요해진 경우

⑤ 법원이 법적 근거에 의하여 정보를 밝힐 것을 요구하는 경우

(2) 절차

① 비밀보장 예외상황에 대해서 내담자에게 고지한다.

② 내담자에게 '비밀보장 예외 동의서'를 받는다.

19 상담현장에서 비밀보장의 한계에 부딪힐 때가 있다. 다음과 같은 내담자를 만났을 때 어떻게 처신해야 할지를 3가지씩 적어주시오. [19a, 24c 기출]

(1) 자살위험 내담자

> **해설**
> ① 비밀보장 예외사항 및 자살예방 사전 동의서를 받는다.
> ② 119, 129, 생명의 전화 등 24시간 Hot-Line을 알려주어 언제든지 도움을 받을 수 있도록 한다.
> ③ 가족 및 친구에게 내담자의 자살 위험성에 대해 알려준다.
> ④ 응급상황 시에는 정신건강 관련 센터에 연계하여 입원할 수 있도록 한다.

(2) 다른 사람을 살해할 위험이 있는 내담자

> **해설**
> ① 비밀보장 예외사항에 대한 사전 동의서를 받는다.
> ② 실제 실행의 위험성이 높은 경우 경찰서 등 관련기관에 신고한다.
> ③ 피해를 입을 대상자에게 미리 위험하다는 사실을 알려준다.

20 다음 보기의 사례를 읽고 내용에 제시된 A 군의 행동이 윤리적으로 어떤 점이 위배되는지 기술하시오. [15, 20a, 22b 기출]

> A 군은 임상심리학 전공 대학원생으로, OO상담센터에서 실습을 하고 있다. A 군은 자신이 호감을 가지고 있던 한 여학생이 상담센터를 찾아와 상담을 신청한 사실을 알게 되었다. A 군은 그 여학생과의 상담을 자신이 맡겠다고 제안하였다.

> **해설**
> **(1) 전문가로서의 태도 중 전문적 능력과 성실성의 결여**
> 아직 수련과 경험이 부족하기 때문에 상담전문가로 보기 어렵다.
> **(2) 이중관계의 위험성 위배**
> 상담 관계 외의 부적절한 유형의 이중 관계는 상담을 방해한다. A 군은 내담자에 대한 자신의 개인적인 욕구를 만족시키는 수단으로 상담을 악용하려 하고 있다.

21 임상적 면접상황에서 라포형성을 해야 하는 이유와 구체적인 방법 4가지를 쓰시오.

[18b, 21b 기출]

> 📝 **해설**
>
> **(1) 임상적 면접상황에서 라포형성을 해야 하는 이유**
> 내담자는 심리검사 결과에 대한 두려움과 불안을 가지는데 라포형성이 잘 되면 임상심리학자와 환자 간의 긍정적 관계가 형성되고, 면접의 목적을 달성하는 데 도움이 된다.
>
> **(2) 구체적인 방법 4가지**
> ① 활동, 흥미 등 비공식적 대화를 통해 편안한 상태를 유지
> ② 친밀한 환경조성 : 내담자가 편한 마음을 가질 수 있는 환경을 조성
> ③ 온화한 표정과 비언어적 태도 : 부드러운 미소와 적극적인 경청 태도
> ④ 인정,지지 그리고 격려를 사용 : 내담자의 이야기를 경청하며 인정과 지지, 격려를 보냄

22 실존주의에서는 정상적 불안과 신경증적 불안을 말하고 있다. 여기에서 정상적 불안에 대해 설명하시오.

[16b, 19a, 24b 기출]

> 📝 **해설**
>
> ① 정상적 불안은 당면한 사상에 대한 적절한 반응이다. 억압되어서는 안 되며 변화를 위한 동인으로 사용되어야 한다.
> ② 치료 과제가 아니며 성장을 자극한다.
> ③ 어떤 결정을 할 때 수반되는 불안은 인간적 변화에 대한 준비가 되어 있다는 신호이다.
> ④ 모든 것이 다 잘 되어가지는 않는다는 것을 알려주기 때문에 그 신호는 건설적이다.
> ⑤ 정상적 불안은 생활의 방향을 변화시키기 시작한다.

23 전화로 방금 강간당했다고 보고하는 여성이 두려움을 호소하였다. 이때 상담자로서 대처할 방법 5가지를 서술하시오. [17a, 20b 기출]

해설

① 위험요소로부터 멀리 피하도록 한다.

② 내담자 진정 및 안심 – 내담자에게 안정적이고 지지적인 환경을 제공할 수 있도록 편안하게 진정시킨다.

③ 의료적 개입 – 의료처치와 증거채취를 위해 의료적 서비스를 받도록 한다.

④ 법적 개입 – 진술확보를 하고 기초적인 법률에 대해 알려준다.

⑤ 정보제공 – 의료적 개입, 법적 개입 및 관련 전문기관에 대한 정보를 제공한다.

⑥ 지속적인 심리상담/치료가 가능함을 알려준다.

⑦ 가족이나 친구 등 현재 가까이에서 도움을 받을 수 있는 사람들에게 도움을 청하도록 한다.

24 상담목표와 상관없이 모든 면접 및 상담에서 사용하는 기본 방법 5가지를 쓰시오.

[22a 기출]

해설

경청	• 내담자의 언어적 메시지를 듣고 이해하고, 내담자가 나타내는 자세, 얼굴 표정, 몸의 움직임, 목소리 등의 비언어적 행동을 관찰하고 읽을 수 있어야 한다. • 내담자가 처한 사회 환경이라는 상황에서 그를 이해하고 내담자가 깨닫고 변화해야 하는 문제를 듣고 이해할 수 있어야 한다.
공감	• 상담자가 내담자에게 내담자의 감정을 공감하고 있음을 전달할 수 있을 때 내담자는 그 자신이 애해 받고 있다는 느낌을 갖게 되고 신뢰하게 되어 자신을 깊이 드러내 보일 수 있게 된다.
반영	• 내담자의 말과 행동에서 표현된 기본적인 감정, 생각 및 태도를 상담자가 다른 참신한 말로 부연해 주는 것이다.
질문하기	• 상담자의 과제는 내담자가 자기의 문제를 어떤 방식으로 보고 있는가를 발견하고 이해해 주는 일이다. 이때에 효과적인 방법은 개방형 질문 유도법이다. • 개방형 질문 유도법은 내담자에게 "그것에 관해서 얘기해 보세요"라고 말하는 것으로 내담자의 반응을 의도적으로 "예"나 "아니요" 또는 한두 마디 단어로 한정시키지 않고 감정을 명료화하도록 요구하거나 그 상황을 탐색하도록 요구한다.
명료화	• 내담자의 말속에 내포되어 있는 것을 내담자에게 명확하게 해주는 것을 뜻한다. • 내담자의 실제 반응에서 나타난 감정, 또는 생각 속에 암시되었거나 내포된 관계와 의미를 내담자에게 보다 분명하게 말해주는 것이다.

☑️ **세부항목 2** 상담목표와 계획을 수립할 수 있다.

01 상담 과정에서 내담자의 주요 호소문제가 명확해지면 상담의 구체적인 목표를 설정하게 된다. 상담 목표 설정 시 지켜야 할 기준 5가지를 쓰시오. [11, 17a, 21b 기출]

> 🖋 **해설**
> ① 결과 또는 성취로 진술
> ② 검증이 가능하고, 구체적 행동으로 이어질 수 있는 것
> ③ 가시적이고 실제적인 차이로 나타나는 것
> ④ 능력에 맞는 현실적인 것
> ⑤ 내담자 가치에 적절한 것
> ⑥ 현실적인 기간의 설정

02 내담자가 상담을 끝낼 준비가 되었는지를 판단할 수 있는 방법 4가지를 쓰시오.
[16a, 19a, 20a/b, 21a, 23a/c, 24c 기출]

> 🖋 **해설**
> ① 상담계약에 명시했던 목표에 도달했는지 확인한다.
> ② 내담자가 원했던 긍정적인 발전이 있는지 확인한다.
> ③ 상담 관계가 도움이 되었는지 확인한다.
> ④ 상담 초기 설정되었던 상황이 변화되었는지 확인한다.

03 바람직한 상담 종결을 위해 상담 관계를 마무리하면서 해야 할 일 3가지를 쓰시오.
[13, 17a 기출]

> 🖋 **해설**
> ① 상담 성과의 점검 및 평가
> ② 이별의 감정 다루기
> ③ 증상의 재발 가능성에 대한 논의
> ④ 스스로 문제해결력 다지기
> ⑤ 추후 상담에 대한 논의

04 정신분석에서는 이상적 치료목표가 충족되었을 시 상담이 종결되었다고 본다. 정신분석에서 말하는 이상적 치료목표를 설명하시오. [16b, 24b 기출]

> **해설**
> ① 무의식의 의식화이다.
> ② 자아를 강하게 하여 행동이 본능의 요구보다는 현실에 바탕을 두도록 한다.

05 상담의 초기, 중기, 후기에 따라 해석기법의 특징에 대해 쓰시오. [18b, 21b 기출]

> **해설**

초기	해석을 실시하지 않는다.
중기	받아들일 준비가 되었을 때 조심스럽게 실시한다.
후기	실증적 근거 등을 통해 구체적인 해석 과정을 거쳐 실시하고, 종결 시에는 해석의 횟수를 줄인다.

06 단기상담에 적합한 내담자의 특성 5가지를 기술하시오. [15, 18a, 23b 기출]

> **해설**
> ① 호소하는 문제가 비교적 구체적이고 단순하다.
> ② 호소문제가 발달상의 문제와 연관된다.
> ③ 호소문제가 발생하기 이전에는 생활기능이 정상적이었다.
> ④ 과거나 현재 중 상보적 인간관계를 가져본 적이 있다.
> ⑤ 성격 장애를 가지고 있지 않다.

07 단회상담은 다른 일반적인 심리상담과 달리 극히 제한된 시간 내에 문제 상황을 처리해야 하는 경우가 많다. 이러한 단회상담에서 강조되는 원리 또는 기술을 7가지만 제시하시오.

[11, 15, 19a, 23a 기출]

해설

① 상담사례나 상황에 따라 단회로 할지를 신속히 결정해야 한다.

② 내담자가 원하는 것을 신속히 발견해야 한다.

③ 내담자가 원하는 상담목표를 합리적으로 수립한다.

④ 적극적 경청, 질문, 반영 등의 기술을 적극적으로 활용하여 능숙하게 대화를 이끌어 간다.

⑤ 융통성과 단호함을 겸비해야 한다.

⑥ 내담자가 상담의 동기나 의지를 잃지 않도록 도와야 한다.

⑦ 조언 및 지시를 적절히 사용하여 효과적이고 능동적인 상담을 이루도록 한다.

✓ 세부항목 3 슈퍼비전 하에 상담을 진행할 수 있다.

01 Kadushin(1985) 상담자를 위한 슈퍼비전의 기능 3가지를 쓰고 설명하시오.

[17a, 20a, 24a 기출]

📋 **해설**

교육의 기능 (훈련)	임상심리사의 기술과 능력을 향상시키며 상담사의 전문적 능력을 향상시키는 것에 초점이 있다.
지지의 기능 (지지)	슈퍼바이저의 수용과 확인을 통해 상담사의 개별적 욕구에 관심을 갖고 직무 만족을 제고 하는 것에 초점이 있다.
행정의 기능 (관리)	슈퍼비전을 통해 상담사가 기관의 규정과 절차에 맞는 서비스를 제공하도록 감독하고 평가하는 것에 초점이 있다.

02 슈퍼비전 시 노트작성 등 상담내용의 문서화는 어떤 장점이 있는지 3가지를 쓰시오.

[19a 기출]

📋 **해설**

① 상담기술의 이론과 실제를 연결할 수 있도록 개념화할 수 있다.
② 상담자의 개입과 상호작용에 대해서 피드백을 할 수 있다.
③ 상담자의 잠재적 능력 파악 및 전이, 역전이 등 상담자의 '알아차림' 수준을 알 수 있다.

☑ 세부항목 1 유형별 이상행동의 감별 및 치료방법

01 다음 보기의 사례를 읽고 물음에 답하시오.
[04, 06, 14 기출]

> 52세 중졸인 목수는 오토바이를 타고 가다가 승용차와 부딪쳐 의식을 잃었다. 40일 만에 의식을 회복하였으나, 어깨가 걸리고 사지가 아프며 깊은 잠을 잘 수가 없다고 호소하며 병원을 내원하였다.

(1) 박모씨에게 나타날 수 있는 또 다른 증상들을 2가지 제시하시오.

🖋 해설

집중력 감소, 불안

(2) 감별진단 2가지를 제시하시오.

🖋 해설

외상 후 스트레스 장애, 신체화 장애

(3) 심리검사 중에 위스콘신 카드 분류검사가 포함되었다. 무엇을 확인하려고 한 것인지 2가지로 제시하시오.

🖋 해설

추상적 사고능력 혹은 인지적 유연성, 문제해결 능력

(4) 예후와 관련된 요인 2가지를 제시하시오.

🖋 해설

신체적 손상의 회복 정도, 환경적 지원

02 다음 보기의 사례를 읽고 물음에 답하시오. [04, 09, 13, 16b, 18a, 22a 기출]

> 충남 천안시에 사는 A 씨는 올해 45세로 가정주부이다. A 씨는 남편의 실직과 딸의 가출로 인해 고민을 해오던 중, 최근 1개월 동안 제대로 잠을 이루지 못하여 피로를 느끼며, 생활의 활기를 잃은 상태이다. 또한 자신이 가정 문제를 해결하는 데 있어서 아무런 능력을 발휘할 수 없는 것에 대한 무기력과 죄책감에 휩싸여 있으며, 자신의 인생과 미래에 대해 심각하게 고민하고 있다. A 씨는 자살을 생각한 적이 있으며, 자기 자신이 현재 우울증을 가지고 있다고 판단하고 있다.

(1) DSM-5에 의한 주요 우울증 삽화의 진단기준에서 주요 우울 증상을 5가지 기술하시오.

🖐 해설

① 하루의 대부분 우울한 기분이 거의 매일 지속된다. (소아/청소년에게는 짜증)
② 거의 모든 일상 활동에서 흥미나 즐거움을 상실한다.
③ 체중에 의미 있는 변화가 나타나거나, 식욕감소나 증가를 느낀다.
④ 불면 또는 과도한 수면을 한다.
⑤ 정신운동의 초조나 지체가 나타난다.
⑥ 거의 매일 피로를 느끼며 활력을 상실한다.

😊 참고 ①, ②번을 포함 나머지 중 3가지 이상, 5가지 증상이 2주간 지속될 때 우울증으로 진단한다.

(2) 자살위험 내담자에 대한 평가방법 2가지와 자살 예방의 대처방법 3가지를 기술하시오.

🖐 해설

(1) 자살에 대한 평가방법 2가지

면담을 통한 평가	• 자살생각, 자살계획 및 치명성, 자살시도의 과거력, 가족의 자살이나 정신장애 과거력 등 • 내담자의 사회적 지지, 경제적 여건, 신체적 건강상태 등
검사를 통한 평가	• MMPI-2, 로르샤하, TAT 등

(2) 자살 예방의 대처방법

① 지지적 상담 : 자살 시도자를 혼자 두지 않고 혼자가 아님을 알려준다.
② 자살방지 서약서 쓰기 : 자살을 하고 싶은 마음이 들면 치료자에게 연락을 하기로 행동계약을 한다.
③ 자살시도자가 상황을 객관적으로 파악할 수 있도록 돕는다.
④ 자살시도 가능성이 높을 때 보호자 동의 하에 입원시키거나 신체적인 격리보호를 한다.

03 다음 사례의 구체적인 증상과 징후들을 평가·규정하고(3가지) DSM-5 진단체계에 따른 잠정적인 진단명을 쓰시오. [09, 11, 15 기출]

> 환자는 28세 된 남자로 자살할지도 모른다는 주위의 우려 때문에 부모가 그를 병원에 데리고 왔다. 그는 지난 일주일 동안 한숨도 자지 않았으나 여전히 활력이 넘쳐흘렀다. 그는 자신이 세상을 구해야 되는 특별한 사명을 가졌으며 신이 자신에게 구체적으로 내리는 지시를 듣고 있다고 말하였다. 그는 수십 층이나 되는 호텔 옥상에서 뛰어내리고 싶은 마음이 든다는 사실을 인정하였다. 그가 그 장소를 선택한 이유는 바로 그 옥상에 "OO가 너를 구원하리라."라는 간판이 세워져 있었고 그는 이것을 만약 자신이 뛰어내린다면 자신과 세상이 구원될 수 있는 것으로 해석하였다. 그는 병원 직원이 정보부 요원이기 때문에 반드시 그들을 따돌려야 한다고 믿고 있었다.

🖋 해설

(1) 사례에서의 증상과 징후들

① 비정상적이고 지속적으로 의기양양, 팽창, 또는 과민한 기분이 적어도 1주일 간 지속되는 분명한 기간이 있다.

② 수면 욕구감소 – 일주일 동안 한숨도 자지 않았다.

③ 사고의 비약 – 자신이 뛰어내린다면 자신과 세상이 구원될 수 있다.

④ 정신증 양상의 동반

- 환각 – 신이 내리는 지시를 듣고 있다.
- 망상 – 자신은 세상을 구해야 하는 특별한 사명을 가졌다, 병원 직원은 정보부 요원이다 등

(2) 잠정적 진단명

양극성 장애, 조현병(정신분열증), 조현정동 장애

04 다음 보기의 사례에서 A 씨는 조현병의 증상들을 나타내 보이고 있다. 조현병의 양성 증상과 음성 증상의 의미를 각각 설명하고, 보기의 사례에서 두 증상에 해당되는 내용을 각각 구분하여 쓰시오. [15b 기출]

> 올해 30세인 A 씨는 지난 1년 전부터 주위 사람들을 비롯한 누군가가 자신을 감시하고 있고, 자신이 평소 하는 말이 언론을 통해 보도되고 있다며 몹시 불안해하고 있다. 또한 알아들을 수 없는 말들을 혼자 중얼거리는가 하면, 종종 문을 걸어 잠근 채 다른 사람들과 만나는 것을 거부하곤 하였다.

해설

(1) 양성 증상

① 망상, 환각, 환청, 와해된 언어나 행동 등 정상인에게는 없는 증상
→ 누군가 자신을 감시하고 있다. / 평소 하는 말이 언론을 통해 보도되고 있다.
알아들을 수 없는 말들을 혼자 중얼거린다.

(2) 음성 증상

① 정서적 둔마, 무의욕증, 무쾌감증, 무언증, 무사회증 등 적응적 기능의 결핍을 반영하는 증상
→ 문을 걸어 잠근 채 다른 사람들과 만남을 거부한다.

05 자폐 스펙트럼 장애 진단 기준 중 사회적 의사소통 상호작용 결함 기준 2가지를 적고 장애 명칭을 적으시오. [15a 기출]

해설

(1) 진단기준

① 사회적-감정적 상호작용의 결함
② 사회적 상호작용을 위한 비언어적 의사소통 행동의 결함
③ 관계 발전, 유지 및 관계에 대한 이해의 결함

(2) 장애 명칭

자폐 스펙트럼 장애

06 반응성 애착 장애 관련하여 다음 질문에 답하시오. [09, 14 기출]

(1) 정의

> 🗨 해설
>
> 최소 9개월 이상 5세 이하의 영아기 또는 아동기에 보호자로 추정되는 사람과 애착
> 이 없거나 명백하게 미발달되어 있는 것을 의미한다.

(2) 진단방법 2가지를 쓰시오.

> 🗨 해설
>
> ① 정신적 고통을 받을 때 거의 안락을 찾지 않거나 최소한의 안락만을 찾음
> ② 타인에 대한 최소한의 사회적, 감정적 반응성
> ③ 제한된 긍정적 정동
> ④ 성인 보호자와 비위협적인 상호작용을 하는 동안에도 설명되지 않는 과민성,
>   슬픔 또는 무서움의 삽화

(3) 감별 진단

> 🗨 해설
>
> 자폐 스펙트럼 장애, 지적 발달 장애, 우울 장애

(4) 병리적 양육 태도 3가지를 쓰시오.

> 🗨 해설
>
> ① 성인 보호자에 의해 충족되는 안락과 자극, 애정 등의 기본적인 감정적 요구에 대
>   한 지속적인 결핍, 사회적 방임 또는 박탈
> ② 안정된 애착을 형성하는 기회를 제한하는 주 보호자의 반복적인 교체
> ③ 선택적 애착을 형성하는 기회를 심각하게 제한하는 독특한 구조의 양육
>   예 보육기관 등

07 아동의 외상 후 스트레스 장애 진단에서 성인과 차별되는 재경험되는 특징 중
3가지를 기술하시오. [12 기출]

> 🖐️**해설**
>
> ① 사고의 주제나 특징이 표현되는 반복적 놀이를 한다.
> ② 내용이 인지되지 않는 무서운 꿈을 꾼다.
> ③ 외상의 특유한 재연(놀이를 통한 재경험)이 일어난다.

08 인터넷 중독의 증후를 6가지만 쓰시오. [04, 08 기출]

> 🖐️**해설**
>
> ① 내성, 금단, 남용 증상이 있다.
> ② 현실적응 및 일상생활에 어려움이 있다.
> ③ 대인관계 문제가 발생한다.
>   **예** 가족의 불화, 또래와 소원해짐
> ④ 정신적, 신체적 건강문제가 발생한다.
> ⑤ 수면 장애(낮에 잠을 자게 됨)가 발생한다.
> ⑥ 학습문제가 발생한다.
>   **예** 수업 중 집중 곤란, 피로로 잠을 잠

09 내담자의 인터넷 중독이 의심될 때 중독에서 벗어날 수 있도록 일반적으로 추천하는 방법을 5가지만 쓰시오. [03, 06, 10, 17b, 20b, 22b 기출]

🗣 **해설**

① 인터넷 사용시간을 체크하고 시간 관리를 하게 한다.

② 비생산적인 일에 왜 몰두하는지 욕구를 살펴본다.

　→ 효율적인 시간 관리로 무료한 시간을 없앤다.

③ 대리만족할 수 있는 활동을 개발하게 한다.

　예 여행

④ 인터넷사용 행동 외에 적절한 대안 찾기

　예 친구 만나기, 운동, 영화관 가기, 산책, 여행 등

⑤ 가족과 친구 등 주변의 도움을 받도록 한다.

⑥ 컴퓨터를 거실로 옮기거나 집에서 치운다.

　→ 인터넷을 사용할 수 없는 곳에서 주로 활동하거나 컴퓨터를 치워 자기 통제력 향상

10 기능적 기억 장애와 기질적 기억 장애를 비교하여 설명하시오. [07, 09, 17a, 20a 기출]

🗣 **해설**

(1) 기능적(functional) 기억 장애 : 해리 장애, 수면 장애 등

이것은 심리적 작용에 의해서 기능할 수 없다는 뜻이다. 예를 들면 조현병에서도 기억 장애가 나타나기도 하고 우울증으로 인해 기억 장애가 나타나기도 하고 심한 외상 후 스트레스 장애처럼 어떤 충격에 의해 선택적으로 기억나지 않는 것이 있을 수 있다.

(2) 기질적(organic) 기억 장애 : 치매, 섬망, 기억 장애

이것은 생물학적인 것으로 DSM-5에 보면 섬망, 치매 등과 같이 뇌의 퇴화나 어떤 변화 그리고 사고를 당해서 나타나는 기억상실 등과 같이 생물학적인 뇌의 변화를 나타낸다.

11 DSM-5 분류상 알츠하이머병으로 인한 주요 또는 경도 신경인지 장애의 주요 증상 4가지를 기술하시오. [04 기출]

해설

(1) 기억력 장애

치매의 주요 증상으로 부호화(입력), 응고화(저장), 인출로 이어지는 기억의 과정에서 하나 이상 문제가 발생하는 경우 증상이 나타난다. 특히 노인성 치매의 경우 일반적으로 기억의 모든 과정에서 장애가 나타난다.

(2) 언어기능 장애

초기에는 말하는 중에 적절한 단어를 찾지 못하거나 의미가 정확하지 않은 단어를 사용하는 것에서부터 시작하여 점차적으로 사물의 이름을 표현하지 못하거나 주제와 관련 없는 말을 반복하게 된다. 이후 말기에 이르러서는 단어의 발음조차 불명확하여 아예 말을 하지 않기도 한다.

(3) 인지기능 장애

시각이나 촉각 등의 지각적 기능을 통해 사물을 파악하고 현상을 이해하는 능력이 저하된다. 또한 공간에 대한 인지능력의 심각한 저하로 인해 방향을 잃거나 집을 찾지 못하게 된다.

(4) 성격 · 정서 변화

치매 환자는 자신의 가족을 의심하며, 자신이 가족에게서 감시를 받고 있다고 믿는다. 또한 항상 긴장한 상태로 불안해하거나 우울증 또는 조증을 보이기도 한다.

12 틱 장애를 평가하는 척도 2가지를 쓰시오.

[16a, 24c 기출]

해설

틱 장애 평가 척도는 다음과 같다.

YGTSS Yale Global Tic Severity Scale	예일 틱 증상 평가 척도 또는 예일 전반적 틱 심각도 척도
TSSS Tourette Syndrome Severity Scale	뚜렛 증후군 심각도 척도 또는 뚜렛 증후군 증상 평가 척도
TSGS Tourette Syndrome Global Scale	뚜렛 증후군 전반적 척도 또는 뚜렛 증후군 평가 척도

참고 틱이란 갑작스럽고 빠르며 반복적, 비율동적, 상동적인 움직임이나 소리를 말하며 틱이 나타나는 근육군과 양상에 따라 단순 운동틱과 복합 틱으로 구분된다.

단순 운동 틱	단순 운동 틱은 순간적인 눈 깜박임, 목 경련, 얼굴 찡그림이나 어깨 으쓱임 등이 있다.
복합 틱	복합 틱은 단순 운동 틱과 달리 한 군데 이상의 근육을 침범한 얼굴 표정 변화, 냄새 맡기, 특정 방향으로 뛰기, 발 구르기 혹은 욕설 등과 같이 좀 더 복합적이며 마치 목적을 가지고 하는 행동과 같은 양상을 나타낸다.

13 특정 공포증의 하위 유형 3가지를 쓰고 설명하시오.

[19a, 24b 기출]

해설

(1) 동물형
 뱀, 거미, 개, 곤충

(2) 자연환경형
 천둥, 번개, 높은 곳, 강, 바다

(3) 혈액/주사 상처형
 신체적 상해나 고통

(4) 상황형
 교통수단(비행기), 터널, 다리, 엘리베이터

14 조현병 양성 증상을 보이는 내담자의 대처방법 3가지를 쓰시오. [17a, 20c 기출]

> 🔖 **해설**
> ① 조현병 양성 증상은 항정신병 약물인 할로페리돌, 클로로프로마친, 플루페나진 등의 약물에 잘 반응함으로 정신과 진료를 통해 약물복용할 것을 권해야 한다.
> ② 환각이나 와해된 언어로 인해 현실 적응력이 손상되고 있을 가능성이 높으므로 사회 적응 또는 직업 적응을 위한 대처법을 익히도록 해야 한다.
> ③ 조현병 환자들은 일반인보다 자살을 시도하는 경우가 흔하고 자살시도자 중 10% 정도 사망하게 됨으로 환자가 자살에 대해 이야기하거나 자살을 시도하려고 한다면 즉시 대처 방안을 세워야 한다.
> ④ 심하게 흥분하고 공격성의 징후를 보이면 면담을 중지한다.
> ⑤ 공격성의 징후를 보이면 그런 행동은 허용할 수 없다고 경고한다.
> ⑥ 질문의 초점을 벗어나 엉뚱한 이야기를 늘어놓을 때, 관심을 보이지 않는다.

15 망상적 편집증 증상을 보이는 내담자를 평가할 때 임상 면접 시 주의할 점 3가지를 쓰시오. [17a, 23a 기출]

> 🔖 **해설**
> ① 망상적 편집증 증상을 보이는 내담자는 대다수 주변인에 의해 면담이 의뢰됨으로 상담이나 치료의 중요성을 납득시키도록 노력한다.
> ② 상담자-내담자 간 신뢰 관계 형성을 위해 노력한다.
> ③ 망상적 사고에 대해 의문을 제기하거나 도전하지 않고 망상의 과정이나 내담자에게 주는 심리적 의미와 영향에 대하여 살핀다.

16 오염에 대한 반복적인 손 씻기를 하는 환자의 장애진단 및 효과적인 치료 과정 4단계를 쓰시오. [17b, 20a 기출]

해설

(1) 진단명

진단명은 강박 장애이다.

(2) 치료기법

치료기법은 노출 반응 방지법(ERP; Exposure and Response Prevention)이다.

(3) 효과적인 치료 과정 4단계

① 제1단계 : 강박적 사고를 유발하는 촉발상황들의 리스트 작성

② 제2단계(체계적 둔감화) : 가장 낮은 레벨의 촉발상황부터 시작하여 가장 높은 레벨의 촉발상황까지 점진적으로 이완훈련

③ 제3단계(노출단계) : 가장 낮은 레벨의 촉발상황부터 시작하여 가장 높은 레벨의 촉발상황까지 노출하여 직면하도록 함

④ 제4단계(행동방지) : 강박적 사고에 의해 나타나는 강박적 행동을 제지함 – 처음에는 불안과 공포를 느끼게 되지만 이를 견뎌내는 경험을 통해 강박적 사고를 유발하는 자극에 대해 체계적으로 둔감해짐

17 말랐는데도 뚱뚱하다고 생각하는 여성 사례의 진단명 및 진단기준을 쓰시오. [18a, 21b 기출]

해설

(1) 진단명

진단명은 신경성 식욕부진증(거식증)이다.

(2) 진단기준

진단기준은 현저한 몸무게 변화이다.

① 필요한 것에 비해 에너지 섭취(음식섭취)를 제한함으로써 나이, 성별, 발달수준, 신체 건강에 비추어 심각한 저체중(최소한의 정상수준에 미달되거나 기대수치 이하의 체중 미달) 상태가 초래된다.

② 심각한 저체중임에도 불구하고 체중 증가나 비만에 대한 강한 공포를 가지고 있거나 체중 증가를 방해하는 지속적인 행동을 나타낸다.

③ 체중과 체형을 왜곡하여 인식하고, 체중과 체형이 자기평가에 지나친 영향을 미치거나 현재의 체중 미달에 대한 심각성을 인식하지 못하고 있다.

18 순환 감정 장애 진단기준 3가지를 쓰시오.

[18b 기출]

해설

(1) 정의

기분 삽화가 해당되지 않는 경미한 우울 증상과 경조증 증상이 번갈아 가며 2년
이상(아동/청소년은 1년) 장기적으로 나타난다.

(2) 진단기준

① 2년의 기간 (아동/청소년은 1년) 중 적어도 반 이상의 기간에 우울이나 경조증
증상을 나타내야 하며 아무런 증상이 없는 기간이 2개월 이하여야 한다.

② 조증 삽화, 경조증 삽화, 주요 우울 삽화를 한 번도 경험한 적이 없어야 한다.

③ 주기적인 우울 및 경조증 증상으로 인해서 현저한 고통을 겪거나 일상 생활 기
능에 상당한 지장이 초래되어야 한다.

01 현재 많은 심리치료 이론과 기법이 존재하고 있지만 그러한 치료 이론과 기법은 치료 효과를 가져오는 공통적인 치료 요인이 있다고 한다. 심리치료의 공통적 요인을 3가지만 설명하시오.

[11, 17a 기출]

🗨 해설

(1) 치료자와 내담자의 치료적 관계(치료 동맹)

치료자와 내담자의 치료적 관계 형성은 치료 효과에 상당한 영향을 미친다.

(2) 해석, 통찰, 이해

상담의 치료적 효과는 자신의 문제에 대한 해석과 통찰을 통해 자신과 자신의 개인적 어려움에 대한 이해 증가에서 비롯된다.

(3) 정화

내담자는 억압되어온 감정 정화(Catharsis)를 통해 문제해결을 위한 새로운 시도를 전개할 수 있다.

02 다음 보기는 심리치료의 일반적인 수행단계를 나타내고 있다. A에서 D까지 빈칸에 들어갈 내용을 각각 쓰시오.

[15b 기출]

(A) → 문제 및 상황 평가 → (B) → 치료 실시 → (C) → 치료 종결 → (D)

🗨 해설

① **A 치료의 동기 파악 및 상담의 전반적 구조화** : 시간, 비용, 비밀유지의 한계, 치료방법 등

② **B 치료목표의 설정** : 목표는 달성 가능하고 구체적으로 설정한다.

③ **C 치료의 평가** : 진행되는 치료가 효과가 있는지를 평가한다.

④ **D 추수 상담** : 치료 종결로 인한 급작스러움의 경감과 종결 이후에도 성취된 변화가 지속될 수 있도록 추수 상담한다.

03 취약성–스트레스 모델에 대해 설명하시오. [16b, 17b, 19b 기출]

해설

① 취약성–스트레스 모델은 질병 발생에 두 가지 요인이 필수적이라고 가정한다.
  • 특정한 개인은 특정한 질병에 대해 영구적으로 선천적 경향이 있어야 한다.
  • 특정한 개인은 특정한 유형의 스트레스를 경험해야 한다.
② 취약성이 있는 사람은 대부분 사람이 대처할 수 있는 스트레스에 병적으로 반응한다.
③ 질병에 대한 선천적 경향이 강한 사람은 경미한 환경적 스트레스도 질병을 유발할 수 있다.
④ 취약성 스트레스 모형에서는 어떤 사람은 유전적 취약성이나 생화학적 불균형으로 인해 선천적으로 특정한 질병에 걸리기 쉽기 때문에 스트레스와 관련된 질병에 더 잘 걸린다고 가정한다.

참고 취약성–스트레스 모델

① 스트레스와 관련되어 정신질환의 원인은 흔히 스트레스–취약성 모델(Stress–diathesis Model)로 설명된다. 이 이론은 주요 정신 장애에 관한 취약성을 선천적으로 타고나거나 후천적으로 획득한 사람에게 다양한 스트레스가 가해졌을 때 정신질환이 유발된다고 본다.
② 취약성이란 주요 정신질환을 일으킬 수 있는 위험성을 의미하며, 증상의 발생시기와 관계없이 개인이 지속적으로 지니고 있는 병리적 이상을 말한다.
③ 이 모델은 질병에 대한 소인인 취약성과 환경적 스트레스 간의 상호작용에 초점을 둔다.
④ 스트레스와 취약성의 관계를 강물과 강둑의 관계에 비유할 수 있는데 환자는 선천적으로 일반인에 비해서 강둑의 높이가 낮기 때문에 심한 스트레스를 받게 되면 강물이 금방 강둑을 넘치게 되어 발병하거나 재발하게 되는 것이다.

04 집단치료에서 집단구성 시 현실적으로 고려해야 하는 사항 5가지를 쓰시오.

[18a, 24a 기출]

해설

(1) 집단구성

동질집단으로 구성할 것인가?, 이질집단으로 구성할 것인가?

(2) 집단의 크기

집단원의 수를 몇 명으로 할 것인가?

(3) 집단상담의 일정

집단상담을 한 회기 진행시간과 어느 정도 기간 동안 진행할 것인가?

(4) 집단상담의 장소

집단상담의 모임장소는 어디든 가능하나 사생활 보호가 가능하고, 외부의 방해를
받지 않고 조용히 이야기를 나눌 수 있는 곳

(5) 공동상담자

두 명의 집단상담자가 협동으로 집단상담을 진행할 것인가 여부 또는 보조진행
자(코리더)를 둘 것인가의 여부

(6) 집단상담 진행

구조화, 비구조화, 반구조화 집단상담 중 어떤 방식으로 진행할 것인가 ?

05 얄롬의 집단상담의 치료적 요인 5가지를 기술하시오.

[09, 12, 13, 14, 17a/b, 18a, 19a, 21a, 24a/c 기출]

> **해설**
>
> **(1) 희망의 고취**
> 희망 자체가 치료적 효과를 가질 수 있다.
>
> **(2) 보편성**
> 자신만 심각한 문제를 가진 것이 아님을 알고 위로받는다.
>
> **(3) 정보전달**
> 다양한 정보를 습득하며 직간접적인 조언을 얻을 수 있다.
>
> **(4) 이타심**
> 서로에게 지지, 위로, 조언을 제공하여 서로를 돕는다.
>
> **(5) 1차 가족집단의 교정적 재현**
> 초년기의 가족 내 갈등이 교정적으로 다시 살아난다.
>
> **(6) 사회기술의 발달**
> 기본적인 사회기술 개발이 이루어지게 된다.

06 얄롬이 제시한 인간의 궁극적 관심 4가지를 쓰시오.

[22b 기출]

> **해설**
>
> 실존주의 심리학자인 얄롬은 인간의 4가지 궁극적인 관심사로 죽음, 자유, 고독, 무의미성을 제안하였는데, 이에 대한 자각으로 인해 갈등과 불안을 느낀다고 하였다.

07 집단상담의 장점과 제한점을 3가지를 쓰시오.　　[15, 19a, 21a, 23b 기출]

해설

집단상담의 장점	• 자기 이해 및 타인을 이해할 수 있다. • 사회적 기술을 습득할 수 있다. • 실제 장면과 유사한 환경에서 대인관계 훈련을 할 수 있다. • 타인의 반응, 조언, 지지를 받을 수 있다. • 경제적인 면에서 유리하다. • 다양한 자원 및 정보를 얻을 수 있다.
집단상담의 단점	• 비밀보장의 한계 • 개인에 대한 관심 미약 • 대상의 부적합성에 따른 역효과 • 집단압력 • 지도자의 전문성 부족

참고 집단상담의 장점
① 경제성　② 다양한 자원 획득　③ 보편성 경험 제공

08 집단치료가 개인치료에 비해 효과적인 요인에 대해 설명하시오.　　[19a, 22b 기출]

해설

① 자기 이해 및 타인을 이해할 수 있다.
② 사회적 기술을 습득할 수 있다.
③ 실제 장면과 유사한 환경에서 대인관계 훈련을 할 수 있다.
④ 타인의 반응, 조언, 지지를 받을 수 있다.
⑤ 경제적인 면에서 유리하다.
⑥ 다양한 자원 및 정보를 얻을 수 있다.

09 집단치료에서 집단원의 적절한 자기노출의 지침 5가지를 쓰시오. [21b, 24c 기출]

> 🔖 **해설**
>
> ① 자기노출이 집단 내의 대화를 터주는 수단이 되어야 한다.
> ② 집단 목적, 발달단계, 타이밍, 유용성 여부를 고려하여 진행되어야 한다.
> ③ 자기노출을 통한 더 깊은 자기 인식이 이루어지도록 지도하여야 한다.
> ④ 단순한 걱정거리만이 아닌 집단원, 상담자에 대한 감정도 노출되는 것이 좋다.
> ⑤ 단순 과거사의 노출이나 필요 이상의 노출 등은 자제되어야 한다.

10 시간 제한적 집단치료의 주요 특징 3가지를 쓰시오. [15, 21b, 23a 기출]

> 🔖 **해설**
>
> **(1) 기능 수준 및 집단의 동질성을 고려한 집단 참여자의 선정**
> 어느 정도 자아 강도와 지능 수준, 기본적인 인간관계 능력과 심리적 수용 능력, 변화에의 동기 등을 가지고 있는 내담자 중 비슷한 증상을 보이는 동질집단을 구성하는 것이 효과적이다.
>
> **(2) 대인관계학습의 접근법**
> 집단 상황을 통한 '여기-지금'에서의 교정적 정서 경험을 통해 문제 개선을 이룰 수 있다.
>
> **(3) 시간-제한(Time-limited)의 의도적인 활용**
> 빨리 회복하려는 동기를 유발하고 매 회기에서 지리멸렬한 주제에서 벗어나 중요한 작업에 집중하도록 유도할 수 있다.

11 사회기술훈련을 집단으로 시행할 때의 장점 3가지를 쓰시오. [08, 18b, 24c 기출]

> 🔖 **해설**
>
> ① 집단을 활용할 경우 개인 간 상호작용 유형 등을 관찰할 수 있으므로 집단 활동에 참여하는 개별 구성원의 대인관계 기술을 파악할 수 있다.
> ② 집단치료자는 물론 다른 구성원들에게서 피드백을 제공받을 수 있으므로 이를 통해 개별 구성원은 스스로 자신의 문제를 발견하고 교정할 수 있다.
> ③ 집단에는 다양한 구성원들이 참여하게 되며, 이러한 다양성은 개별 구성원들에게 실제 생활영역과 유사한 환경을 제공할 수 있다.

12 성인상담과 구별되는 아동 심리치료의 특징 6가지를 쓰시오. [17a, 19a, 21b 기출]

해설

① 아동은 발달적으로 인지적, 언어적 기술이 부족하여 비언어적 의사소통이 중요하다.
② 심리치료에서 언어적 방식보다는 놀이, 음악, 도서 등 다양한 매개물을 사용하게 된다.
③ 아동은 발달 단계상 앞으로의 변화 가능성을 예상하여 아동의 기질과 성향을 파악하여 진행하는 것이 중요하다.
④ 아동의 상담은 자발적이기보다 부모나 선생님 등 주변사람들에 의해 의뢰되는 경우가 대부분이다.
⑤ 아동상담 진행에서 아동이 우선이 되어야 하지만 부모면담도 매우 중요하다.
⑥ 상담초기 아동과 상담자의 신뢰있는 상담관계의 형성이 무엇보다도 중요하다.

13 놀이치료는 놀이 치료적 가치(효과)가 있다. 놀이의 치료적 가치를 3가지 적으시오. [15a, 16b, 20b, 22a/b, 23b, 24b 기출]

해설

① 저항을 극복하는 데 도움이 되므로, 치료적 관계 형성에 유용하다.
② 의사소통의 매체로서 아동을 이해하고 진단하는 데 유용하다.
③ 아동의 불안 감소 및 긴장 이완을 통해 효과적인 치료를 가능하게 한다.
④ 정화(Catharsis)를 통해 심리적인 외상을 극복할 수 있도록 한다.
⑤ 창조적 사고를 통해 참신한 문제해결 능력을 발달시키도록 한다.
⑥ 환상과 상상을 통해 대리적인 욕구충족을 가능하게 한다.

14 정신분석치료 특징 5가지를 쓰시오. [20b 기출]

해설

① 아동기 경험을 중요시하고 성격구조를 원초아, 자아, 초자아로 구분하였다.
② 내담자의 무의식을 의식화하는 작업을 한다.
③ 치료기간이 장시간 소요되며 근본적으로 치료한다는 면에서 뿌리치료라고 한다.
④ 자아를 강화하는데 치료의 목표로 한다.
⑤ 내담자의 전이 과정을 거쳐 통찰을 통해 훈습하도록 과정을 거친다.

15 일반적으로 가족치료를 권하게 되는 경우 2가지를 쓰시오. [15b, 20c 기출]

해설

① 내담자의 어떤 증상이 역기능적인 가족관계에 얽혀 있다고 판단되는 경우
② 내담자의 호소가 개인의 문제라기보다는 가족 간의 관계 변화에 있다고 판단되는 경우
③ 가족이 서로 분리되는 것에 대해 어려움을 겪는 경우

16 다음은 Satir의 의사소통 가족치료의 의사소통 유형에 대한 설명이다. 각각에 해당하는 의사소통 유형을 쓰시오. [11, 17b, 23a 기출]

> (1) 상호작용하는 상황에서 다른 사람은 존중하지만 자신의 가치나 진정한 감정은 무시한다.
> (2) 다른 사람들은 무시하고 오로지 자신만을 생각한다.
> (3) 비인간적인 객관성과 논리성의 소유자이며 자신과 다른 사람을 과소평가한다.
> (4) 주변 상황과 관계없는 소란스럽고 버릇없는 행동을 많이 하며 혼란스럽다.
> (5) 자신과 타인 상황 모두를 존중하며 신뢰한다.

🔎 해설

(1) 회유형

상호작용하는 상황에서 다른 사람은 존중하지만 자신의 가치나 진정한 감정은 무시한다.

(2) 비난형

다른 사람들은 무시하고 오로지 자신만을 생각한다.

(3) 초이성형

비인간적인 객관성과 논리성의 소유자이며 자신과 다른 사람을 과소평가한다.

(4) 혼란형(산만형)

주변 상황과 관계없는 소란스럽고 버릇없는 행동을 많이 하며 혼란스럽다.

(5) 일치형

자신과 타인의 상황 모두를 존중하며 신뢰한다.

17 해결중심 가족치료에서 주로 사용하는 질문 유형 3가지를 쓰고 설명하시오.

[18a, 20c, 23c 기출]

> **해설**
>
> **(1) 기적 질문**
>
> 문제가 해결된 상태를 상상해보는 것으로 해결을 위한 요구 사항들을 구체화, 명료화하는 데 도움을 준다.
>
> **(2) 예외 질문**
>
> 문제해결을 위해 우연적이며 성공적으로 실행한 방법을 찾아내어 이를 의도적으로 실행하도록 하는 것이다.
>
> **(3) 척도 질문**
>
> 숫자를 사용하여 내담자에게 자신 문제의 심각성, 문제해결에 대한 희망, 변화에 대한 의지, 문제가 해결된 정도를 수치로 표현하도록 하는 방법이다.
>
> **(4) 대처 질문**
>
> 어려운 상황에서의 적절한 대처경험을 상기함으로써 내담자 스스로 강점을 발견하도록 돕는 것이다.

18 가족을 하나의 유기체로 보는 Becvar(백베르)의 가족치료에서 건강한 의사소통을 위한 전제 3가지를 쓰시오.

[19c, 24c 기출]

> **해설**
>
> 백베르의 가족치료에서 가족을 하나의 유기체로 보고, 건강한 의사소통을 위해 필요한 세 가지 전제 조건은 다음과 같다.
>
> | 명확한 의사소통 | • 가족 구성원 간의 의사소통은 분명하고 직설적이어야 한다.
• 암시적이거나 모호한 표현보다는 정확한 단어와 명료한 표현을 사용하여 서로의 감정과 생각을 전달하는 것이 중요하다. |
> | --- | --- |
> | 일관성 있는 메시지 | • 말로 표현하는 메시지와 비언어적인 신호가 일치해야 한다.
• 말과 행동이 일치하지 않으면 혼란을 초래할 수 있으며, 건강한 의사소통을 방해할 수 있다. |
> | 상호 존중과 수용 | • 각 구성원의 의견과 감정을 존중하고 수용하는 태도가 필요하다.
• 구성원들은 서로를 존중하며, 상대의 의견을 비난하거나 무시하지 않고 열린 마음으로 받아들이는 것이 중요하다. |

19 무어(Moore, 1988)의 가족 간 갈등모형의 5가지 영역을 쓰시오.　[22a 기출]

해설

상담자들은 가족 갈등 해결을 위한 도움을 준비하는 과정에서 가족 구성원과 갈등에 대한 평가를 하게 된다. 가족 갈등을 분석하는 데 널리 이용되는 것은 무어(Moore, 1988)의 갈등모형은 5가지 영역으로 구분한다. 이는 내담자 정보를 조직화하는 데 유용하며 무어가 제시한 내용을 보면 다음과 같다.

① 정보 갈등은 정보 혹은 정보 부족에 대한 갈등이다.
② 관심 갈등은 부족한 자원과 그 차이에 의한 실제적인 경쟁이나 이에 대한 지각과 관련된 갈등이다.
③ 관계 갈등은 고정관념, 빈약한 의사소통. 혹은 잘못된 지각에 의해 발생하는 갈등이다.
④ 구조적 갈등은 균형적이지 않은 힘과 통제력의 불균형에 의해 발생하는 갈등이다.
⑤ 가치 갈등은 신념과 목표에 기초한 갈등이다.

01 관찰학습이 효과적으로 일어날 수 있는 조건 4가지를 쓰시오. [14, 21a, 23c 기출]

> 📖 해설
>
> **(1) 주의집중**
> 주의를 기울일 수 있는 모델이 있어야 한다.
>
> **(2) 파지 과정**
> 모델의 행동을 모방하기 위해서는 모델의 행동을 기억해야 한다.
>
> **(3) 재생**
> 모방한 행동에 대한 인지적 표상이 신체적 운동으로 전환되어야 한다.
>
> **(4) 동기화 과정**
> 다른 사람들의 행동을 관찰하여 배웠다고 하더라도 그 행동을 할 필요가 없다고 여기면 행동으로 나타나지 않을 것이다.

02 행동치료의 특징 3가지를 쓰시오 [23a 기출]

> 📖 해설
>
> **(1) 과학적 임상심리학** : 객관성, 정확성, 경험적 검증 등 과학적인 접근을 강조한다.
>
> **(2) 치료대상** : 겉으로 드러나는 행동을 대상으로 한다.
>
> **(3) 증상론** : 병리의 증상은 잘못된 학습이나 과잉학습 혹은 학습의 부족 등으로 인해 발생한다고 보고 증상의 발생 상황과 그 증상이 어떤 조건에 유지되고 변용되어 왔는가를 명확하게 하는 것에 중점을 둔다.
>
> **(4) 행동적 치료** : 행동치료에서는 내담자들이 치료 과정에 행동을 통해 직접 적극적으로 참여한다.
>
> **(5) 행동적 모델** : 행동치료란 행동이 변화된다는 것을 가정한다. 행동적 모델에 따르면 인산의 어떤 행동은 그 행동 전과 후에 일어난 사건에 의해 유발되고 지속된다는 것이다(A-B-C 모형).

03 행동평가의 SORC를 적으시오.

해설

① S(Stimulus) – 자극
② O(Organism Valiable)– 자극을 받아들이는 유기체
③ R(Responce Valiable) – 반응
④ C(Consequence Variable) – 후속변인

04 행동치료 중 용암법과 조형법에 대해 설명하시오.

해설

(1) 용암법(Fading) – 적절한 행동 발달시키기

① 변별력을 가르칠 때 자극을 점진적으로 조정하여 궁극적으로 일부 변화된 자극 또는 새로운 자극에 대해 반응할 수 있도록 하는 절차로 바람직한 변별 자극을 차츰 줄여가는 것이다.
예를 들어 아이가 '어머니'라는 단어를 배울 때 어머□, 어□□, □□□ 의 순서로 글자를 익힘에 단서를 줄이는 과정의 용암이 진행된다.

(2) 조형법(Shaping) – 새로운 행동 만들기

① 반응의 질을 점차적으로 형상해 나가는 과정으로 처음에는 아주 간단한 반응을 요구하지만 점점 강화물의 획득을 까다롭게 하여 보다 복잡하고 정교한 반응을 습득하게 한다.
② 조형은 학습할 최종의 목표행동을 작은 단위의 하위 행동으로 나누어 단계적으로 강화함으로써 최종의 목표행동을 강화하는 방법이다.
예를 들어 개를 훈련(앉아, 엎드려)시키는 방법이 조형에 해당된다고 할 수 있다.

05 자극통제 종류로 특정 자극에 반응하는 것과 특정 자극에 반응하지 않는 것을 기술하시오.

[20b 기출]

해설

(1) 특정 자극에 반응하는 것 : 자극 일반화(Stimulus Generalization)

① 조건반응을 성립시킨 원래의 조건 자극과 유사한 자극이 주어졌을 때 조건화된 반응이 계속 일어나는 현상이다.

② 파블로프(I.P. Pavlov)는 타액 조건형성 실험에서 벨 소리에 조건반사를 하는 개가 소리는 작지만 부저 소리나 메트로놈 소리가 들려도 침을 흘리는 것을 관찰하여 이를 보고하였다. 이런 현상이 곧 '자극 일반화 현상'이다.

③ 자극 일반화 현상은 행동치료에서 인간의 불합리한 행동의 원인을 찾아 그를 치료하는 데 이용되고 있다. 예를 들면 흰 토끼, 흰 털 코트에 대해 공포를 느끼는 사람이 있을 때 그 이상행동의 원인이 흰쥐에 대한 공포 때문이었다는 것을 들 수 있다.

(2) 특정 자극에 반응하지 않는 것 : 자극 변별(Stimulus Discrimination)

① 유사한 두 자극의 차이를 식별하여 각각의 자극에 대하여 서로 다르게 반응하도록 학습하는 것을 말한다.

② 고전적 조건형성의 파블로프의 개 실험을 예로 들면, 개에게 종소리와 먹이를 연합하여 종소리만 들려주어도 침을 흘리는 조건형성을 학습시킬 수 있다. 그러나 특정한 종소리가 울릴 때만 먹이를 준다면 개는 종소리를 구분하기 시작하고 나중에는 특정한 종소리가 울릴 때만 침을 흘리게 된다. 이처럼 유사한 종소리이지만 그 소리를 구별하여 침을 흘리거나 흘리지 않는 다른 반응을 학습하는 것을 '자극 변별'이라고 한다.

06 수시로 친구를 괴롭히고 교사에게 반항하는 아동을 둔 교사가 자문을 요청해 왔다. 이 교사에게 어떤 자문을 해줄 수 있는지에 대해 4가지 정도 쓰시오.

[08, 14, 24b 기출]

해설

(1) 긍정적인 분위기 조성

아동이 또래들과 긍정적인 상호작용 경험을 할 수 있는 기회를 만들어서 친구와의 놀이나 교사와의 관계에서 즐거움을 느낄 수 있도록 하기

(2) 행동 치료적 접근

① **긍정적 강화** : 바람직한 행동에 대한 보상과 이득을 제공하기

② **타임아웃** : 바람직하지 못한 행동을 한 경우 일정 시간 동안 의자에 앉아 있게 하기

③ **값 치르기** : 바람직하지 못한 행동을 한 경우 보상 또는 이득을 받지 못하도록 하기

④ **토큰 시스템** : 바람직한 행동을 하면 보상과 특권을 누리고 그렇지 못하면 보상과 특권을 잃게 하기

07 강박 장애의 심리적 치료방법으로서 노출 및 반응 방지법의 효과 3가지를 쓰시오.

[12, 17a, 22a 기출]

> 🔖 **해설**
>
> **(1) 둔감화 효과**
>
> 두려워하는 자극과 사고를 강박 행동 없이 견뎌낸다.
>
> **(2) 학습효과**
>
> 강박 행동을 하지 않아도 두려워하는 결과가 일어나지 않는다는 것을 학습한다.
>
> **(3) 습관화**
>
> 시간이 흐르고 시도가 반복되면 환자들이 견딜 수 있을 정도로 불안이나 불쾌감이 점차 감소한다.

😊 **참고** 노출법과 반응방지법

강박증상에 대한 실제적인 대처를 위해 사용되는 행동적 전략들은 크게 노출법(Exposure)과 반응방지법(Response Prevention)이 있다. 이러한 치료 과정에서 환자 스스로가 증상을 회피하거나 통제하려는 시도를 내려놓고, 자신이 원하는 삶을 살아가기 위해 불편한 감정을 기꺼이 경험하고자 하는 수용의 태도를 배우게 된다.

노출법	간단하게 정의해서 위험이나 두려움을 지니고 있는 대상을 접하고 직면하는 것이다. 두려움과 위협을 느끼는 상황에 처할 때 이전까지는 그저 회피하거나 도망치는 것으로 해결했던 것과는 달리, 반복적인 노출을 통해서 그런 두려움을 극복하려는 시도이다. 이는 위협적인 상황에 지속적으로 노출되다 보면 그에 대해 느끼는 불안 수준도 점차 무뎌진다는 원리에 기초하고 있다.
반응 방지법	노출로 인해 불편감이 증대되면서 나타나는 회피 행동 등을 차단하는 것이다. 반응 방지는 앞서 노출에 비해 보다 적극적인 환자의 참여가 요구되는 것인데, 불안이 일어나는 상황에서 보였던 확인 행동이나 기타 회피 행동들을 더 이상 하지 않는 것을 말한다. 이는 환자 스스로 강박 행동을 하지 않겠다는 선택 및 강력한 의지가 필요한 것이기에 환자의 참여를 강조하는 것이다. 반응 방지법은 강박 행동을 줄이는 데 보다 효과적이라고 볼 수 있다.

08 강박 장애의 노출 및 반응 방지법(ERP)의 원리와 기본 시행순서를 설명하시오.

[11, 16b, 19b, 23c 기출]

🗨 해설

(1) 원리

증상을 가진 환자에게 두려움과 거부감의 대상이 되는 자극을 체계적이고 반복적으로 노출시킴으로서 강박적 사고가 근거 없는 것이며, 강박적 행동에 의한 중화(Neutralization) 또한 불필요하다는 사실을 깨닫게 된다.

(2) 시행순서

① 제1단계 노출
- 강박적 사고를 유발하는 자극에 충분한 시간 동안 직면하도록 한다.

② 제2단계 행동방지
- 강박적 사고에 의해 나타나는 강박적 행동을 제지한다. 처음에는 불안과 공포를 느끼게 되지만 이를 견뎌내는 경험을 통해 강박적 사고를 유발하는 자극에 대해 체계적으로 둔감해진다.

09 정신과 병동에 입원해 있는 A 씨는 만성 조현병 환자이다. 임상심리사는 이 환자에게 인사하는 기술을 가르치고자 한다. 이를 위해 토큰 경제방법을 5단계로 구분하여 순서대로 설명하시오.

[18a 기출]

🗨 해설

(1) 교환수단으로 사용할 토큰 정하기

"참 잘했어요"라는 도장이 찍힌 스티커로 한다.

(2) 토큰을 제공할 목표행동과 규칙 정하기

환자가 만나는 사람을 볼 때마다 인사를 하면 강화물을 주기로 약속한다.

(3) 토큰을 맞바꿀 강화물 정하기

하루 단위(간식 신청, 산책 등) 또는 일주일 단위(면회, 외박 등)로 정한다.

(4) 교환비율 정하기

환자가 약속된 행동을 하면 토큰을 받고, 토큰이 얼마만큼 모이면 그것으로 자기가 원하는 간식 등으로 교환할 수 있다.

(5) 사전연습하기

환자가 먼저 자기 주변의 사람들을 볼 때마다 인사를 하는 연습을 한다.

10 토큰 이코노미의 장점 3가지를 쓰시오. [12, 18b, 20b, 21b, 24a 기출]

해설

① 바람직한 행동을 하는 즉시 강화를 줄 수 있다.

② 강화의 양을 쉽게 알 수 있고 쉽게 증감할 수 있다.

③ 토큰을 확실하게 수량화할 수 있어 자신의 진척 상황을 잘 알 수 있다.

④ 자신의 행동이 개선되고 있음을 알게 되면 개선률이 더욱 증가할 수 있게 된다.

⑤ 교사가 학생들의 행동을 보다 효율적으로 통제하는 자극이 된다.

⑥ 효과적 동기유발 도구이기도 하면서 하나의 학습지도의 방법이 되기도 한다.

11 다음 보기의 사례를 읽고 물음에 답하시오. [05, 07, 09, 12, 19b, 20c, 21b, 22b 기출]

올해 14세 4개월의 남중 3년생인 A 군은 친구들과 잘 사귀지 못하고 학교에 등교할 시간이 되면 울면서 학교에 가지 않겠다고 하는 학생으로 어머니에 의해 개인연구소를 경유하여 내원하였다. 학교에서는 애들이 자신을 괴롭히고 째려본다고 하며, 집에서 가족 모두가 A 군을 격려해 줘도 학교에 가면 '죽고 싶을 정도'로 애들이 자신과 놀아주지 않는다고 귀가 후 불평하곤 하였다. 어려서부터 태권도를 좋아하여 계속해오고 있으며 골격이 크고 당당한 체구이나 중학교 진학 이후에 성적은 계속 최하위권이며 현재 중 3 담임 선생님이 일반고교에 진학하는 것이 어렵다며 어머니를 불러 최근 실시한 집단지능검사 결과를 알려주었다. 어머니는 A 군이 정말 고교에도 진학하지 못할 만큼 심각한 수준인지, 왕따 문제는 어떻게 해야 하는지, 앞으로 A 군을 어떻게 키워야 하는 것인지 등의 문제를 호소하였다. 심리평가를 위해 내원하였을 때 A 군은 무표정하였으며, 다소 발음이 부정확하여 검사 중 응답을 재확인하여야 하는 경우가 많았다. 매번 문제들을 쉽게 포기하려 하고 짧은 답변으로 일관하였는데, 다 귀찮다는 식의 태도는 후반부로 갈수록 다소 누그러지는 양상이었다.

(1) A 군의 학습습관 증진과 교정을 위하여 어머니에게 몇 가지 행동치료 절차를 주문하였다. 그중 치료자가 행동수정 원리를 적용시키고자 노력하였다면 행동수정의 원리별로 어떤 식으로 개입이 진행되었을 것인지 행동수정의 원리 3가지를 제시하고 설명하시오.

🖐 해설

(1) 강화 및 조성

자녀가 바람직한 행동을 했을 때 유쾌한 경험(보상이나 칭찬)을 할 수 있도록 강화물을 주어 바람직한 행동의 빈도를 증가시킨다.

(2) 소거

바람직하지 않은 행동은 관심을 주지 않고 무시함으로서 바람직하지 않은 행동의 빈도를 감소시킨다. 처벌로 불쾌한 경험을 유발하여 부적절한 행동의 빈도를 줄일 수는 있으나 부작용이 나타날 수 있으므로(공포 유발, 반항), 처벌은 피하는 것이 적절하다.

(3) 모방학습

모범이 되는 다른 사람의 적응적 행동을 관찰하고 모방하게 함으로서 바람직한 행동을 학습시킨다.

😊 참고 행동수정의 원리

새로운 행동을 강화시키는 원리	강화는 특정행동을 한 후 어떤 결과가 뒤따르게 되었을 때, 보상을 통해 바람직한 행동을 증가시키는 과정이다.
새로운 행동을 발달시키는 원리	발달은 새롭게 가르친 행동을 완전히 습득하도록 지도하는 것이다. 이러한 원리에는 모방원리, 신호제시원리, 변별원리, 점진적 접근원리가 있다.
새로운 행동을 유지시키는 원리	유지는 새롭게 가르친 행동을 습관화할 수 있도록 지도하는 것으로 이를 위한 원리에는 간헐적 강화원리와 대체원리가 있다.

(2) 위 사례에서 주된 문제호소와 현재의 평가 결과를 바탕으로 이후 내담자에게 필요한 치료적 개입은 어떻게 해야 하는지 인지적·정서적·행동적 요소들을 감안하여 개략적인 치료 방향에 대한 제언 3가지를 쓰시오.

🖋 해설

(1) 인지적 기법

내담자의 현실 왜곡 인지 여부를 살펴본다.

→ 등교 거부는 자신의 문제를 해결할 수 없다는 무기력, 자기 패배적 신념, 비합리적 신념에서 비롯한다.

예 비합리적 신념 논박하기, 인지적 과제 부여하기, 내담자 언어 변화시키기

(2) 정서적 개입(카타르시스)

A 군을 압박하는 문제들에 대해 논의하고, 부정적 감정을 유발하는 선행사건에 주의를 기울인다.

→ 주위 친구들이 자신의 원하는 방식대로 행동해 주기를 바라지만 이는 사실상 실현 불가능한 일이다.

예 합리적 정서 심상법, 합리적 역할극, 유머 사용하기

(3) 행동적 기법

비생산적인 습관을 제거하기 위해 새로운 행동의 시도를 통해 새로운 경험을 해 볼 수 있도록 돕는다.

예 강화와 처벌 기법, 기술훈련, 역설적 과제

12 파괴적 행동문제를 나타내는 청소년에게 행동원리에 의한 정적 강화의 수준을 높여야 하는 이유 3가지를 쓰시오. [11, 17a, 24b 기출]

🖋 해설

① 청소년이 바람직한 행동을 했을 때 적절한 보상이나 격려 및 칭찬과 같은 강화를 제공하면 바람직한 행동의 빈도는 증가하게 될 것이다.

② 파괴적 행동을 줄이기 위하여 부적 강화나 처벌은 가급적 삼가는 것이 적절할 수 있다.

③ 칭찬이나 격려를 하는 치료자나 부모의 행동을 보고, 다른 이들을 어떠한 방식으로 대해야 할지 모방 학습할 수 있다.

13 자기표현 훈련이 필요한 내담자의 특성 6가지를 쓰고, 이 훈련을 통해 내담자가 인식해야 할 사항을 2가지만 쓰시오. [7, 10, 18b, 21b, 24c 기출]

해설

(1) 자기표현 훈련이 필요한 내담자의 특성

① 남의 시선을 회피함

② 자신의 감정이나 반대의사를 잘 이야기 하지 못함

③ 모임이나 회의에서 구석 자리만 앉는 특성

④ 자기를 비난하는 소리를 듣고만 있는 것

⑤ 지나치게 변명하고 사과하는 태도

⑥ 친구의 비합리적인 요구를 거절하지 못하는 태도

(2) 내담자가 인식해야 할 사항

① 자신은 인간으로서의 기본 권리를 가지고 있다.

② 자기 스스로 결정할 권리를 가지고 있다.

③ 타인으로부터 침해받지 않을 권리를 가지고 있다.

④ 자신의 생각과 감정을 표현할 권리를 가지고 있다.

14 불안 장애를 극복시키기 위한 체계적 둔감법의 학습원리 및 3가지 기본단계를 순서대로 설명하시오. [9, 10, 15, 18a, 19b, 21a, 23b/c 기출]

해설

(1) 학습원리

불안과 양립할 수 없는 이완반응을 학습시키는 올페의 상호억제작용의 원리를 이용한 것이다.

(2) 시행순서

① 1단계 근육긴장이완 훈련

특정 근육을 긴장시킨 다음 이 긴장을 이완한다.

② 2단계 불안 위계표 작성

불안이나 공포에 대한 구체적인 정보와 함께 각각의 증상과 관련된 행동들을 파악하고 위계목록은 대략 10~20개 정도로 작성한다.

③ 3단계 둔감화 과정

불안과 공포를 유발하는 상황을 상상하는 순서는 위협을 가장 적게 느끼는 상황에서부터 시작하여 가장 위협적인 상황으로 옮겨가도록 한다.

15

불안 장애에 대한 행동치료의 근거와 구체적인 치료기법을 예를 들어 설명하시오.

[13, 16a, 20b 기출]

🏷️ 해설

(1) 불안 장애에 대한 행동치료의 근거

학습이론 행동치료에서는 불안의 원인을 자극과 불안반응이 잘못 연결되어 학습된 것으로 보고, 강화와 조성 등 학습기법을 통해 부적응 행동을 적응행동으로 수정하는 것을 목표로 한다.

(2) 불안 장애에 대한 구체적 치료기법

체계적 둔감법의 3단계 과정	근육긴장이완 훈련 → 불안 위계표 작성하기 → 둔감화 과정
점진적 노출 치료	내담자의 불안을 유발하는 수준을 낮은 수준의 사건에서 높은 수준 사건으로 점진적으로 노출하는 치료법이다.
실생활 노출 치료	내담자를 실제로 두려워하는 사건에 노출시키는 체계적 둔감법으로 단시간 동안 점진적으로 이루어지고 내담자가 노출에 두려워하거나 불쾌감을 느끼면 중단할 수 있다.

😊 참고 불안 장애에 대한 행동치료의 근거

① 인간의 모든 행동은 환경과의 상호작용 속에서 학습된 것이며, 이상행동도 주변 환경으로부터의 잘못된 학습에 기인한 것이라는 주장이다.
② 공포반응의 형성은 고전적 조건형성에 의해 일어나는 반면 공포반응의 유지는 조작적 조건형성에 의한 것이라고 할 수 있다.
③ 사회공포증 환자의 경우 중·고등학생 시절 학교에서 책을 읽다가 말을 더듬어 창피를 당한 기억(고전적 조건형성)때문에 성인이 되어 남들 앞에서 발표하기를 두려워하는 것이 생길 수 있고, 만약 발표하기를 계속해서 회피한다면(조작적 조건형성) 그 사람은 그런 공포증을 고치기가 점점 어려워질 것이다.
④ 공황장애 환자의 경우도 지하철 안에서 가슴 답답함을 느껴 공황발작이 올까봐 두려워 지하철 타는 것을 자꾸 피한다면 지하철타기 공포증은 잘 낫지 않을 것이다.

16 근육이완 훈련을 실시하는 순서를 쓰시오.

[16a 기출]

해설

(1) 점진적 근육이완법

1938년 제이콥슨 박사가 처음 소개한 방법으로 자기관리 기법을 통해 자율신경계의 기능을 조절할 수 있다는 것이다. 누구라도 근육이 이완되었을 때, 동시에 긴장할 수는 없다. 긴장, 두려움과 근육 이완은 서로 반대되는 생리상태를 유발하므로 완전히 이완되었을 때는 두려움을 느낄 수 없다.

(2) 실시하는 방법

① 최소한 약 20~30분간에 걸쳐 하루 1회 이상 실시하는 것이 좋다. 숙련이 되면 소요 시간은 훨씬 줄어든다.

② 근육이완 훈련은 일정한 순서를 시행해야 한다. 처음에는 손, 팔에서 시작하여 머리 그리고 몸통으로 다리, 발까지 진행한다.

③ 각 근육 군의 긴장과 이완의 사이클 훈련을 최소한 2회 이상 반복해야 하며 긴장되었을 때와 이완되었을 때의 느낌의 차이에 집중해야 한다.

④ 긴장과 이완의 사이클이란 특정 근육에 힘을 주었다가 이 상태를 8~10초간 지속한 뒤 서서히 힘을 빼고 이완하는 작업이다. 가장 좋은 자세는 누워서 하거나 머리와 전신을 받쳐 주는 안락의자에서 하는 것이다.

17 ADHD 아동의 행동치료 시 보편적으로 사용할 수 있는 치료기법 3가지를 쓰고 간략하게 설명하시오.

[9, 16a, 21b 기출]

해설

(1) 긍정적 강화

바람직한 행동에 대한 보상과 이득 제공하기

(2) 타임아웃

바람직하지 못한 행동을 한 경우 일정 시간 동안 의자에 앉아 있게 하기

(3) 값 치르기

바람직하지 못한 행동을 한 경우 보상 또는 이득을 받지 못하도록 하기

(4) 토큰 시스템

바람직한 행동을 하면 보상과 특권을 누리고 그렇지 못하면 보상과 특권을 잃게 하기

18 행동수정기법 5가지를 쓰시오.

[22a 기출]

해설

타임아웃과 반응대가는 서로 비슷하지만 타임아웃은 강화의 기회만 짧은 시간 동안 박탈하는 것이고 반응대가는 강화물을 다시 박탈하는 것이다.

타임아웃	바람직하지 않는 일을 했을 때 강화기회를 일시적으로 제거 **예** 수업시간에 떠드는 학생을 일정시간 동안 복도에 나가 있게 한다.
반응대가	바람직하지 않는 일을 했을 때 이미 주어진 강화물 제거 **예** 떠드는 학생에게서 칭찬 스티커를 빼앗는다.

정적강화에서의 강화물은 자극이나 물건이지만 프리맥 원리에서는 행위자의 행동자체가 강화물이 된다.

정적강화	바람직한 행동을 하면 강화물을 준다. **예** 숙제를 잘 해 온 학생에게 상으로 과자를 준다.
부적강화	바람직한 행동을 하면 혐오물을 제거해준다. **예** 평소 숙제를 제출하지 않던 학생이 숙제를 해오자 청소를 면제해준다.
정적처벌	바람직한 행동을 하지 않으면 처벌을 한다. **예** 숙제를 하지 않으면 화장실 청소를 시킨다.
부적처벌	바람직하지 않은 행동을 하면 정적강화를 제거한다. **예** 싸움한 학생에게 게임을 금한다.
행동조성	강화나 처벌만으로는 효과를 기대할 수 없을 때 원하는 행동에 가까워질 때까지 계속적인 강화를 제시하는 것이다. **예** 강아지에게 접근할 때마다 점진적으로 강화하여 강아지를 안을 수 있게 한다.
프리맥 원리	바람직한 행동을 하면 강화물을 준다는 것은 정적강화와 비슷하나 차이점은 강화물의 개념이 다르다. **예** 게임을 좋아하는 학생에게 숙제를 다 마치면 게임을 할 수 있게 해준다.

19 Prochaska의 행동변화 6단계를 쓰시오.

해설

- 1단계 : 인식전단계로 내담자는 변화에 대한 생각이 없다.
- 2단계 : 인식단계로 변화의 가능성을 생각한다. 그러나 양가 감정을 가지고 있다.
- 3단계 : 준비단계로 변화에 대한 마음을 가지기 시작한다.
- 4단계 : 행동실천단계로 적극적인 변화의 모습을 보인다.
- 5단계 : 유지단계로 초기목표를 달성하고 유지하려고 노력한다.
- 6단계 : 재발단계로 증상재발을 경험하고 이를 대처하기 위해 효과적인 전략을 배운다.

20 프로차스카(James Prochaska) 행동 변화 단계 모델에서 숙고 전 단계, 준비 단계, 유지 단계의 의미를 쓰시오. [23c 기출]

🔎 해설

프로차스카(James Prochaska) 행동 변화 단계 모델은 바람직하지 않은 행동에서 바람직한 것으로 이동할 때 사람들이 겪는 단계를 설명한다. 이 모델은 사람들이 알코올 중독, 흡연, 심지어 운동과 같은 행동 문제를 어떻게 수정하는지 이해하는 방법으로 개발되어 개인의 의사결정에 중점을 두는 의도적인 변화 모델이다. 이 모델은 사람들이 행동을 신속하고 단호하게 바꾸지 않는다는 가정 하에 운영된다. 오히려 행동의 변화, 특히 습관적인 행동은 주기적 과정을 통해 지속적으로 발생한다.

(1) 숙고 전 단계

이 단계의 사람들은 변화를 고려하지 않고 있다. 이 단계에서 자신의 행동이 문제가 아니라는 주장으로 변화를 거부한다.

(2) 숙고 단계

숙고 단계에서 사람들은 변화를 통해 얻을 수 있는 잠재적 혜택에 대해 인식하게 되지만 혜택보다 비용이 더 커 보인다. 이러한 갈등은 변화에 대한 강한 상반되는 감정을 형성한다. 이러한 불확실성으로 인하여 변화의 계획 단계는 수개월 또는 수년이 지속될 수 있다.

(3) 준비 단계

계획이 수립되면 실행을 위한 준비가 필요하다. 준비 단계에서 큰 변화를 위해 작은 변화를 시작할 수 있다. 예를 들면, 체중감량이 목표라면 저지방 식품으로 전환할 수 있다. 목표가 금연이라면 매일 흡연을 조금씩 줄일 수 있다. 치료사와 상담하거나 헬스클럽에 가입하거나 관련 서적을 읽는 것과 같은 일종의 직접 행동을 취할 수도 있다.

(4) 행동 단계

행동 단계에서 목표를 달성하기 위해 직접 행동을 시작한다. 이전 단계에 생각이나 시간이 부족하여 해결이 실패하는 경우가 있다. 예를 들면, 많은 사람들이 새해 체중감량을 결심하고 즉시 새로운 운동요법을 시작하고 건강한 식단을 시작하고 간식을 줄인다. 이러한 최종 단계는 성공에 필수적이지만 이전 단계를 간과했기 때문에 이러한 노력은 수주일 만에 포기될 수 있다. 현재 목표를 달성하기 위한 조치를 취하고 있다면 긍정적인 조치를 취한 것을 축하한다. 강화와 지원은 변화에 대한 긍정적인 조치를 유지하는 데 매우 중요하다. 동기부여, 자원 및 진도를 주기적으로 검토하여 변화에 대한 몰입과 신념을 개선할 수 있는 시간을 갖는다.

(5) 유지 단계

변화의 유지 단계에는 이전의 문제 행동을 성공적으로 피하고 변화된 새로운 행동을 유지하는 것이 포함된다. 사람들은 변화를 계속할 수 있다는 확신을 갖게 된다. 새로운 행동을 유지하는 경우 유혹을 피할 수 있는 방법을 찾는다. 오래된 습관을 보다 긍정적인 행동으로 대체한다. 재발을 성공적으로 피할 수 있을 때 자신에게 보상한다. 이전 행동으로 되돌아갔더라도 포기하지 않는다. 단지 사소한 좌절이었다는 것을 상기한다. 재발은 일반적이며 평생 동안의 변화를 만드는 과정의 일부이다.

01 **철수의 행동에 A–B–C 모형을 적용하여 철수를 치료에 참여시키는 방법에 대해 기술하시오.** [12 기출]

> 14세 철수는 엄마가 날 못살게 구는 것을 그만두게 하려고 치료에 참가하게 되었다고 하였다. 초3에 반항성 장애로 진단받은 적이 있으며, 자신의 반항적이고 도전적인 행동을 변화시켜야 한다는 어머니의 주장에 대해 오히려 어머니가 소리를 지르고 외출을 금지시키며, 끊임없이 잔소리를 하여 자신을 열 받게 자극하는 것이 문제일 뿐 자신은 문제가 아니라고 주장하였다.

🔍 **해설**

(1) A–B–C 모형의 적용
   ① A–선행사건 : 자신의 반항적이고 도전적인 행동을 변화시켜야 한다는 어머니의 주장
   ② B–신념체계 : 엄마가 날 못살게 군다.
   ③ C–결과 : 엄마에게 반항, 열 받음, 반항성 장애로 진단 등

(2) 치료에 참여시키는 방법
   ① ABC 모형에 따르면 부적절한 정서적, 행동적 결과는 비합리적 사고 때문에 형성된다고 보았기 때문에 치료자의 논박으로 인하여 내담자는 합리적이며 새로운 신념체계를 가지게 되고 정서적, 행동적인 건강을 되찾게 된다고 주장한다.
   ② 논박이란 치료자가 내담자가 가지고 있는 사고에 대해서 논리성, 실용성, 현실성에 비추어 반박하는 것이며, 이러한 논박의 3요소로는 탐지, 반박, 변별을 들 수 있다.

02 엘리스(Ellis)의 인지행동치료 ABCDE에 대해 쓰고 예를 들어 설명하시오.

[14, 23c 기출]

해설

(1) A(선행사건)

내담자에게 부정적 감정을 유발한 혹은 촉발한 선행사건

예 어머니의 잔소리 "너는 인간 쓰레기야"

(2) B(비합리적 신념)

촉발사건에 대한 내담자의 비합리적인 신념

예 "딸을 사랑하는 어머니라면 그런 말을 절대로 할 수 없어 ",

"내 어머니는 나를 사랑하지 않아"

(3) C(결과)

비합리적 신념의 결과로 나타난 부정적 감정과 행동

예 어머니에게 화를 내고 소리를 지른다.

(4) D(논박)

내담자가 가지고 있는 사고에 대해서 논리성, 실용성, 현실성에 비추어 반박하는 것으로 이러한 논박 과정의 3요소로 탐지, 반박, 변별이 있다.

탐지	첫 번째로 내담자는 그들의 비합리적인 신념들, 특히 그들의 '하지 않으면 안 된다.'는 식의 절대적 관념과 '끔찍스러운 자기비하'를 탐지하는 방법을 배운다.
반박	탐지하고 나서 내담자는 논리적이고 경험적으로 질문하는 방법과 그들 자신에게 강력하게 논쟁해서 그것을 행하지 않는 방법을 배움으로써 그들의 역기능적인 신념을 반박한다.
변별	마지막으로 내담자는 합리적인 신념과 비합리적인 신념을 변별하는 것을 배운다. **예** 어머니의 사랑을 경험했던 사건이 한 번도 없었나? 이전에 어머니의 사랑을 느꼈던 경험에 비추어보면 어머니가 나를 사랑하지 않는다는 신념은 부적절하지 않은가? 그러면 "너는 인간 쓰레기야"라는 말은 아마도 나에 대해 화가 극도에 달해 한 말이지 진심은 아닐 거야.

(5) E(효과)

D의 결과로서 내담자는 자기수용적인 태도와 긍정적인 감정의 효과를 느끼게 된다.

예 어머니에 대해 미안한 마음과 더불어 어머니의 말에 귀를 기울이게 되고 어머니와의 관계가 회복되는 계기가 된다.

03 보기에 제시된 김 대리의 사례를 REBT의 ABCDE 치료모델에 맞추어 설명하시오.

[15, 19b 기출]

> 김 대리는 업무 능력이 뛰어나고 남보다 승진도 빠르다. 그러던 중 어느 날 사소한 실수를 저지르게 되었다. 상사와 동료들이 모두 괜찮다고 하였으나 정작 김 대리 본인만은 자신이 실수를 저질렀다는 사실을 용납하기 어려웠다. 김 대리는 "약간의 실수라도 저지른다면, 나의 회사생활은 끝이다"라고 생각하고 있었던 것이다. 김 대리는 이와 같은 심리적 어려움으로 인해 이직까지 고려하고 있다.

🖋 해설

(1) A(선행사건)
내담자에게 부정적 감정을 유발한 촉발 혹은 선행사건 – 사소한 실수를 저지르게 되었다.

(2) B(비합리적 신념)
촉발사건에 대한 내담자의 신념, 특히 비합리적인 신념 – "약간의 실수라도 저지른다면 나의 회사생활은 끝이다"라는 비합리적 신념

(3) C(결과)
비합리적 신념의 결과로 나타난 부정적 감정과 행동 – 이직까지 고려하고 있다.

(4) D(논박)
① **탐지** : "사소한 실수라도 저지르면 나의 회사생활은 끝이다."라는 비합리적 신념 탐지
② **반박** : 위의 신념의 타당성, 합리성, 효율성 등을 강력하게 반박해서 검증하며, 결국 타당하지도 않고 합리적이지도 않으며 본인에게 도움이 되지도 않는다는 결론에 이름
③ **변별** : "사소한 실수라도 저지르면 나의 회사생활은 끝이다."라는 비합리적 신념과 "누구나 사소한 실수는 할 수 있고 실수했다고 실패한 것은 아니다."라는 합리적 신념을 변별할 수 있게 됨

(5) E(효과)
내담자가 합리적인 신념을 발견하고 삶에 대한 효과적인 철학을 갖게 되면 새로운 감정과 행동을 나타내게 된다. – 실수는 했으나 크게 괴로워하지 않게 되었다.

04 엘리스(Ellis)의 비합리적인 신념 5가지에 대해 쓰시오. [12, 14, 18b, 21b 기출]

해설

① 인간은 모든 중요한 사람들에게서 항상 사랑과 인정을 받아야만 한다.

② 인간은 모든 면에서 반드시 유능하고 성취적이어야 한다.

③ 어떤 사람은 악하고 나쁘며 야비하다. 따라서 그와 같은 행위에 대해서는 반드시 준엄한 저주와 처벌이 내려져야 한다.

④ 일이 내가 바라는 대로 되지 않는 것은 끔찍한 파멸이다.

⑤ 인간의 불행은 외부 환경 때문이며, 인간의 힘으로는 그것을 통제할 수 없다.

⑥ 위험하거나 두려운 일이 일어날 가능성은 상존하므로, 그것이 실제로 일어날 가능성에 대해 항상 유념해야 한다.

⑦ 인생에 있어서 어떤 난관이나 책임을 직면하는 것보다 회피하는 것이 더욱 쉬운 일이다.

⑧ 인간은 타인에게 의지해야 하며, 자신이 의지할만한 더욱 강력한 누군가가 있어야 한다.

⑨ 인간의 현재 행동과 운명은 과거의 경험이나 사건에 의해 결정되며, 인간은 과거의 영향에서 결코 벗어날 수 없다.

⑩ 인간은 다른 사람의 문제나 곤란에 대해 항상 신경을 써야 한다.

참고 Ellis의 비합리적 신념 12가지

사람관계에 있어 불합리한 신념	• 알고 있는 모든 중요한 사람으로부터 사랑 받고, 인정 받고, 이해 받아야만 가치 있는 사람이다. • 우리는 다른 사람에게 의지하여야만 하고, 의지할 강한 누군가가 있어야만 한다. • 타인의 문제나 혼란스러움에 함께 괴로워하고 속상해 해야 한다. • 어떤 사람들은 나쁘고 사악하며 따라서 비난 받고 처벌받아야만 한다.
세상일에 있어 불합리한 신념	• 완벽한 능력이 있고, 사교적이고, 성공해야만 가치 있는 사람이다. • 일이 뜻대로 진행되지 않는다면 이는 무시무시하고 끔찍한 일이다. • 인간의 문제에는 완벽한 해결책이 있고 만약 그 해결책을 발견할 수 없다면 이는 끔찍한 일이다. • 세상은 반드시 공평해야 하며 정의는 반드시 승리해야 한다.
운명에 대한 불합리한 신념	• 행복이란 외부사건들에 의해 결정되며 우리가 통제할 수 있는 것이 아니다. • 인생에서 어려움에 부딪히기보다는 피해 가는 것이 편하다. • 위험하거나 두려운 일이 일어날 가능성을 늘 생각하고 있어야 한다. • 과거의 일들이 현재 행동을 결정한다.

05 인지, 정서, 행동적 상담(REBT)의 ABCDE 모델에 기초하여 치료계획을 세우시오.

[14, 20c 기출]

> **해설**
>
> ① 합리적 신념과 비합리적 신념의 구분
> ② 내담자의 자기보고 및 상담자의 관찰을 통한 비합리적 신념의 발견 및 인식 유도
> ③ 내담자의 비합리적 신념에 대한 논박
> ④ 내담자의 비합리적 신념을 합리적 신념으로 바꾸기 위한 연습 및 과제부터 합리적 행동의 시연
> ⑤ 새로 학습한 결과의 실제 적용 및 반복적 학습의 지지

참고 REBT의 치료 과정

다음의 평가내용을 기록하며 치료계획을 세우고 4~6주마다 한 번씩 '생활 만족도'에 대한 재평가를 하여 평가내용을 다시 점검한다.

① 내담자가 지닌 바람직하지 못한 결과(문제), 다시 말해 인지적, 정서적, 행동적 장애와 결여된 기술 영역은 무엇인가(C)?
② 어떤 촉발 사건이나 역경(A)이 바람직하지 못한 결과에 선행하고 있는가?
③ 촉발사건이나 역경(A)에 어떤 평가를 가하고 있으며 역기능적인 결과(C)에 이르게 하는 합리적인 신념(RB ; Rational Beliefs)과 비합리적인 신념(IB ; Irrational Beliefs, IB)에는 어떤 것이 있는가?
④ 합리적 신념은 유지하고 비합리적 신념은 수정하여 내담자로 하여금 삶에 대한 효율적이고 새로운 철학(E ; Effective New Philosophies)를 형성하게 하고, 이를 견고하고 지속적으로 유지시켜 줄 수 있는 정서적/행동적 기법, 인지적 논박(D)에는 어떤 것이 있는가?
⑤ 어떤 사고, 감정, 활동이 내담자의 호전을 잘 유지시켜 주고 내담자가 자기실현을 통해 삶을 즐길 수 있도록 돕는 데 최선일까?

06 소크라테스식 대화 특징 3가지를 쓰고, 구체적인 예시 2가지를 쓰시오.

[14, 17b. 22b, 23b 기출]

해설

(1) 소크라테스식 대화의 특징

① 일련의 신중한 질문을 통한 내담자 자신의 대안적 해결책을 스스로 탐색하도록 유도한다.

② 내담자 자신이 경험한 사건에 대해 보다 자세하고 진솔한 진술을 하도록 유도한다.

③ 치료자의 비판단적·교육적 접근을 통한 내담자의 역기능적 신념에의 변화를 유도한다.

(2) 구체적인 예

① **논리적·경험적·실용적 논박**

• 그와 같은 신념이 타당하다는 논리적·경험적 근거는 무엇인가?

• 그 신념이 당신의 목적달성에 어떠한 도움이 되는가?

② **대안적 논박**

• 다른 사람은 이 상황을 어떻게 볼 것인가?

• 현 상황에서 좀 더 타당한 대안적 신념은 없는가?

참고 소크라테스식 대화

(1) 소크라테스식 대화의 특징

① 소크라테스식 대화법이란 엘리스의 REBT에서 내담자의 비합리적 신념을 논박하는 방법에 효과적으로 쓰이는 방식으로 많은 질문을 던지는 방식이다. 이러한 소크라테스식 방식은 내담자가 논박 과정에 좀 더 깊이 참여할 수 있도록 돕는다. 이렇게 계속되는 질문에 답하면서 내담자는 자신의 생각, 감정, 행동이 어디서 어떻게 문제가 되어 왔는지 깨달아 간다.

② 소크라테스 대화법에는 2가지의 요소가 포함되는 데 하나는 비판단적 질문이고 다른 하나는 적극적 경청이다. 이 방법은 내담자의 사고를 외현적으로 들어내 보이며 스스로의 사고를 보다 더 의식하고, 정교화하고, 발전 시키며 평가해 가도록 리드하는 데 목적이 있다.

(2) 구체적인 예

① 논리적 논박 : 그러한 신념이 타당하다는 논리적 근거는 무엇인가?

② 경험적 논박 : 그러한 신념이 타당하다는 사실적 또는 경험적 근거는 무엇인가?

③ 실용적·기능적 논박 : 그러한 신념이 당신에게 어떤 도움이 되는가?

④ 철학적 논박 : 그러한 신념이 당신의 인생에 어떤 의미를 지니고 있는가?

⑤ 대안적 논박 : 이 상황에서 좀 더 타당한 대안적 신념은 없는가?

07 인지치료에서 내담자의 자동적 사고를 수정하기 위해 사용하는 소크라테스식 질문법을 사용할 때 유의할 점 6가지를 쓰시오. [13, 16a, 19a, 22b 기출]

해설
① 변화의 가능성을 보여주는 질문을 하라.
② 성과를 얻을 수 있는 질문을 하라.
③ 내담자를 학습 과정에 참여하도록 이끄는 질문을 하라.
④ 내담자에게 도움이 되는 수준의 질문을 던져라.
⑤ 정해진 결론으로 이끄는 질문은 피하라.
⑥ 필요한 경우 때때로 선다형의 질문을 사용하라.

08 Beck의 인지치료의 핵심과제로서 자기점검은 5개의 칼럼으로 구성된 사고 기록지를 통해 가능하다. Beck과 그의 동료들이 제안하여 널리 사용되고 있는 사고 기록지의 5개 칼럼 내용을 쓰시오. [13, 20a 기출]

해설
(1) 상황
불쾌한 감정을 유발한 사건, 생각의 흐름, 기억의 내용을 기술

(2) 사건에 대한 해석(자동적 사고)
사건에 대한 해석 또는 자동적 사고를 기술하고 그 사고의 확신 정도를 기술

(3) 감정
앞선 상황에서 발생한 감정의 유형(슬픔, 불안, 분노 등)과 그 감정의 강도를 기술

(4) 사고의 합리성 및 타당성 검증
자동적 사고에 대한 합리적 반응 및 그 반응의 확신 정도를 기술. 사고에 인지적 오류가 있었다면 이를 어떻게 고쳐야 할지도 기술

(5) 감정 재평가
현 상황에서 자동적 사고의 확신 정도와 감정 강도를 기술

참고 사고 기록지
(1) 자동 사고 기록지

일시	상황	감정	자동적 사고	합리적 반응	결과

(2) 작성방법
당신이 불쾌한 감정을 경험했을 때, 그 감정을 유발한 상황을 기록하고 그 감정과 연관된 자동적 사고를 기록하세요. 그 사고내용을 확신하는 정도에 따라 0~100의 숫자로 평점하십시오.

09 **Beck의 인지적 오류의 예를 6가지로 드시오.** [07, 15, 18a/b, 22a/b, 23a/b, 24a 기출]

📝 **해설**

(1) 흑백논리의 오류

생활 사건의 의미를 이분법적 범주의 둘 중 하나로 해석하는 오류

(2) 과잉 일반화

한두 번의 사례에 근거하여 일반적인 결론을 내리고 무관한 상황에도 그 결론을 적용시키는 오류

(3) 정신적 여과

어떤 상황에서 일어난 여러 가지 일 중에서 일부만 뽑아내어 상황 전체를 판단하는 오류

(4) 의미확대와 의미축소

어떤 사건의 의미나 중요성을 실제보다 지나치게 확대하거나 축소하는 오류 – 우울한 사람들은 부정적인 일의 의미는 크게 확대하고 긍정적인 일의 의미는 축소하는 잘못을 범하는 경향이 있다.

(5) 개인화 오류

자신과 무관한 사건을 자신과 관련된 것으로 잘못 해석하는 오류

(6) 파국화

극적인 파국적 결과만을 예상하는 오류

10 **"이번 학기에 모든 과목에서 A 학점을 받지 못하면 이번 학기는 실패한 거다"라는 생각은 Beck의 인지치료에서 나열한 인지적 왜곡과 오류 중 어떤 오류를 나타내는 것인지를 쓰고 이 오류를 수정하는 데 가장 일반적으로 사용하는 치료기법에 대해 설명하시오.** [11, 15, 16b, 22a 기출]

📝 **해설**

(1) 오류

이분법적 사고(흑백논리)

(2) 치료기법 : 흑백논리 도전하기

① 내담자가 어떤 일을 흑백논리로 기술할 때, '측정하기'라는 과정을 사용해서 이분법적 범주화를 연속 선상의 측정으로 변환시킨다.

② 내담자는 연속 선상에서 자신의 위치를 확인함으로써 이분법적 사고에서 비롯된 파국적 결과의 낙담에서 벗어날 수 있다.

01 자문의 정신건강 모델 관점과 행동치료 모델의 관점 차이를 설명하시오.

[13, 21a, 23c 기출]

> **해설**
>
> **(1) 정신건강 모델**
> ① 자문가는 자문요청자가 문제해결을 할 능력을 가지고 있다고 가정한다.
> ② 자문가와 자문요청자의 관계는 평등하며, 자문가는 조언과 지시를 제공하여 촉진자의 역할을 한다.
> ③ 자문요청자의 진단, 대처, 정서적·기술적 문제해결 능력의 확장 정도로 자문의 성공 여부를 평가한다.
>
> **(2) 행동주의 모델**
> ① 행동주의 또는 사회학습 이론의 문제해결에 도움을 준다고 가정한다.
> ② 자문가와 자문요청자 간의 보다 분명한 역할이 있으며, 문제해결에 있어 상호관계가 있을 수 있지만 행동지식 기반에 있어 커다란 불균형이 있다.
> ③ 자문의 목표는 자문요청의 바람직하지 않은 행동빈도를 감소시키고 바람직한 행동빈도를 증가시키는 것이다.

02 자문 과정의 단계를 쓰시오.

[07, 21b, 23a 기출]

🔍 해설

(1) 1단계 질문의 이해

자문가는 피자문자의 자문 의뢰 목적과 함께 의뢰된 문제의 성질을 명확히 파악함으로써, 자문의 성격이 자신의 전문성에 부합하는 것인지 확인한다.

(2) 2단계 평가

자문가는 면접법이나 관찰법, 다양한 정보·자료의 수집 등을 통해 의뢰된 문제에 대해 조사하며, 상황을 명확하게 평가한다.

(3) 3단계 중재

자문가는 실제적인 자문을 통해 피자문가가 얻고자 하는 바에 대해 중재 전략을 전개한다.

(4) 4단계 종결

자문의 목적이 충족되거나 더 이상의 자문이 무의미하다고 판단되는 경우 자문이 종결된다.

(5) 5단계 추적

자문가는 자문의 효과를 극대화하기 위해 자문의 결과에 의한 새로운 변화를 지속적으로 추적한다.

03 임상심리학자의 수련과 관련하여 제시된 '과학자–전문가 모델'을 설명하시오.

[07, 13 기출]

해설

① 1949년 미국 콜로라도의 보울더에서 개최된 미국심리학회 회의에서 임상심리학자의 수련과 관련하여 '과학자–전문가 모델' 또는 '과학자–실무자 모델'이 제시되었다.

② 일명 '보울더 모델 '이라고도 하며, 임상심리학자의 수련 및 학재 간 관계 형성을 통한 진단, 평가, 연구, 치료에 중점을 둔 심리학적 영역이 부각되었다.

③ 기본적으로 과학과 임상 실습의 통합적 접근을 통해 임상심리학자가 과학자이자 서비스 제공자로서 역할을 동시에 수행할 것을 강조하며, 이와 관련하여 대학원 과정에서 두 가지 역할에 대한 결합을 주장하였다.

④ 임상심리학자는 과학자와 전문가로서 역할을 동시에 훈련받음으로써, 이론적·학문적·응용적·임상적인 역량을 강화할 수 있다.

⑤ 임상심리학자는 임상 장면에 적용 가능한 연구방법론을 개발하고, 그 기술과 기법에 능숙한 임상가가 되어야 한다.

⑥ 임상심리학자는 인간행동을 이해하기 위해 연구자로서 끊임없이 연구하는 동시에 전문가로서 그 과정을 통해 발견한 지식을 인간행동의 변화를 위해 실천한다.

⑦ 임상심리학자는 일차적으로 과학자(심리학자)가 되어야 하며, 그 이후에 임상가(전문가)가 되어야 한다.

04 심리적 응급처지 방법 5단계를 구분하여 설명하시오.

[17b 기출]

해설

심리적 응급처치란 재난이나 테러 직후 고통을 줄이고 단기적 적응과 장기적 기능 회복을 돕기 위한 조치를 말한다.

(1) 1단계 신체적 안전감 단계

신체적 안전을 확보하는 것을 최우선으로 조치한다.

(2) 2단계 심리적 안정감 단계

심호흡을 반복해서 안정시키지만 감정이나 생각을 관리하는 기능이 일시적으로 마비된 상태일 때는 시각, 청각, 촉각 순으로 안정된 실체와 연결시키도록 한다.

(3) 3단계 연결감 단계

상대방을 존중, 경청, 배려하는 자세로 '도와주어도 되겠느냐'고 묻고, 답을 강요하거나 보채지 말고 기다려 주도록 한다.

(4) 4단계 효능감 단계

스스로 본인의 감정과 욕구를 알아차리게 돕고, 본인을 위해서 스스로 무언가를 하도록 격려하고 돕는 단계이다.

(5) 5단계 희망감 단계

생존자가 유사한 위기상황에 다시 놓이게 되었을 때 스스로 대처할 수 있을 것이라는 자신감을 갖도록 한다.

05 다음 보기의 사례를 읽고 물음에 답하시오.

[04, 08, 18a 기출]

> 충북 청주시의 OO 초등학교 5학년 학생인 박 모 군은 평소 또래 친구들과 어울리지 못하고 집단 따돌림을 당하던 중 일주일 전 자신이 거주하는 아파트에서 뛰어내려 스스로 목숨을 끊었다. 같은 반 학생들은 집단 따돌림에 대한 가담 여부를 떠나 박 모 군의 자살 소식을 듣고 실의에 잠겼으며, 심지어 박 모 군의 죽음에 대해 죄책감까지 느끼게 되었다. 박 모 군의 담임 선생님은 이러한 사실을 교장 선생님께 전달하였고, 교장 선생님은 아이들의 심리적 안정을 위해 학교로 임상심리사를 모셔왔다.

(1) 보기의 내용과 관련된 임상심리사의 역할에 대해 기술하시오.

🖋 해설

① 심리적 문제의 발생에 대한 정확한 평가
② 학교장 또는 담임 선생님에게 자문 제공
③ 필요하다면 극심한 심리적 고통을 겪고 있는 아동이 있는 경우 외부 전문치료 기관에 의뢰

(2) 임상심리사가 학생들을 도울 수 있는 방법을 구체적으로 4가지 기술하시오.

🖋 해설

① 급우가 죽었다는 사실이 슬프고 안타까운 사실임을 인정하고 공감한다.
② 죽은 친구에 대한 추모행사 등, 충분한 애도를 거친 후 정상적인 생활로 돌아올 수 있도록 돕는다.
③ 친구의 죽음으로 죄책감을 갖기보다는 죽은 친구처럼 어려움을 겪고 있는 사람을 돕도록 권장한다.
④ 부적응적인 양상을 보이는 아이를 찾아내어 개별 치료를 권장한다.

06 정신 장애의 재활모형에서 손상, 장애, 핸디캡의 의미를 쓰고 개입방법 상의 차이점을 설명하시오. [10, 12, 13, 15, 16a, 18a, 19b, 23a/b, 24a/b 기출]

🖐 **해설**

(1) 손상

심리적, 생리적, 신체적 구조나 기능이 상실되거나 이상이 있는 상태로 우울, 환각, 망상 등이 있으며 개입방법으로 약물치료와 상담치료가 있다.

(2) 장애

손상으로 인해 정상적인 행동능력이 제한 또는 결핍된 상태로 학교를 다니지 못하거나 취업을 하지 못하는 예가 해당되며 개입방법으로는 직업재활이나 기술훈련 등이 있다.

(3) 핸디캡

손상이나 장애로 정상적인 역할 수행에 어려움이 있고 불이익을 경험하는 상태로 차별이나 편견이 있으며 개입방법으로 제도변화나 권익옹호 등이 있다.

07 재활과 치료의 차이를 쓰시오. [04, 06, 07, 20b 기출]

🖐 **해설**

(1) 재활

기능을 개선하고 만족감을 증대하여 재기하도록 돕는 것, 현재와 미래의 환경에 적응하도록 하는 것

① **목적** : 만성 정신질환자들의 사회적 적응능력을 향상시키는 것

② **기법** : 기술교육, 자원조정, 직업훈련, 의사소통훈련, 집단상담치료

③ **이론** : 인과이론이 중요하지 않음

④ **진단** : 현재 요구되는 기술과 자원에 중점을 둠

⑤ **역사적 근거** : 인적자원개발, 직업훈련, 신체발달, 내담자 중심요법, 특수교육, 학습이론

(2) 치료

치유, 증상을 경감시키고 제거하는 것

① **목적** : 증상의 경감, 개선, 치유

② **기법** : 약물치료, 정신치료

③ **이론** : 인과이론에 기초를 둠

④ **진단** : 증상과 가능한 원인을 측정

⑤ **역사적 근거** : 신체 의학, 정신 역동

08 다음의 사례를 읽고 당신은 임상심리사로서 A 씨와 같이 정신질환을 가진 사람들을 모아서 정신 재활 프로그램을 운영하고자 한다. 이러한 정신 재활에 있어서 가장 기본적인 원리에 해당하는 5가지를 기술하시오. [03, 05, 06, 22a 기출]

올해 30세인 A 씨는 인천광역시에 위치한 OO 회사에 다니고 있다. A 씨는 지난 1년 전부터 회사 직원들을 비롯한 주위 사람들이 자신을 감시하고 있고, 자신의 평소 생각이 언론을 통해 보도되고 있다며 몹시 불안해하고 있다. 또한 알아들을 수 없는 말들을 혼자 중얼거리는가 하면, 종종 문을 걸어 잠근 채 다른 사람들과 만나는 것을 거부하곤 하였다.

🏅 해설

(1) 정신사회 재활 13가지 원리(Cnaan 외)

① **강점의 강조** : 환자의 병리보다 강점을 강조한다.

② **개별화된 평가 및 돌봄** : 각각의 환자의 독특한 욕구, 결핍, 환경에 기초한다.

③ **여기-지금(Here & Now)** : 과거의 문제보다 현재의 상태를 강조한다.

④ **전문가의 열의** : 전문가는 매우 열성적이다.

⑤ **자기 결정** : 인간은 자기 결정의 권리와 책임을 가지고 있다.

⑥ **환경적 자원의 활용** : 서비스를 위해 환경 내의 인물과 자원을 동원한다.

⑦ **정상화** : 환자에 대한 서비스는 최대한 정상적인 환경 내에서 제공한다.

⑧ **사회의 변화** : 사회적 환경의 변화를 시도한다.

⑨ **조기개입** : 조기개입을 선호한다.

⑩ **취업의 강조** : 재활 과정에서 직업 재활이 중요하다.

⑪ **기술의 습득** : 개인은 사회적, 직업적, 교육적, 대인 관계적 기술을 비롯하여 그 밖의 다양한 기술들을 습득할 수 있다.

⑫ **친밀한 서비스 환경** : 전문가는 권위적인 태도나 가식적인 태도를 버리고 친절한 태도로써 돌봄 서비스를 제공한다.

⑬ **의학적 측면보다 사회적 측면의 강조** : 돌봄 서비스 모델은 의학적이기 보다는 사회적이다.

09 만성 정신과 환자가 있는 가족이 환자의 치료와 재활 과정을 돕는 방법 5가지와 피해야 할 태도 5가지를 쓰시오. [05, 14, 20a 기출]

해설

(1) 재활 과정을 돕는 방법

① 환자에 대하여 애정과 관심을 가지고 환자가 심리적 안정을 취하도록 돕는다.

② 일관된 자세로 환자를 대한다.

③ 규칙적이고 올바른 약 복용을 하도록 돕는다.

④ 환자의 기능과 자원을 개발할 수 있도록 적절하고 건강한 환경을 유지시켜 준다.

⑤ 환자에 대한 충분한 이해와 환자에게 희망을 고취하여 환자 스스로 치료와 재활에 대한 적극적 노력을 하도록 돕는다.

(2) 피해야 할 태도

① 환자를 홀로 내버려 두는 것이다.

② 환자를 물리적 압력으로 다루는 것이다.

③ 환자가 잘못해도 무조건 감싸는 태도이다.

④ 환자의 존재 가치를 인정하지 않는 것이다.

⑤ 환자에게 언어적 폭력을 가하는 것이다.

10 재활치료를 받고 있는 정신과 환자의 교육방법 중 2가지를 쓰시오. [20a, 24c 기출]

해설

① 증상관리 교육을 통해 자신의 증상을 관리할 수 있도록 돕는다.

② 약물관리 교육을 통해 환자가 정신과 약물에 대해 정확한 이해를 하도록 돕는다.

11 만성 정신장애인에게 직업재활이 필요한 이유 3가지를 쓰시오. [20c, 24c 기출]

> **해설**
> ① 직업재활은 정신장애인들로 하여금 직업을 갖도록 하고 지속적으로 일하게 함으로써 그들이 사회적 역할을 계속할 수 있도록 돕고 한 개인의 가치를 확증하도록 한다.
> ② 정신장애인의 고용상태는 재입원율을 현저히 감소시켰다는 연구결과가 있는 것처럼 정신장애인에게 직업재활은 질환치유의 역할을 한다.
> ③ 직업재활을 통해 고용상태를 유지하면 경제력을 지니게 됨으로 독립적인 생활도 가능해진다.

12 학습 및 환경변화를 통해 만성 정신질환자의 사회적 기능을 최대한 회복시키는 것을 '정신 사회 재활'이라고 한다. '정신 사회 재활'에서 환자를 대상으로 한 치료적 개입에 포함되는 내용(구성요소)을 5가지 쓰시오. [13, 21a 기출]

12-1 만성 정신과 환자에 대한 구체적인 재활개입 방법을 3가지만 쓰고 설명하시오.
[09, 16b, 21b, 22a 기출]

> **해설**
> ① 사회기술훈련
> ② 환자교육
> ③ 가족교육 및 치료
> ④ 직업재활
> ⑤ 지역사회 지지 서비스
> ⑥ 주거프로그램

13 정신 사회 재활의 4단계를 쓰시오. [20b, 21b, 22b 기출]

> **해설**
> ① 재활목표의 설정
> ② 기술 및 자원의 우선순위 결정
> ③ 목표달성의 기간 설정
> ④ 목표달성을 위한 협력방법 및 치료방법의 결정

14 만성 정신질환 환자를 위한 '정신 사회 재활'의 일반적 목표 3가지를 적으시오. [15, 16b, 23c 기출]

> **해설**
> ① 증상의 호전을 장기간 지속시킨다.
> ② 대인관계 및 독립적인 생활기술을 습득하도록 한다.
> ③ 보다 만족스러운 삶의 질을 성취하도록 한다.
> ④ 사회적 적응능력을 향상한다.

15 만성 정신질환 환자의 탈병원화, 탈시설화의 추세에 대한 배경 3가지를 작성하시오. [19a, 23c 기출]

> **해설**
> ① 만성 정신질환 환자에 대한 인식개선 및 제도변화
> ② 지역사회의 환자에 대한 주거시설 지원의 확대
> ③ 지역사회의 정신보건 관련 기관의 설치 및 지원

16 건강 심리학의 발달 배경 3가지를 쓰시오.

[17a 기출]

📝 해설

(1) 건강 심리학 정의

건강 심리학은 건강의 유지와 증진, 질병의 예방과 치료를 위하여 심리학적 지식과 기법을 적용하는 학문이다.

(2) 건강 심리학의 발달 배경

① 임상심리학과 의료심리학, 전염병학과 공중건강, 의료사회학과, 정신신체의학 및 질병에 대한 생물심리사회적 접근, 행동 의학이나 행동 건강 등의 여러 과학적 전문영역들의 관련 분야의 기여가 있었다.

② 건강심리학의 내용 영역은 심리적 차원과 신체적 차원을 모두 포함하고 있다는 측면에서 다른 임상이나 상담심리학 영역과 구별된다. 심리적인 문제와 신체적인 문제가 분리될 수 없다는 사실에 기초한다.

③ 건강심리학이 건강하고 행복한 삶이 질병이나 고통이 없는 수동적 상태가 아니라 신체적, 심리적, 사회적으로 안녕(Well-being)한 상태를 유지하는 능동적 과정이라는 시대정신을 반영하고 있다.

17 전체 지능점수가 낮고 학습부진 및 주의집중이 안 되는 아동의 사례에서 학부모에게 치료적 개입에 대한 자문(조언) 5가지를 쓰시오.

[18a 기출]

📝 해설

① 상담자는 부모들이 가진 개성, 배경, 가치 기준, 양육 방법 등이 확실히 나쁘다는 증거가 없는 한 학생의 행동문제를 부모의 탓으로 돌리는 단정적인 태도를 보여서는 안 된다.

② 장애 학생의 부모들은 자녀를 양육하는 데 있어서 상당히 힘들어 하는 경우가 많으나 이것은 그들이 능력이 부족해서가 아니라 학습 장애 자녀가 갖는 독특성에서 기인하는 것임을 이해해야 한다.

③ 상담자는 학부모 역시 자기 자녀에 관해서는 독특한 경험과 안목을 가진 전문가임을 인정함으로서 장애아 학부모와 대등한 입장에서 공감대를 형성할 수 있게 한다.

④ 상담자는 학습 장애 학생만의 문제에 국한하여 상담의 초점을 맞추기보다는 가족을 포함한 모든 문제에 초점을 맞출 필요가 있다.

⑤ 상담자와 학부모 사이에 원만하고 신뢰성 있는 관계는 정보의 교환은 물론, 각자가 겪는 좌절이나 혼란의 근원인 개인적인 감정의 기복 등에 관해서도 이야기할 수 있을 때 완벽하게 정립된다.

18 다음 사례를 읽고 물음에 답하시오.

[18b 기출]

> 경찰서에서 성폭력 피해자가 발생하여 임상심리사를 모셔왔다. 성폭력 피해자는 성폭력 피해 사실을 부정하고 그로 인해 가해자도 성폭력 사실을 인정하지 않고 있다.

(1) 이런 경우의 임상심리사가 성폭력 피해자에게 자문할 내용 4가지를 쓰시오.

🖐 해설

① 성폭력 피해자의 심리적·신체적 안전 확보
② 성폭력 피해자에 대한 의료, 법률, 심리치료 등에 대한 정보 제공
③ 향후 성폭력 피해자에 심리검사 및 심리치료 권유
④ 미래의 대처준비 및 사후 보호 방안 제시

(2) 치료자가 성폭력 피해자에게 조치해야 할 내용 2가지를 쓰시오.

🖐 해설

① 피해자의 이야기 경청 및 수용·존중의 지지적 관계 형성
② 의료 및 법률 등의 즉각적 욕구 및 실제 상황에서의 대처
③ 의미 있는 타자(사람)와의 상담

19 임상심리사의 윤리원칙으로서 유능성의 의미를 설명하고, 이를 위반하는 이유 3가지를 쓰시오. [19b, 22b 기출]

> **해설**
>
> **(1) 유능성의 의미**
>
> 자신의 강점과 약점, 자신의 기술과 그것의 한계를 자각해야 한다는 의미. 지속적인 교육수련으로 최신의 기술을 습득해야 한다.
>
> **(2) 유능성을 위반하는 이유**
>
> ① 개인적·심리적 문제(질병, 이혼, 경제적 문제 등)를 가지고 있는 경우
>
> ② 너무 많은 업무나 부담으로 지쳐 있거나 소진되었을 경우
>
> ③ 자신감이 넘치거나 교만하여 더 이상 배우지 않거나, 배울 필요가 없다고 생각하는 경우

20 Orford가 제시한 자조 집단에서 일차적 기능 5가지를 쓰시오. [18b, 21a 기출]

> **해설**
>
> ① 정보제공 ② 상호지지 ③ 위험지각 ④ 성과기대 ⑤ 지각된 자기효능감
>
> **참고** ① 상호긍정 ② 자기표출 ③ 긍정적 강화 ④ 정보공유 ⑤ 개인적 목표 설정

02

영역별 기출문제
답안작성 노트

1. PART 01의 영역별 기출문제를 문제와 빈칸
   으로 구성된 답안작성 노트 제공

2. PART 01의 모범답안과 해설을 토대로 자신만
   의 답안노트 작성

3. 기출문제 암기 시 노트로 사용

1 기초 심리평가

☑ **세부항목 1** 내담자의 심리적 특성을 평가할 수 있다.

01 **심리평가의 목적을 크게 3가지로 구분하시오.** [13, 21a, 24c 기출]

02 **심리평가에서 심리검사를 시행하는 주요 목적 5가지를 쓰시오.** [13, 15, 21a 기출]

03 내담자에 대한 심리검사 평가에서 중요하게 다루어지는 자료, 중요사항 혹은
영역 3가지를 쓰시오.　　　　　　　　　　　　　　　　　　　[09 기출]

04 심리평가를 위한 자료원 중 면담, 행동관찰과 비교한 심리검사의 장점 3가지를
쓰시오.　　　　　　　　　　　　　　　　　　　　　　　　[17b 기출]

05 심리평가에 있어서 임상적 판단과 통계적 판단의 장점과 단점을 각각 2가지씩 기술하시오.
[20c 기출]

06 초기 면담 과정에 포함되어야 할 내담자에 대한 행동관찰 요소 5가지를 쓰시오.
[03, 06, 13, 16a, 19a 기출]

07 내담자 평가를 위한 심리검사 도구 선정 시 고려되어야 할 사항 3가지를 쓰시오.

[10, 24c 기출]

08 심리평가자의 과학자적 자질과 예술가적 자질에 대해 쓰시오.

[07, 11, 13, 14, 20c 기출]

09 심리평가에 있어서 전통적 모델과 치료적 모델의 차이를 설명하시오.
단, 각 모델의 목표와 역할에 대해서만 기술하시오.　　　　　[07, 22a 기출]

10 총집검사 (Full Battery)를 실시하는 이유 2가지를 기술하시오.　　　　[05 기출]

11 심리검사 후 검사결과 해석 시 유의 사항 4가지를 쓰시오. [22a 기출]

12 심리검사 결과를 해석하고 통합하는 데 있어 환자에 대한 정보를 얻을 수 있는 정보의 출처(해석지침)를 4가지로 나누어 설명하시오. [08 기출]

13 보건소나 정신보건센터에 정신질환자가 내원했을 때, 가장 먼저 체크해야 하는 것 2가지를 쓰시오. [15, 16, 20a, 23c 기출]

14 각각의 검사를 하나씩 분석하는(Test-by-Test) 방식의 장·단점을 설명하시오. [10, 13 기출]

15 컴퓨터에 기초한 검사 실시와 해석의 장·단점 2가지를 쓰시오. [13 기출]

16 접수 면접에서 반드시 확인되어야 할 내용 5가지를 쓰시오. [16b, 20b, 24a 기출]

17 아동을 초기 면접한 내용으로 평가보고서에 기록하고자 한다. 구체적으로 관찰해야 할 사항 5가지를 쓰시오. [08 기출]

18 A 군이 집단 따돌림을 받는 상황이라면 호소문제 이외에 초기면접에서 볼 수 없었던 추가적인 양상을 사고, 정서, 행동 부분에서 2가지씩 쓰시오.. [22b 기출]

올해 14세 4개월의 남중 3년생인 A 군은 친구들과 잘 사귀지 못하고 학교에 등교하는 시간이 되면 울면서 학교에 가지 않겠다고 하는 학생으로 어머니에 의해 개인연구소를 경유하여 내원하였다. 학교에서는 애들이 자신을 괴롭히고 째려본다고 하며, 집에서 가족 모두가 A 군을 격려해 줘도 학교에 가면 '죽고 싶을 정도'로 애들이 자신과 놀아주 지 않는다고 귀가 후 불평하곤 하였다. 어려서부터 태권도를 좋아하여 계속해오고 있으며 골격이 크고 당당한 체구이나 중학교 진학 이후에 성적은 계속 최하위권이며 현재 중3 담임 선생님이 일반고교에 진학하는 것이 어렵다며 어머니를 불러 최근 실시된 집단지능검사 결과를 알려주었다. 어머니는 A 군이 정말 고교에도 진학하지 못할 만큼 심각한 수준인지, 왕따 문제는 어떻게 해야 하는지, 앞으로 A 군을 어떻게 키워야 하는 것인지 등의 문제를 호소하였다. 심리평가를 위해 내원하였을 때 A 군은 무표정하였으며, 다소 발음이 부정확하여 검사 중 응답을 재확인하여야 하는 경우가 많았다. 매번 문제들을 쉽게 포기하려 하고 짧은 답변으로 일관하였는데, 다 귀찮다는 식의 태도는 후반부로 갈수록 다소 누그러지는 양상이었다.

19 임상 면접의 서면보고서에 포함되어야 할 사항 5가지를 쓰시오. [03, 06, 08, 10 기출]

19-1 심리평가의 최종 보고서에 반드시 포함되어야 할 내용을 5가지만 쓰시오.

[17b, 19b, 20a, 21b, 22a, 23a, 23b 기출]

20 현 병력을 기술할 때 반드시 포함되어야 할 5가지 정보를 쓰시오. [12, 16a, 19b 기출]

21 심리학적 평가보고서를 작성할 때 심리검사 결과와 생활사적 정보 통합이 중요한 이유를 기술하시오. [05, 12, 16b, 20c 기출]

22 심리평가 보고서의 일반적인 지침 5가지를 쓰시오. [06 기출]

23 심리평가 시 검사의 신뢰도를 평가하는 3가지 검사를 쓰고 설명하시오.

[19a, 22b 기출]

24 심리치료의 효과성을 검증하는 방법 2가지를 기술하시오.

[12 기출]

25 다음 보기의 사례를 읽고 연구 절차상의 문제점 및 대안 4가지를 제시하시오.

[11, 13, 20b, 22b 기출]

> 한 임상심리학자는 최근 자신이 개발한 사회공포증 치료법의 효과성 여부를 검증하기 위한 실험을 실시하였다. 사회공포증이 의심되는 20명의 인원을 대상으로 5회에 걸쳐 치료를 시행한 후 그 변화를 살펴보았다. 치료 효과를 검증하기 위한 방법으로 치료 전과 치료 종료 후 실험대상자들에게 자신의 증상에 대한 심각성 수준을 7점 척도상에 평정하도록 하였다. 임상심리학자는 치료 종료 후 실험대상자들에 의한 척도상의 평가점수가 유의미하게 낮게 나왔다는 사실을 토대로 자신의 치료법이 효과가 있다고 주장하였다.

26 아동 및 청소년을 대상으로 한 상담에서는 발달적 측면에 대한 고려가 이루어져야 한다. 피아제(Piaget)의 인지발달 이론에 의한 발달단계에서 전조작기, 구체적 조작기, 형식적 조작기에 해당하는 아동 및 청소년을 위한 상담의 특성 및 주의사항을 발달 단계별로 쓰시오.

[03, 19b, 23a 기출]

27 표준화 검사에서 흔히 사용되는 원점수와 백분위 점수, Z 점수, T 점수 간의 관계를 중앙 집중치와 분산의 관점에서 비교하고 흔히 검사결과에서는 어떠한 수준을 '이상'으로 간주하는가에 대해 설명하시오. [05 기출]

28 타당도의 개념 및 종류에 대해 설명하시오. [04 기출]

☑ 세부항목 2 지능검사를 지침에 맞게 실시, 채점하고 해석할 수 있다.

01 웩슬러가 정의한 지능의 개념을 쓰고, 유동성 지능과 결정성 지능의 특징을 각각 2가지씩 기술하시오.

[04, 10, 15, 19b 기출]

02 지능을 평가할 때의 주요 쟁점인 임상적 접근과 개념적 접근에 대해 설명하시오.

[18a, 21a, 24c 기출]

03 성인 지능검사 실시하는데 수검자와 라포를 형성하기 위한 구체적 방법을 쓰시오.

[18b 기출]

04 아동을 대상으로 한 지능검사에서 검사자와 수검자 간의 관계형성(Rapport)은 필수적이다. 지능검사를 실시하는 검사자가 수검자와 라포를 형성하기 위한 구체적인 방법 4가지를 쓰시오.

[12, 24b 기출]

05 K-WAIS-IV에 대하여 설명하시오.

[16a 기출]

06 K-WAIS IV의 핵심 소검사들을 쓰고 각각 소검사가 측정한 내용을 기술하시오.

[06, 22b 기출]

06-1 웩슬러 소검사를 기술하시오. . [23a 기출]

07 K-WAIS-4의 연속적인 수준의 해석절차 5가지를 쓰시오. [21b 기출]

08 K-WISC-IV의 핵심 소검사 항목을 모두 쓰시오. [15a, 17a, 22b 기출]

08-1 K-WISC-IV의 지표 4가지와 지표별 소검사 1가지씩 쓰시오. [23b, 24a 기출]

09 웩슬러 지능검사의 소검사(기본지식) 중 상식검사가 측정하는 내용 5가지를 쓰시오.

[20c, 23c 기출]

10 웩슬러 지능검사의 소검사인 이해 소검사로 측정하는 내용 5가지를 쓰시오.

[21a 기출]

11 웩슬러 지능검사의 양적 분석에 포함되어야 할 내용 3가지를 쓰시오.

[11, 13, 18b, 23a 기출]

12 K-WISC-IV 검사를 해석하는 과정에서 과정 분석에 해당하는 점수 5가지를 쓰시오.

[16b 기출]

13 웩슬러 지능검사에서 언어성 점수가 동작성 점수보다 유의미하게 낮게 나왔을
경우의 특징을 예를 들어 설명하시오. [16b, 20a 기출]

14 웩슬러 지능검사의 결과를 통해 나타나는 우울증의 특징 5가지를 쓰시오.
[04, 10 기출]

15 웩슬러 지능검사에서 병전 지능을 추정할 수 있는 소검사 3가지와 그 이유를 쓰시오.
[19a, 19b 기출]

16 총집검사(Full Battery)에서 지능검사를 시행하는 이유 5가지를 쓰시오.
[18b, 21b 기출]

다음 검사결과를 보고 물음에 답하시오.

> 50대 여성 내담자의 지능 검사결과 각 소검사 별 평가치는 기본지식 8, 숫자 6, 어휘 10, 산수 7, 이해 9, 공통성 9, 빠진 곳 찾기 5, 차례 맞추기 6, 토막 짜기 5, 모양 맞추기 6, 바꿔 쓰기 5로 나왔다.

(1) 정신과적 진단 2가지를 쓰시오.

(2) 감별 진단을 위해 고려해야 하는 사항 4가지를 쓰시오.

(3) 위 내담자가 신경증적 손상은 없고 남편의 외도로 인하여 스트레스를 받아, 산수 및 숫자점수의 상대적 저하와 동작성 지능의 전반적 저하가 나온 결과에 대하여 설명하시오.

18 다음의 사례에 대해 추정할 수 있는 내용을 쓰시오. [20b, 21a 기출]

> 중1인 아동이 이혼한 엄마와 살고 있다. 방학 때는 아버지와 생활하며, 아버지를 만나는 것
> 을 즐거워하며, 아버지에 대해 긍정적인 생각을 하고 있다. 학교에서는 산만하며, 과제를 빼
> 먹기 일쑤이고, 수업 시간에 집중하지 않는 편이다. 언어성 지능은 120, 동작성 지능은 136
> 이며, 특이하게도 숫자 거꾸로 외우기 11, 산수 7을 기록하고 있다.

19 카우프만 검사가 다른 개인용 지능검사와 구별되는 특징을 3가지 쓰시오.

[16b 기출]

20 Lichtenberger와 카우프칸(2009)이 제시한 지능검사의 철학 5가지를 쓰시오.

[22a, 24b 기출]

01 **MMPI-2에서 재구성 임상 척도를 개발하게 된 목적은 무엇인가?** [16a, 20b 기출]

02 **MMPI-2에서 이상으로 간주하는 점수와 그 이유에 대해 설명하시오.** [16a 기출]

03 MMPI의 일반적 해석 과정 7단계를 간략히 기술하시오. [15 기출]

04 MMPI-2의 타당도 척도 4가지를 쓰시오. [13 기출]

05 MMPI-2에서 ?(무응답) 척도가 상승하는 경우를 5가지 쓰시오. [11, 15, 22b 기출]

06 MMPI에서 과장된 보고에 상승하는 척도 3개를 설명하시오. [19b, 23a 기출]

07 MMPI의 타당도 척도에서 긍정왜곡과 부정왜곡에 대해 설명하시오.   [19b 기출]

08 MMPI 결과 T 점수로 L 척도 48, F 척도 110, K 척도 45를 보이고 5번 척도를 제외한 대부분의 임상 척도가 높게 상승하였다. 이런 프로파일을 보일 가능성이 있는 사람들의 유형을 3가지 쓰시오.   [09, 15, 20c, 24a 기출]

09 어떤 환자에게 MMPI를 실시한 결과 L, K가 70이 넘어 방어적 경향이 강한 것으로 나타났고, 검사결과를 해석할 수 없는 정도였다. 그러나 이 사람에게 심리검사는 꼭 필요한 것으로 판단되었다. 이때 임상심리사가 취할 수 있는 방법을 2가지로 구분해서 설명하시오.

[18a, 20c 기출]

10 타당도 척도 L, K 30 이하/ F 70 이상일 때 유형 2가지를 쓰시오.

[15a, 19b, 20a 기출]

11 MMPI 6번 척도가 T 점수 72점이 나왔다면 이는 임상적으로 어떤 의미인지 5가지를 제시하시오. [03, 05, 15, 20a 기출]

12 MMPI 9번 척도가 27점 일 때 임상적 현상 2가지를 쓰시오. [17a, 24c 기출]

13 MMPI-2 척도에서 6-8/8-6유형의 일반적인 특성 5가지와 가능성 있는 장애
진단명 2가지를 쓰시오. [7, 10, 16b, 22b 기출]

14 MMPI 상승 분석에서 4-9/9-4 형태에 대한 해석 5가지를 쓰시오.

[17a, 20a, 21a, 23b, 24a 기출]

15 MMPI 4, 6번 척도가 상승되어 있고 척도 5가 이들 척도보다 10점 이상 낮거나 T 점수가 50점 이하로 하락되어 있는 형태의 명칭을 쓰시오. [17b 기출]

16 MMPI-2 프로파일에서 가장 우선적으로 다루어야 할 척도는 무엇이고 그 이유를 기술하시오. [17a, 23a 기출]

(1) 1-2-3	(2) 3-4	(3) 7-8-9	(4) 2-7-3

17 MMPI 성격병리 5요인 척도에 대해 쓰시오. [18b, 21b 기출]

18 MMPI-2 재구성 임상 척도에서 불신과 착취를 나타내는 척도 기호를 쓰시오.

[20b 기출]

19 MMPI 검사의 임상척도 중 편집증 척도의 임상 소척도 3가지를 쓰고 설명하시오.

[23b 기출]

20 MMPI-2 척도의 2개인 편집증, 경조증에 대해 쓰시오.

[23c 기출]

21 다음은 20대 남성의 다면적 인성검사의 결과이다. 이 결과를 타당도 척도와 임상 척도의 코드 유형에 근거하여 각각 설명하시오. [15 기출]

> • **타당도 프로파일** : VRIN(46), TRIN(50), F(73), FB(52), FP(50), L(45), K(37), S(40)
> • **임상 프로파일** : Hs(57), D(76), Hy(64), Pd(66), Mf(48), Pa(65), Pt(74), Sc(56), Ma(49), Si(61)

22 다음은 38세 미혼여성의 MMPI 검사결과이다. 이를 토대로 수검자의 임상적 특징, 가능한 진단명, 주로 사용하는 방어기제에 대해 간략하게 기술하시오. [12, 18b 기출]

L	F	K	1	2	3	4	5	6	7	8	9	0
76	42	80	85	60	78	62	42	53	60	56	42	50

23 다음 사례의 MMPI 검사결과에서 유추되는 임상적 특징 5가지를 기술하시오.

[05 기출]

L	F	K	Hs	D	Hy	Pd	Mf	Pa	Pt	Sc	Ma	Si
33	64	42	61	73	70	71	55	62	94	75	38	49

24 다음 보기의 사례를 읽고 A 씨의 MMPI 검사결과에 따라 유추 가능한 진단명과 함께 진단의 이유를 각각 서술하시오.

[15 기출]

A 씨는 올해 24세로 군입대를 앞두고 병사용 진단서를 위해 병사 진단용 검사에 의뢰되었다. MMPI 검사결과 타당도 척도에 대한 T 점수가 L 척도 38, F 척도 112, K 척도 36으로 나타났다. 또한 임상 척도에 대한 T 점수에서 5번 Mf 척도를 제외한 대부분의 임상 척도에서 높은 점수를 보였으며, 그중 6번 Pa 척도, 7번 Pt 척도, 8번 Sc 척도 점수에서 90 이상으로 다른 임상 척도에 비해 높은 점수를 보였다. A 씨는 자신이 평소 과대망상 증상을 보인다고 호소하였다.

25 다음 사례를 읽고 검사결과 해석을 쓰시오.　　　　　　　　　[17a 기출]

> 20세 남성으로 재수하여 3월에 입학한 대학생이다. 재수를 시작한 지 1개월 만에 기분이 우울하고, 가슴이 두근거리고 머리가 아프고, 소화가 안 되고, 불면증이 나타났으며, 매사에 짜증이 나고, 집중력이 저하되어 공부도 안 되는 증상이 나타나기 시작하였다. 원하던 대학교에 입학한 후에도 증상이 지속되어 동네 내과 병원에 방문하였으나, 내과적 이상소견은 없어서 심리상담소에 방문하게 되었다.
>
> 〈검사결과〉
> MMPI, BDI, K-WAIS를 실시하였는데, MMPI에서 L(52), F(58), K(62), Hs(59), D(72), Hy(58), Pd(62), Mf(35), Pa(54), Pt(65), Sc(46), Ma(48), Si(59)였고, BDI에서는 23점이었으며, K-WAIS에서는 언어성 IQ 125, 동작성 IQ 94, 전체 IQ 114로 나타났다.

26 TCI의 척도를 구성하는 4가지 기질 차원과 3가지 성격 차원을 설명하시오.

　　　　　　　　　　　　　　　　　　　　　[18a, 23c, 24a/c 기출]

27 적성검사와 흥미검사의 공통점과 차이점을 설명하시오. [16b 기출]

28 다음은 심리상담소에서 실시한 A 군의 홀랜드 유형 직업 적성검사 결과이다. 이를 토대로 다음에 제시된 물음에 답하시오. [09 기출]

성격유형	R	I	A	S	E	C
결과	17	39	72	81	45	14

(1) A 군의 성격유형 특성과 함께 이상적인 직업을 1가지 이상 제시하시오.

(2) A 군에게 적합하지 않은 직업을 1가지 이상 제시하시오.

29 MMPI나 BDI 같은 자기 보고형 객관적 심리검사의 장점과 단점을 3가지씩 쓰시오.

[09, 17b, 22a 기출]

☑ **세부항목 4** 투사검사를 지침에 맞게 실시, 채점할 수 있다.

01 로르샤하 검사결과를 엑스너 방식으로 채점하고자 한다. 질문을 통해 탐색해야 할 내용을 5가지 기술하시오.

[12, 20a 기출]

02 로르샤하 엑스너 방식 종합채점 항목 5가지를 쓰시오. [20a, 23a, 24a 기출]

03 로샤 반응영역 채점 D, Dd, S의 의미와 채점기준을 쓰시오. [19a, 23a, 23c 기출]

04 Rorschach 검사의 특수점수의 특수내용 종류 3가지를 쓰고 각각에 대해 설명하시오.

[18a, 20c, 23b 기출]

05 Weiner는 객관적 검사와 투사적 검사의 구분에서 Rorschach 검사를 투사적 검사로 분류하는 것에 대해 이의를 제기했는데 그 이유 2가지를 쓰시오.

[18a, 24c 기출]

06 로르샤하 검사나 다면적 인성검사와 같은 진단적 심리검사는 그 결과가 일치하지 않을 수 있다. 그 이유에 대해 간략히 설명하시오. [08, 10, 16a/b 기출]

07 투사적 그림검사인 집-나무-사람 그림검사에서 크기와 위치가 나타내는 의미를 2가지씩 제시하시오. [07, 20c 기출]

08 집–나무–사람 그림검사에서 사람 그림을 통해 평가할 수 있는 측면 3가지를 쓰시오.　　　　　　　　　　　　　　　　　　　　　　　　[14, 22a 기출]

09 심리검사 중 투사검사의 장·단점을 3개씩 기술하시오.　　　　[19b, 24a 기출]

01 신경심리 평가에서 일반적으로 다루어야 하는 주요 평가영역 6가지를 쓰시오.

[15 기출]

02 일반적으로 풀베터리에서 사용하는 검사 중 신경인지를 측정할 수 있는 검사 2가지를 쓰시오.

[16, 23c 기출]

03 다음 보기의 신경심리 검사들이 평가하는 인지기능 영역을 쓰시오. [15b, 20b 기출]

> - Contrasting Program
> - Go-No-Go Test
> - Fist-Edge-Palm
> - Alternating Hand
> - Movement
> - Alternating Square Triangle
> - Luria Loop
> - Controlled Oral
> - Word Association Test(COWAT)
> - Korean-Color Word Stroop Test(K-CWST)

04 신경심리검사에서 시공간 구성개념을 측정하기 위해 자주 사용하는 검사 5가지만 쓰시오. [22a 기출]

다음 사례를 읽고 물음에 답하시오.

> 뇌졸중 환자에게 반구손상이 있음을 확인하고 손상 여부를 알아보기 위해 글자 지우기 검사를 실시하였고 그 결과 시야의 좌측 글자를 지우지 못하였다.

(1) 이 현상은 무슨 현상인가?

(2) 뇌의 어느 부위가 손상 되었는가?

(3) 손상을 확인할 수 있는 심리검사 종류 1가지를 쓰시오.

☑ 세부항목 6 다양한 행동평가 방법을 활용하여 목표 행동을 규정하고 자료를 수집할 수 있다.

01 내담자에 대한 심리평가를 위해 사용되는 행동평가 방법 4가지를 제시하시오.

[08, 11, 19b, 23b 기출]

02 아동 평가에서 특정 문제영역이 아닌 전반적인 광범위한 문제영역에 대해 보호자의 보고를 토대로 평가할 수 있는 평정 척도가 있다. 그에 해당하는 평정 척도 2가지를 쓰시오.

[12, 17b, 20a, 24c 기출]

03 사회성숙도 검사에서 아동발달의 측정영역 6가지를 기술하시오. [15, 22b, 24a 기출]

04 관찰하기 좋은 4가지 방법을 쓰시오. [14, 21a, 23c 기출]

2 기초 심리상담

☑**세부항목 1** 내담자와 관계 형성을 할 수 있다.

01 상담 초기 단계에 반드시 이루어져야 하는 내용을 3가지 쓰시오. [13, 16a, 23b 기출]

02 경청방법 2가지를 설명하시오. [14 기출]

199

03 내담자의 말을 경청하는 데 있어서 좋은 상담자가 되기 위한 구체적인 방법 5가지를 쓰시오. [06, 15, 20a/b, 23b 기출]

04 효과적 경청을 위한 행동 3가지를 쓰시오. [22a 기출]

05 다음은 상담 초기에 흔히 볼 수 있는 대화이다. 보기에서 내담자는 상담의 효과에 대한 의문과 회의를 표명하였다. 이와 같은 경우 상담자는 어떻게 반응해야 하며, 그러한 반응의 근거는 무엇인지 설명하시오. [03, 06, 16a, 20a, 22b 기출]

> - **내담자** : 선생님, 저는 솔직히 확신이 서지 않습니다. 상담받고 나면 과연 좋아질까요?
> - **상담자** : 그렇게 말씀하시니 다행이군요. 솔직하게 이야기한다는 것 자체가 쉽지 않거든요.
> - **내담자** : 오해는 마세요. 선생님을 믿지 못해서가 아니에요. 단지 상담을 받아도 나아지지 않는다면 어떻게 해야 할지 불안해서요.
> - **상담자** : _____

06 다음 보기의 사례를 읽고 내담자의 말에 대한 반영적 반응을 적절히 제시하시오.

[03, 05, 12, 14, 16a, 18b, 20b 기출]

> **내담자** : 이건 정말 믿을 수가 없어요. 선생님. 지난번 상담을 받을 때 남편이 집에 일찍 들어오겠다고 약속했었잖아요? 그런데 정말로 남편이 제시간에 맞춰 집에 오더라고요. 그렇게 약속을 잘 지킬 줄 몰랐는데, 정말 깜짝 놀랐다니까요.

07

다음 보기의 내담자 진술에 대한 상담자의 반응은 각각 어떤 개입기술에 해당하는지 쓰시오. [03, 04, 09, 13, 16b, 20a, 21a, 22a, 22b, 23b, 24a 기출]

> **내담자** : 저는 지난 밤 너무도 기이한 꿈을 꾸었어요. 아버지와 함께 숲으로 사냥을 나섰는데요. 사냥감에 온통 주의를 기울이느라 깊숙한 곳까지 다다르게 되었죠. 그런데 갑자기 바위 뒤편에서 커다란 물체가 튀어나오는 거에요. 저는 순간 사슴인 줄 알고 방아쇠를 당겼지요. 어렴풋이 그 물체가 쓰러진 듯이 보였고, 저는 두근거리는 가슴을 부여잡은 채 서서히 다가갔어요. 가보니 그 물체는 사슴이 아닌 아버지였어요. 아버지가 숨을 쉬지 않은 채 죽어 있더라고요. 저는 너무도 황당하고 두려워서 잠에서 깨어났는데요, 등에서는 식은땀이 줄줄 흐르더라구요.
>
> **상담자** : 당신은 지난 밤 꿈으로 인해 정말 많이 놀랐나 보군요. 황당하고 두려웠다는 것은 구체적은 어떤 죄책감이 들었다는 의미인가요? 평소 아버지를 미워했나요? 아버지에 대한 적개심이 총을 오작동하도록 만든 것은 아닌가요?

08 다음 사례에서 상담자가 말하려는 것이 무엇인지 기술하시오. [17a, 22a 기출]

- **내담자** : 저는 필요 없는 사람인가 봐요.
- **상담자** : 당신이 필요 없다고요? 참담한 기분이겠군요.
- **내담자** : 지난 주에 만났던 남자친구가 저에게 필요 없다고 했어요.
- **상담자** : 그 사람이 당신을 쓸모없는 인간이라고 말했다구요?

09 심리상담 과정에서 내담자가 침묵을 지키는 이유 5가지를 기술하시오.

[08, 10, 12, 15, 19a, 23a 기출]

10 내담자의 반응을 해석할 때의 주의사항 5가지를 제시하시오.

[06, 08, 11. 15, 18b, 20c, 21b 기출]

11 다음의 해석단계를 순서대로 기호로 쓰시오.

[22b 기출]

ㄱ. 내담자가 해석을 받아들일 준비가 됐는지 확인한다.

ㄴ. 내담자가 해석에 어떻게 반응하는지 확인한다.

ㄷ. 해석을 제공하고자 하는 상담자의 의도를 재고한다.

ㄹ. 다양한 방법으로 해석을 제공한다.

12 방어기제의 의미를 쓰고, 방어기제 유형 5가지를 간략히 설명하시오.

[04, 07, 09, 10, 17b, 21a, 22b, 23b/c, 24a 기출]

13 전이, 역전이에 대해 설명하시오.

[08, 15, 23a 기출]

14 로저스가 강조한 치료자의 특성 3가지를 쓰시오. 인간중심 심리치료에서 중요하게 여기는 치료자의 3가지 태도를 쓰시오.

[08, 10, 14, 17b, 18b, 19b, 21a/b, 22a, 23b/c, 24b 기출]

15 인간중심 치료에서 Rogers가 제시한 긍정적인 성격변화를 위한 필요충분조건 5가지를 쓰시오.

[18a, 20c, 21a 기출]

16 상담자와 내담자의 관계에서 윤리적 지침과 행동강령 5가지를 쓰시오.

[06, 12, 20b, 20c, 21a, 24b 기출]

17 심리상담자가 준수해야 할 윤리적인 의무 중 '이중 관계 지양'에 대해 설명하시오.

[10, 16b, 22a, 23b 기출]

17-1 이중 관계의 의미와 피해야 하는 이유를 예를 들어 설명하시오. [18a, 21a 기출]

18 심리치료자가 내담자의 비밀을 보장 할 수 없는 경우 5가지를 쓰시오.

[11, 20c, 24a 기출]

18-1 비밀보장 예외의 경우 필요한 절차 2가지씩을 쓰시오. [07 기출]

19 상담현장에서 비밀보장의 한계에 부딪힐 때가 있다. 다음과 같은 내담자를 만났을 때 어떻게 처신해야 하는지 3가지씩 적어주시오. [19a, 24c 기출]

(1) 자살위험 내담자

(2) 다른 사람을 살해할 위험이 있는 내담자

20 다음 보기의 사례를 읽고 내용에 제시된 A 군의 행동이 윤리적으로 어떤 점이 위배되는지 기술하시오. [15, 20a, 22b 기출]

> A 군은 임상심리학 전공 대학원생으로, OO상담센터에서 실습을 하고 있다. A 군은 자신이 호감을 가지고 있던 한 여학생이 상담센터를 찾아와 상담을 신청한 사실을 알게 되었다. A 군은 그 여학생과의 상담을 자신이 맡겠다고 제안하였다.

21 임상적 면접상황에서 라포형성을 해야 하는 이유와 구체적인 방법 4가지를 쓰시오. [18b, 21b 기출]

22 실존주의에서는 정상적 불안과 신경증적 불안을 말하고 있다. 여기에서 정상적 불안에 대해 설명하시오.

[16b, 19a, 24b 기출]

23 전화로 방금 강간당했다고 보고하는 여성이 두려움을 호소하였다. 이때 상담자로서 대처할 방법 5가지를 서술하시오.

[17a, 20b 기출]

24 상담목표와 상관없이 모든 면접 및 상담에서 사용하는 기본 방법 5가지를 쓰시오.

[22a 기출]

☑세부항목 2 상담목표와 계획을 수립할 수 있다.

01 상담 과정에서 내담자의 주요 호소문제가 명확해지면 상담의 구체적인 목표를 설정하게 된다. 상담 목표설정 시 지켜야 할 기준 5가지를 쓰시오.

[11, 17a, 21b 기출]

02 내담자가 상담을 끝낼 준비가 되었는지를 판단할 수 있는 방법 4가지를 쓰시오.

[16a, 19a, 20a/b, 21a, 23a/c , 24c 기출]

03 바람직한 상담 종결을 위해 상담 관계를 마무리하면서 해야 할 일 3가지를 쓰시오.

[13, 17a 기출]

04 정신분석에서는 이상적 치료목표가 충족되었을 시 상담이 종결되었다고 본다. 정신분석에서 말하는 이상적 치료목표를 설명하시오. [16b, 24b 기출]

05 상담의 초기, 중기, 후기에 따라 해석기법의 특징에 대해 쓰시오. [18b, 21b 기출]

06 단기상담에 적합한 내담자의 특성 5가지를 기술하시오. [15, 18a, 23b 기출]

07 단회상담은 다른 일반적인 심리상담과 달리 극히 제한된 시간 내에 문제 상황을 처리해야 하는 경우가 많다. 이러한 단회상담에서 강조되는 원리 또는 기술을 7가지만 제시하시오. [11, 15, 19a, 23a 기출]

슈퍼비전 하에 상담을 진행할 수 있다.

01 Kadushin(1985) 상담자를 위한 슈퍼비전의 기능 3가지를 쓰고 설명하시오.

[17a, 20a, 24a 기출]

02 슈퍼비전 시 노트작성 등 상담내용의 문서화는 어떤 장점이 있는지 3가지를 쓰시오.

[19a 기출]

01 다음 보기의 사례를 읽고 물음에 답하시오.

[04, 06, 14 기출]

> 52세 중졸인 목수는 오토바이를 타고 가다가 승용차와 부딪쳐 의식을 잃었다. 40일 만에 의
> 식을 회복하였으나, 어깨가 결리고 사지가 아프며 깊은 잠을 잘 수가 없다고 호소하며 병원
> 을 내원하였다.

(1) 박모씨에게 나타날 수 있는 또 다른 증상들을 2가지 제시하시오.

(2) 감별진단 2가지를 제시하시오.

(3) 심리검사 중에 위스콘신 카드 분류검사가 포함되었다. 무엇을 확인하려고 한 것
인지 2가지로 제시하시오.

(4) 예후와 관련된 요인 2가지를 제시하시오.

---

02 **다음 보기의 사례를 읽고 물음에 답하시오.** [04, 09, 13, 16b, 18a, 22a 기출]

> 충남 천안시에 사는 A 씨는 올해 45세로 가정주부이다. A 씨는 남편의 실직과 딸의 가출로 인해 고민을 해오던 중, 최근 1개월 동안 제대로 잠을 이루지 못하여 피로를 느끼며, 생활의 활기를 잃은 상태이다. 또한 자신이 가정 문제를 해결하는 데 있어서 아무런 능력을 발휘할 수 없는 것에 대한 무기력과 죄책감에 휩싸여 있으며, 자신의 인생과 미래에 대해 심각하게 고민하고 있다. A 씨는 자살을 생각한 적이 있으며, 자기 자신이 현재 우울증을 가지고 있다고 판단하고 있다.

(1) DSM-5에 의한 주요 우울증 삽화의 진단기준에서 주요 우울 증상을 5가지 기술하시오.

(2) 자살위험 내담자에 대한 평가방법 2가지와 자살 예방의 대처방법 3가지를 기술하시오.

03 다음 사례의 구체적인 증상과 징후들을 평가·규정하고(3가지) DSM-5 진단체계에 따른 잠정적인 진단명을 쓰시오. [09, 11, 15 기출]

> 환자는 28세 된 남자로 자살할지도 모른다는 주위의 우려 때문에 부모가 그를 병원에 데리고 왔다. 그는 지난 일주일 동안 한숨도 자지 않았으나 여전히 활력이 넘쳐흘렀다. 그는 자신이 세상을 구해야 되는 특별한 사명을 가졌으며 신이 자신에게 구체적으로 내리는 지시를 듣고 있다고 말하였다. 그는 수십 층이나 되는 호텔 옥상에서 뛰어내리고 싶은 마음이 든다는 사실을 인정하였다. 그가 그 장소를 선택한 이유는 바로 그 옥상에 "00가 너를 구원하리라."라는 간판이 세워져 있었고 그는 이것을 만약 자신이 뛰어내린다면 자신과 세상이 구원될 수 있는 것으로 해석하였다. 그는 병원 직원이 정보부 요원이기 때문에 반드시 그들을 따돌려야 한다고 믿고 있었다.

04 다음 보기의 사례에서 A 씨는 조현병의 증상들을 나타내 보이고 있다. 조현병의 양성 증상과 음성 증상의 의미를 각각 설명하고, 위의 사례에서 두 증상에 해당되는 내용을 각각 구분하여 쓰시오. [15b 기출]

> 올해 30세인 A 씨는 지난 1년 전부터 주위 사람들을 비롯한 누군가가 자신을 감시하고 있고, 자신이 평소 하는 말이 언론을 통해 보도되고 있다며 몹시 불안해하고 있다. 또한 알아들을 수 없는 말들을 혼자 중얼거리는가 하면, 종종 문을 걸어 잠근 채 다른 사람들과 만나는 것을 거부하곤 하였다.

05 자폐 스펙트럼 장애진단 기준 중 사회적 의사소통 상호작용 결함 기준 2가지를 적고 장애 명칭을 적으시오. [15a 기출]

06 반응성 애착장애 관련하여 다음 질문에 답하시오.
[09, 14 기출]

(1) 정의

(2) 진단방법 2가지를 쓰시오.

(3) 감별 진단

(4) 병리적 양육 태도 3가지를 쓰시오.

07 아동의 외상 후 스트레스장애 진단에서 성인과 차별되는 재경험되는 특징 중
3가지를 기술하시오. [12 기출]

08 인터넷 중독의 증후를 6가지만 쓰시오. [04, 08 기출]

09 내담자의 인터넷 중독이 의심될 때 중독에서 벗어날 수 있도록 일반적으로 추천
하는 방법을 5가지만 쓰시오. [03, 06, 10, 17b, 20b, 22b 기출]

10 기능적 기억 장애와 기질적 기억 장애를 비교하여 설명하시오.
[07, 09, 17a, 20a 기출]

11 DSM-5 분류상 알츠하이머병으로 인한 주요 또는 경도 신경인지장애의 주요 증상 4가지를 기술하시오.

[04 기출]

12 틱 장애를 평가하는 척도 2가지를 쓰시오.　　　　　　　[16a, 24c 기출]

13 특정 공포증의 하위 유형 3가지를 쓰고 설명하시오.　　　　[19a, 24b 기출]

14 조현병 양성 증상을 보이는 내담자의 대처방법 3가지를 쓰시오. [17a, 20c 기출]

15 망상적 편집증 증상을 보이는 내담자를 평가할 때 임상 면접 시 주의할 점 3가지를 쓰시오. [17a, 23a 기출]

16 오염에 대한 반복적인 손 씻기를 하는 환자의 장애진단 및 효과적인 치료 과정 4단계를 쓰시오.

[17b, 20a 기출]

17 말랐는데도 뚱뚱하다고 생각하는 여성 사례의 진단명 및 진단기준을 쓰시오.

[18a, 21b 기출]

18 순환 감정 장애 진단기준 3가지를 쓰시오. [18b 기출]

☑ **세부항목 2** 심리치료의 기본 및 모델

01 현재 많은 심리치료 이론과 기법이 존재하고 있지만 그러한 치료 이론과 기법은 치료 효과를 가져오는 공통적인 치료 요인이 있다고 한다. 심리치료의 공통적 요인을 3가지만 설명하시오. [11, 17a 기출]

---

02 다음 보기는 심리치료의 일반적인 수행단계를 나타내고 있다. A에서 D까지 빈 칸에 들어갈 내용을 각각 쓰시오. [15b 기출]

(A) → 문제 및 상황 평가 → (B) → 치료 실시 → (C) → 치료종결 → (D)

03 취약성−스트레스 모델에 대해 설명하시오. [16b, 17b, 19b 기출]

04　집단치료에서 집단구성 시 현실적으로 고려해야 하는 사항 5가지를 쓰시오.

[18a, 24a기출]

05　얄롬의 집단상담의 치료적 요인 5가지를 기술하시오.

[09, 12, 13, 14, 17a/b, 18a, 19a, 21a, 24a/c 기출]

06 얄롬이 제시한 인간의 궁극적 관심 4가지를 쓰시오.

07 집단상담의 장점과 제한점을 3가지를 쓰시오. [15, 19a, 21a, 23b 기출]

08 집단치료가 개인치료에 비해 효과적인 요인에 대해 설명하시오. [19a, 22b 기출]

09 집단치료에서 집단원의 적절한 자기노출의 지침 5가지를 쓰시오. [21b, 24c 기출]

10 시간 제한적 집단치료의 주요 특징 3가지를 쓰시오. [15, 21b, 23a 기출]

11 사회기술훈련을 집단으로 시행할 때의 장점 3가지를 쓰시오. [08, 18b, 24c 기출]

12 성인상담과 구별되는 아동 심리치료의 특징 6가지를 쓰시오.   [17a, 19a, 21b 기출]

---

13 놀이치료는 놀이 치료적 가치(효과)가 있다. 놀이의 치료적 가치를 3가지 적으시오.   [15a, 16b, 20b, 22a/b, 23b, 24b 기출]

14 정신분석치료 특징 5가지를 쓰시오. [20b 기출]

---

15 일반적으로 가족치료를 권하게 되는 경우 2가지를 쓰시오. [15b, 20c 기출]

16
다음은 Satir의 의사소통 가족치료의 의사소통 유형에 대한 설명이다. 각각에 해당하는 의사소통 유형을 쓰시오. [11, 17b, 23a 기출]

(1) 상호작용하는 상황에서 다른 사람은 존중하지만 자신의 가치나 진정한 감정은 무시한다.

(2) 다른 사람들은 무시하고 오로지 자신만을 생각한다.

(3) 비인간적인 객관성과 논리성의 소유자이며 자신과 다른 사람을 과소평가한다.

(4) 주변 상황과 관계없는 소란스럽고 버릇없는 행동을 많이 하며 혼란스럽다.

(5) 자신과 타인 상황 모두를 존중하며 신뢰한다.

17
해결중심 가족치료에서 주로 사용하는 질문 유형 3가지를 쓰고 설명하시오.
[18a, 20c, 23c 기출]

18 가족을 하나의 유기체로 보는 Becvar(백베르)의 가족치료에서 건강한 의사소통을 위한 전제 3가지를 쓰시오. [19c, 24c 기출]

19 무어(Moore, 1988)의 가족간 갈등모형의 5가지 영역을 쓰시오. [22a 기출]

01 관찰학습이 효과적으로 일어날 수 있는 조건 4가지를 쓰시오. [14, 21a, 23c 기출]

02 행동치료의 특징 3가지를 쓰시오. [23a 기출]

03 행동평가의 SORC를 적으시오. [19a 기출]

04 행동치료 중 용암법과 조형법에 대해 설명하시오. [19b 기출]

05 자극통제 종류로 특정 자극에 반응하는 것과 특정자극에 반응하지 않는 것을 기술하시오.

[20b 기출]

06 수시로 친구를 괴롭히고 교사에게 반항하는 아동을 둔 교사가 자문을 요청해 왔다. 이 교사에게 어떤 자문을 해줄 수 있는지에 대해 4가지 정도 쓰시오.

[08, 14, 24b 기출]

07 강박 장애의 심리적 치료방법으로서 노출 및 반응방지법의 효과 3가지를 쓰시오.

[12, 17a, 22a 기출]

08 강박 장애의 노출 및 반응방지법(ERP)의 원리와 기본 시행순서를 설명하시오.

[11, 16b, 19b, 23c 기출]

09 정신과 병동에 입원해 있는 A 씨는 만성 조현병 환자이다. 임상심리사는 이 환자에게 인사하는 기술을 가르치고자 한다. 이를 위해 토큰 경제방법을 5단계로 구분하여 순서대로 설명하시오.

[18a 기출]

10 토큰 이코노미의 장점 3가지를 쓰시오.

[12, 18b, 20b, 21b, 24a 기출]

11

다음 보기의 사례를 읽고 물음에 답하시오. [05, 07, 09, 12, 19b, 20c, 21b, 22b 기출]

> 올해 14세 4개월의 남중 3년생인 A 군은 친구들과 잘 사귀지 못하고 학교에 등교할 시간이 되면 울면서 학교에 가지 않겠다고 하는 학생으로 어머니에 의해 개인연구소를 경유하여 내원하였다. 학교에서는 애들이 자신을 괴롭히고 째려본다고 하며, 집에서 가족 모두가 A 군을 격려해 줘도 학교에 가면 '죽고 싶을 정도'로 애들이 자신과 놀아주지 않는다고 귀가 후 불평하곤 하였다. 어려서부터 태권도를 좋아하여 계속해오고 있으며 골격이 크고 당당한 체구이나 중학교 진학 이후에 성적은 계속 최하위권이며 현재 중 3 담임 선생님이 일반고교에 진학하는 것이 어렵다며 어머니를 불러 최근 실시한 집단지능검사 결과를 알려주었다. 어머니는 A 군이 정말 고교에도 진학하지 못할 만큼 심각한 수준인지, 왕따 문제는 어떻게 해야 하는지, 앞으로 A 군을 어떻게 키워야 하는 것인지 등의 문제를 호소하였다. 심리평가를 위해 내원하였을 때 A 군은 무표정하였으며, 다소 발음이 부정확하여 검사 중 응답을 재확인하여야 하는 경우가 많았다. 매번 문제들을 쉽게 포기하려 하고 짧은 답변으로 일관하였는데, 다 귀찮다는 식의 태도는 후반부로 갈수록 다소 누그러지는 양상이었다.

(1) A 군의 학습습관 증진과 교정을 위하여 어머니에게 몇 가지 행동치료 절차를 주문하였다. 그중 치료자가 행동수정 원리를 적용시키고자 노력하였다면 행동수정의 원리별로 어떤 식으로 개입이 진행되었을 것인지 행동수정의 원리 3가지를 제시하고 설명하시오.

(2) 위 사례에서 주된 문제호소와 현재의 평가 결과를 바탕으로 이후 내담자에게 필요한 치료적 개입은 어떻게 해야 하는지 인지적·정서적·행동적 요소들을 감안하여 개략적인 치료 방향에 대한 제언 3가지를 쓰시오.

12 파괴적 행동문제를 나타내는 청소년에게 행동원리에 의한 정적 강화의 수준을 높여야 하는 이유 3가지를 쓰시오. [11, 17a, 24b 기출]

13 자기표현 훈련이 필요한 내담자의 특성 6가지를 쓰고, 이 훈련을 통해 내담자가 인식해야 할 사항을 2가지만 쓰시오. [7, 10, 18b, 21b, 24c 기출]

14 불안 장애를 극복시키기 위한 체계적 둔감법의 학습원리 및 3가지 기본단계를 순서대로 설명하시오. [9, 10, 15, 18a, 19b, 21a, 23b/c 기출]

15 불안 장애에 대한 행동치료의 근거와 구체적인 치료기법을 예를 들어 설명하시오. [13, 16a, 20b 기출]

16 근육이완 훈련을 실시하는 순서를 쓰시오. [16a 기출]

17 ADHD 아동의 행동치료 시 보편적으로 사용할 수 있는 치료기법 3가지를 쓰고 간략하게 설명하시오. [9, 16a, 21b 기출]

246 원큐패스 임상심리사 2급 실기

18 행동수정기법 5가지를 쓰시오. [22a 기출]

19 Prochaska의 행동변화 6단계를 쓰시오. [20a 기출]

20 프로차스카(James Prochaska) 행동 변화단계모델에서 숙고 전, 준비, 유지단
계의 의미를 쓰시오. [23c 기출]

☑ 세부항목 4 기초 인지치료를 적용할 수 있다.

01 철수의 행동에 A-B-C 모형을 적용하여 철수를 치료에 참여시키는 방법에
대해 기술하시오. [12 기출]

> 14세 철수는 엄마가 날 못살게 구는 것을 그만두게 하려고 치료에 참가하게 되었다고 하였
> 다. 초 3에 반항성 장애로 진단받은 적이 있으며, 자신의 반항적이고 도전적인 행동을 변화
> 시켜야 한다는 어머니의 주장에 대해 오히려 어머니가 소리를 지르고 외출을 금지시키며, 끊
> 임없이 잔소리를 하여 자신을 열 받게 자극하는 것이 문제일 뿐 자신은 문제가 아니라고 주
> 장하였다.

02 엘리스(Ellis)의 인지행동치료 ABCDE에 대해 쓰고 예를 들어 설명하시오.

[14, 23c 기출]

03 보기에 제시된 김 대리의 사례를 REBT의 ABCDE 치료모델에 맞추어 설명하시오.

[15, 19b 기출]

> 김 대리는 업무 능력이 뛰어나고 남보다 승진도 빠르다. 그러던 중 어느 날 사소한 실수를 저지르게 되었다. 상사와 동료들이 모두 괜찮다고 하였으나 정작 김 대리 본인만은 자신이 실수를 저질렀다는 사실을 용납하기 어려웠다. 김 대리는 "약간의 실수라도 저지른다면, 나의 회사생활은 끝이다"라고 생각하고 있었던 것이다. 김 대리는 이와 같은 심리적 어려움으로 인해 이직까지 고려하고 있다.

04 엘리스(Ellis)의 비합리적인 신념 5가지에 대해 쓰시오. [12, 14, 18b, 21b 기출]

05 인지, 정서, 행동적 상담(REBT)의 ABCDE 모델에 기초하여 치료계획을 세우시오. [14, 20c 기출]

06 소크라테스식 대화 특징 3가지를 쓰고, 구체적인 예시 2가지를 쓰시오.

[14, 17b, 22b, 23b 기출]

07 인지치료에서 내담자의 자동적 사고를 수정하기 위해 사용하는 소크라테스식 질문법을 사용할 때 유의할 점 6가지를 쓰시오.

[13, 16a, 19a, 22b 기출]

08 Beck의 인지치료의 핵심과제로서 자기점검은 5개의 칼럼으로 구성된 사고 기록지를 통해 가능하다. Beck과 그의 동료들이 제안하여 널리 사용되고 있는 사고 기록지의 5개 칼럼 내용을 쓰시오. [13, 20a 기출]

09 Beck의 인지적 오류의 예를 6가지로 드시오. [07, 15, 18a/b, 22a/b, 23a/b, 24a 기출]

10 "이번 학기에 모든 과목에서 A 학점을 받지 못하면 이번 학기는 실패한 거다"라는 생각은 Beck의 인지 치료에서 나열한 인지적 왜곡과 오류 중 어떤 오류를 나타내는 것인지를 쓰고 이 오류를 수정하는데 가장 일반적으로 사용하는 치료기법에 대해 쓰고 설명하시오. [11, 15, 16b, 22a 기출]

4 자문, 교육, 심리재활

01 자문의 정신건강 모델 관점과 행동치료 모델의 관점 차이를 설명하시오.

[13, 21a, 23c 기출]

02 자문 과정의 단계를 쓰시오.

[07, 21b, 23a 기출]

03 임상심리학자의 수련과 관련하여 제시된 '과학자-전문가 모델'을 설명하시오.

[07, 13 기출]

04 심리적 응급처지 방법 5단계를 구분하여 설명하시오.

[17b 기출]

05

다음 보기의 사례를 읽고 물음에 답하시오. [04, 08, 18a 기출]

> 충북 청주시의 OO 초등학교 5학년 학생인 박 모 군은 평소 또래 친구들과 어울리지 못하고 집단 따돌림을 당하던 중 일주일 전 자신이 거주하는 아파트에서 뛰어내려 스스로 목숨을 끊었다. 같은 반 학생들은 집단 따돌림에 대한 가담 여부를 떠나 박 모 군의 자살 소식을 듣고 실의에 잠겼으며, 심지어 박 모 군의 죽음에 대해 죄책감까지 느끼게 되었다. 박 모 군의 담임 선생님은 이러한 사실을 교장 선생님께 전달하였고, 교장 선생님은 아이들의 심리적 안정을 위해 학교로 임상심리사를 모셔왔다.

(1) 보기의 내용과 관련된 임상심리사의 역할에 대해 기술하시오.

(2) 임상심리사가 학생들을 도울 수 있는 방법을 구체적으로 4가지 기술하시오.

06

정신 장애의 재활모형에서 손상, 장애, 핸디캡의 의미를 쓰고 개입방법 상의 차이점을 설명하시오. [10, 12, 13, 15, 16a, 18a, 19b, 23a/b, 24a/b 기출]

07 재활과 치료의 차이를 쓰시오.

[04, 06, 07, 20b 기출]

08 다음의 사례를 읽고 당신은 임상심리사로서 A 씨와 같이 정신질환을 가진 사람들을 모아서 정신 재활 프로그램을 운영하고자 한다. 이러한 정신 재활에 있어서 가장 기본적인 원리에 해당하는 5가지를 기술하시오. [03, 05, 06, 22a 기출]

> 올해 30세인 A 씨는 인천광역시에 위치한 OO 회사에 다니고 있다. A 씨는 지난 1년 전부터 회사 직원들을 비롯한 주위 사람들이 자신을 감시하고 있고, 자신의 평소 생각이 언론을 통해 보도되고 있다며 몹시 불안해하고 있다. 또한 알아들을 수 없는 말들을 혼자 중얼거리는가 하면, 종종 문을 걸어 잠근 채 다른 사람들과 만나는 것을 거부하곤 하였다.

09 만성 정신과 환자가 있는 가족이 환자의 치료와 재활 과정을 돕는 방법 5가지와
피해야 할 태도 5가지를 쓰시오. [05, 14, 20a 기출]

10 재활치료를 받고 있는 정신과 환자의 교육방법 중 2가지를 쓰시오. [20a, 24c 기출]

11 만성 정신장애인에게 직업재활이 필요한 이유 3가지를 쓰시오. [20c, 24c 기출]

12 학습 및 환경변화를 통해 만성 정신질환자의 사회적 기능을 최대한 회복시키는 것을 '정신 사회 재활'이라고 한다. '정신 사회 재활'에서 환자를 대상으로 한 치료적 개입에 포함되는 내용(구성요소)을 5가지 쓰시오. [13, 21a 기출]

12-1 만성 정신과 환자에 대한 구체적인 재활개입 방법을 3가지만 쓰고 설명하시오.

[09, 16b, 21b, 22a 기출]

13 정신 사회 재활의 4단계를 쓰시오.

[20b, 21b, 22b 기출]

14 만성 정신질환 환자를 위한 '정신 사회 재활'의 일반적 목표 3가지를 적으시오.

[15, 16b, 23c 기출]

15 만성 정신질환 환자의 탈병원화, 탈시설화의 추세에 대한 배경 3가지를 작성하시오.

[19a, 23c 기출]

16 건강 심리학의 발달 배경 3가지를 쓰시오. [17a 기출]

17 전체 지능점수가 낮고 학습부진 및 주의집중이 안 되는 아동의 사례에서 학부모에게 치료적 개입에 대한 자문(조언) 5가지를 쓰시오. [18a 기출]

18 다음 사례를 읽고 물음에 답하시오. [18b 기출]

> 경찰서에서 성폭력 피해자가 발생하여 임상심리사를 모셔왔다. 성폭력 피해자는 성폭력 피해 사실을 부정하고 그로 인해 가해자도 성폭력 사실을 인정하지 않고 있다.

(1) 이런 경우의 임상심리사가 성폭력 피해자에게 자문할 내용 4가지를 쓰시오.

(2) 치료자가 성폭력 피해자에게 조치해야 할 내용 2가지를 쓰시오.

19 임상심리사의 윤리원칙으로서 유능성의 의미를 설명하고, 이를 위반하는 이유 3가지를 쓰시오. [19b, 22b 기출]

20 Orford가 제시한 자조 집단에서 일차적 기능 5가지를 쓰시오. [18b, 21a 기출]

03

빈출문제

1 2003년부터 현재까지 4회 이상 출제된 문제
영역별 정리

2 빈출문제 학습을 통해 시험준비 시간을 단축
하여 합격률을 높일 수 있는 기회

01 초기 면담 과정에 포함되어야 할 내담자에 대한 행동관찰 요소 5가지를 쓰시오.

[03, 06, 13, 16, 19a 기출]

😊 해설

① 내담자의 말과 표현
② 신체 동작 및 면담 태도
③ 용모 및 외모
④ 정서적 반응
⑤ 이해력과 의사소통능력

02 심리평가자의 과학자적 자질과 예술가적 자질에 대해 쓰시오.

[07, 11, 13, 14, 20c 기출]

😊 해설

과학자로서의 자질	• 과학적이고 객관적인 방법으로 평가해야 한다. • 전문적인 지식과 다양한 실험을 토대로 타당성 있는 해석을 해야 한다. • 논리적인 분석으로 문제의 원인을 발견해야 한다. • 실험과 검증의 과정을 통해 이를 일반화해야 한다. • 전문적인 관계 형성을 통해 치료적인 관계로 유도해야 한다.
예술가로서의 자질	• 다양한 평가 경험 및 치료 경험에 의거하여 해석할 수 있어야 한다. • 판단력과 창의력과 상상력으로 문제들을 통찰할 수 있어야 한다. • 희망과 에너지로 치료전략을 수집해야 한다.

03 임상 면접의 서면보고서에 포함되어야 할 사항 5가지를 쓰시오.

[03, 06, 08, 10 기출]

03⁻¹ 심리평가의 최종 보고서에 반드시 포함되어야 할 내용을 5가지만 쓰시오.

[17b, 19b, 20a, 21b, 22a, 23a, 23b 기출]

😊 해설

① 인적사항
② 의뢰사유, 주호소 문제
③ 현 병력, 과거 병력, 개인력, 가족력
④ 행동관찰, 실시된 검사종류, 검사내용 및 결과
⑤ 의심되는 진단명 및 치료 시 권고사항

04 웩슬러가 정의한 지능의 개념을 쓰고, 유동성 지능과 결정성 지능의 특징을 각각 2가지씩 기술하시오. [04, 10, 15, 19b 기출]

😊 **해설**

(1) 지능의 개념

지능은 개인이 목적적으로 행동하고 합리적으로 사고하며, 자신을 둘러싼 환경을 효율적으로 다룰 수 있는 종합적이고 전체적인 능력이다.

(2) 유동성 지능과 결정성 지능의 특징

유동성 지능	• 유전저, 선천적 능력으로 경험이나 학습의 영향을 거의 받지 않으며, 청년기 이후부터 퇴보한다. • 속도, 기계적 암기, 지각능력, 일반적 추론능력 예 빠진 곳 찾기, 차례 맞추가, 토막짜기, 모양 맞추가, 공통성, 숫자 외우기
결정성 지능	• 후천적 능력으로 환경이나 경험, 문화적 영향에 의해 발달되며, 나이를 먹으면서도 발달이 지속될 수 있다. • 언어이해 능력, 문제해결 능력, 상식, 논리적 추리력 예 기본지식, 어휘, 이해, 공통성

05 MMPI 6번 척도가 T 점수 72점이 나왔다면 이는 임상적으로 어떤 의미인지 5가지를 제시하시오. [03, 05, 15, 20a 기출]

😊 **해설**

① 주위 환경에 경계심과 의심이 많다.
② 분노를 쉽게 느끼고 특정인에게 집중되어 있다.
③ 방어적이고 불신감이 많으며 대인 접촉이 어렵다.
④ 자신의 문제를 인정하기보다 타인의 탓으로 돌린다.
⑤ 피해망상, 과대망상, 관계망상 등의 사고 장애가 있을 수 있다.

06 MMPI-2 척도에서 6-8/8-6유형의 일반적인 특성 5가지와 가능성 있는 장애 진단명 2가지를 쓰시오. [7, 10, 16b, 22b 기출]

😊 **해설**

(1) 일반적인 특성

① 현저하게 사고 과정의 어려움이 있으며 자폐적이고 산만하고 기괴한 사고내용이 있다.
② 주의집중력의 곤란, 기억력 저하, 판단력 장애도 흔히 나타난다.
③ 피해망상, 과대망상, 환각이 나타나며 현실 검증력의 장애를 보인다.
④ 정서적으로 둔화되어 있고 상황에 맞지 않는 부적절한 감정반응이 있다.
⑤ 의심과 불신이 많고 타인에게 적대감이 있으며 친밀한 관계를 회피한다.

(2) 가능성 있는 장애 진단명

① 조현병(정신분열증)
② 편집성 성격 장애

07 로르샤하 검사나 다면적 인성검사와 같은 진단적 심리검사는 그 결과가 일치하지 않을 수 있다. 그 이유에 대해 간략히 설명하시오. [08, 10, 16a/b 기출]

😊 **해설**

① 인간의 성격은 복합적인 구조로 이루어져 있으며, 개인차가 다양한 양상으로 나타난다.
② 각각의 심리검사는 성격의 상이한 수준을 측정한다.
  • 로르샤하 – 개인의 무의식에 기초한 독특한 반응
  • 다면적 인성검사 – 개인마다 가지고 있는 공통된 특성을 평가
③ 각각의 심리검사는 측정방법과 관련된 다양한 요인들에 의해 영향을 받는다.
  • 로르샤하 – 투사적 방식에 의해 개인의 내면적 특성의 표출
  • 다면적 인성검사 – 객관적 방식에 의해 개인의 일정한 형식에 반응하도록 유도
④ 각각의 측정방법은 검사결과의 산출에도 영향을 미친다.
  • 로르샤하 – 채점자 변인이 크게 작용
  • 다면적 인성검사 – 사회적 바람직성, 반응 경향성 등에 따라 평가결과에 차이가 생김

08 심리학적 평가보고서를 작성할 때 심리검사 결과와 생활사적 정보 통합이 중요한 이유를 기술하시오. [05, 12, 16b, 20c 기출]

😊 **해설**

① 객관적 검사나 투사적 검사는 내담자의 반응에 의한 주관적인 정보이므로 객관적인 정보 확인이 필요하다.
② 직접적인 관찰정보, 생활사적·발달사적 정보, 다양한 기록자료 등은 유효한 객관적인 정보에 해당한다.
③ 주관적인 정보(심리검사)와 객관적인 정보(생활사적 정보)를 통합하여 오류를 최소화할 수 있다.

09 다음 보기의 사례를 읽고 연구 절차상의 문제점 및 대안 4가지를 제시하시오.

[11, 13, 20b, 22b 기출]

> 한 임상심리학자는 최근 자신이 개발한 사회공포증 치료법의 효과성 여부를 검증하기 위한 실험을 실시하였다. 사회공포증이 의심되는 20명의 인원을 대상으로 5회에 걸쳐 치료를 시행한 후 그 변화를 살펴보았다. 치료 효과를 검증하기 위한 방법으로 치료 전과 치료 종료 후 실험대상자들에게 자신의 증상에 대한 심각성 수준을 7점 척도상에 평정하도록 하였다. 임상심리학자는 치료 종료 후 실험대상자들에 의한 척도상의 평가점수가 유의미하게 낮게 나왔다는 사실을 토대로 자신의 치료법이 효과가 있다고 주장하였다.

😊 해설

(1) 집단 설정 과정 및 표본의 대표성 문제

소수의 인원과 구체적인 기준 없이 실험 대상자들을 선정함으로 결과를 일반화 하는데 한계를 보임 → 표본의 대표성을 확보할 수 있도록 구체적인 기준을 마련하고 실험대상자를 선정한다.

(2) 통제집단의 결여

실험집단과 통제집단으로 나누는 것은 정확한 인과관계를 추리하기 위한 것이다.

→ 실험집단과 통제집단으로 나누어 실시한다.

(3) 조사 반응성(반응 효과성)

실험대상자들은 관찰대상이 된다는 사실을 인식함으로써 평소와는 다르게 반응할 수 있다.

→ 조사 반응성을 무력화하기 위해 실험의 목적이나 방법을 비밀로 하여 실시한다.

(4) 비교 및 검증 과정의 결여

치료적 효과는 단순히 자기 보고식 평정 척도만으로는 검증될 수 없다.

→ 치료적 효과를 검증할 만한 표준화된 검사를 실시한다.

10 보건소나 정신보건센터에 정신질환자가 내원했을 때, 가장 먼저 체크해야 하는 것 2가지를 쓰시오.

[15, 16, 20a, 23c 기출]

😊 해설

(1) 심리평가의 사유

심리평가를 받게 된 직접적이고 주된 이유와 증상을 인지한다.

(2) 정신상태 평가

말, 표정, 자세, 동작, 태도 등을 토대로 현재 정신병리적 문제를 가늠해 본다.

11 K-WISC-IV의 핵심 소검사 항목을 모두 쓰시오.

[15a, 17a 22b 기출]

11-1 K-WISC-N의 지표 3가지와 지표별 소검사 1가지씩 쓰시오.

[23b 기출]

☺ **해설**

① **언어이해** : 공통성, 어휘, 이해, (상식, 단어추리)
② **지각추론** : 토막짜기, 공통그림 찾기, 행렬추리, (빠진 곳 찾기)
③ **작업기억** : 숫자, 순차 연결, (산수)
④ **처리속도** : 기호쓰기, 동형찾기, (선택)
※ 괄호 안은 보충검사에 해당한다.

참고 K-WISC-IV와 K-WAIS IV의 소검사 비교

지표	K-WAIS-IV (성인용 : 16세~69세)	K-WISC-IV (아동용 : 5세~16세)
언어이해지표	공통성, 상식, 어휘, (이해)	공통성, 어휘, 이해
언어(좌뇌)와 관련, 축적된 지능, 결정지능		
지각추론 지표	토막짜기, 퍼즐, 행렬 추론, (빠진 곳 찾기), (무게 비교)	토막 짜기, 공통그림 찾기 행렬 추리, (빠진 곳 찾기)
선천적(우뇌)과 관련, 타고난 지능, 유동지능		
작업기억 지표	숫자, 산수, (순서화)	숫자, 순차 연결, (산수)
단기 기억, 주의집중력		

12 웩슬러 지능검사의 양적 분석에 포함되어야 할 내용 3가지를 쓰시오.

[11, 13, 18b, 23a 기출]

☺ **해설**

① 현재 지능 파악
② 병전 지능 파악
③ 언어성 검사와 비언어성 검사 간의 비교
④ 소검사 간 점수들의 분산 분석

참고 K-WAIS-IV 프로파일의 기본적인 분석 절차

1단계	전체 지능 지수에 대한 검토
2단계	각 지수 점수에 대한 검토
3단계	차이값의 비교, 강점과 약점의 평가

13 MMPI 상승 분석에서 4-9/9-4 형태에 대한 해석 5가지를 쓰시오.

[17a, 20a, 21a, 23b, 24a 기출]

😊 **해설**

① 공격적이고 충동적인 행동의 외현화된 표출이다.
② 강한 적개심이나 공격성의 외현적 행동의 표현이다.
③ 사회적 규범과 가치관에 무관심하거나 무시하며 반사회적인 경향이다.
④ 행동이 앞서며 욕구 지연이 어렵고 욕구좌절에 대한 인내력이 낮다.
⑤ 피상적이고 착취적인 대인관계 행동 가능성이 있다.

14 내담자에 대한 심리평가를 위해 사용되는 행동평가 방법 4가지를 제시하시오.

[08, 11, 19b, 23b 기출]

😊 **해설**

자연관찰법 (직접관찰법)	관찰자가 내담자의 문제행동이나 증상을 실생활에서 직접 관찰하고 평가하는 방법이다.
유사관찰법 (실험관찰법)	문제행동이나 증상을 실생활에서가 아닌 상담실이나 통제된 공간 내에서 관찰한다.
참여관찰법	내담자와 함께 생활하는 사람에게 문제행동이나 증상을 관찰하도록 하는 방법이다.
자기관찰법	내담자 스스로 관찰하고 보고하도록 하는 자기 보고식 방법이다.

15 MMPI 결과 T 점수로 L 척도 48, F 척도 110, K 척도 45를 보이고 5번 척도를 제외한 대부분의 임상 척도가 높게 상승하였다. 이런 프로파일을 보일 가능성이 있는 사람들의 유형을 3가지 쓰시오.

[09, 15, 20c, 24a 기출]

😊 **해설**

(1) 가능한 유형 3가지
① 자신의 문제를 과장하여 반응함으로써 주위의 관심이나 도움을 받으려는 사람
② 자신의 책임을 회피하거나 다른 사람을 기만할 목적을 가진 범법자
③ 검사 자체 또는 검사자에게 저항하는 사람

16 아동 평가에서 특정 문제영역이 아닌 전반적인 광범위한 문제영역에 대해 보호자의 보고를 토대로 평가할 수 있는 평정 척도가 있다. 그에 해당하는 평정 척도 2가지를 쓰시오.

[12, 17b, 20a, 24c 기출]

😊 **해설**

① 아동·청소년 행동평가 척도(K-CBCL)
② 아동 인성평정 척도(KPRC)

01 다음은 상담 초기에 흔히 볼 수 있는 대화이다. 보기에서 내담자는 상담의 효과에 대한 의문과 회의를 표명하였다. 이와 같은 경우 상담자는 어떻게 반응해야 하며, 그러한 반응의 근거는 무엇인지 설명하시오. [03, 06, 16a, 20a, 22b 기출]

> • **내담자** : 선생님, 저는 솔직히 확신이 서지 않습니다. 상담받고 나면 과연 좋아질까요?
> • **상담자** : 그렇게 말씀하시니 다행이군요. 솔직하게 이야기한다는 것 자체가 쉽지 않거든요.
> • **내담자** : 오해는 마세요. 선생님을 믿지 못해서가 아니에요. 단지 상담을 받아도 나아지지 않는 다면 어떻게 해야 할지 불안해서요.
> • **상담자** : _____

해설

(1) 상담자의 반응

누구나 처음 상담을 받는 입장이라면 긴장하고 불안해할 수 있습니다. 그러나 저도 OOO님과 함께 최선을 다해 해결책을 찾을 수 있도록 힘쓰겠으니 함께 노력해 봅시다.

(2) 반응의 근거

① 상담 초기에 내담자는 문제해결의 의지와 해결되지 못할지도 모른다는 양가감정을 경험하게 된다.
② 내담자의 양가감정을 해소하고 상호 긍정적인 친화 관계를 형성할 필요가 있다.
③ 상담 효과에 대한 불안은 곧 아직 신뢰 관계가 형성되지 못했기 때문이다. 서로를 믿고 존중하는 감정의 교류인 라포가 이루어지도록 힘을 기울여야 한다.

02 다음 보기의 사례를 읽고 내담자의 말에 대한 반영적 반응을 적절히 제시하시오.
[03, 05, 12, 14, 16a, 18b, 20b 기출]

> **내담자** :이건 정말 믿을 수가 없어요. 선생님. 지난번 상담을 받을 때 남편이 집에 일찍 들어오겠다 고 약속했었잖아요? 그런데 정말로 남편이 제시간에 맞춰 집에 오더라고요. 그렇게 약속을 잘 지 킬 줄 몰랐는데, 정말 깜짝 놀랬다니까요.

해설

상담자 : 남편 분이 약속한 대로 정말 일찍 들어 오셔서 뜻밖이셨고 무척 기쁘셨던 것 같군요.

03 다음 보기의 내담자 진술에 대한 상담자의 반응은 각각 어떤 개입기술에 해당하는지 쓰시오. [03, 04, 09, 13, 16b, 20a. 21a, 22a, 22b, 23b, 24a 기출]

> **내담자** : 저는 지난 밤 너무도 기이한 꿈을 꾸었어요. 아버지와 함께 숲으로 사냥을 나섰는데요. 사냥감에 온통 주의를 기울이느라 깊숙한 곳까지 다다르게 되었죠. 그런데 갑자기 바위 뒤편에서 커다란 물체가 튀어나오는 거에요. 저는 순간 사슴인 줄 알고 방아쇠를 당겼지요. 어렴풋이 그 물체가 쓰러진 듯이 보였고, 저는 두근거리는 가슴을 부여잡은 채 서서히 다가갔어요. 가보니 그 물체는 사슴이 아닌 아버지였어요. 아버지가 숨을 쉬지 않은 채 죽어 있더라고요. 저는 너무도 황당하고 두려워서 잠에서 깨어났는데요, 등에서는 식은땀이 줄줄 흐르더라구요.
> **상담자** : 당신은 지난 밤 꿈으로 인해 정말 많이 놀랐나 보군요. 황당하고 두려웠다는 것은 구체적으로 어떤 죄책감이 들었다는 의미인가요? 평소 아버지를 미워했나요? 아버지에 대한 적개심이 총을 오작동하도록 만든 것은 아닌가요?

😊 **해설**

① **반영** : "당신은 지난 밤 꿈으로 인해 정말 많이 놀랐나 보군요."
② **명료화** : "황당하고 두려웠다는 것은 구체적으로 어떤 죄책감이 들었다는 의미인가요?"
③ **직면** : "평소 아버지를 미워했나요?"
④ **해석** : "아버지에 대한 적개심이 총을 오작동하도록 만든 것은 아닌가요?"

04 심리상담 과정에서 내담자가 침묵을 지키는 이유 5가지를 기술하시오. [08, 10, 12, 15, 19a, 23a 기출]

😊 **해설**

① 내담자가 상담 초기 관계 형성에서 두려움을 느끼는 경우
② 상담 중 논의된 것에 대한 깊은 음미나 정리 중일 경우
③ 상담자에 대한 적대감이나 저항이 있을 경우
④ 상담자의 확인이나 해석을 기다리는 중일 경우
⑤ 감정표현으로 인한 피로를 회복 하는 중일 경우
⑥ 상담자가 다음에 무엇을 논의할지 결정해 주기를 기다리는 경우
⑦ 정말 할 말이 없거나 적절한 표현을 찾지 못할 경우

05 내담자의 반응을 해석할 때의 주의사항 5가지를 제시하시오. [06, 08, 11. 15, 18b, 20c, 21b 기출]

😊 **해설**

① 내담자가 받아들일 준비가 되어 있다고 판단될 때 조심스럽게 한다.
② 내담자의 성격을 파악하지 못했거나, 실증적인 근거가 없는 경우 해석을 삼가한다.
③ 상담 초기에는 감정의 반영, 중기에는 명료화, 후기에 구체적인 해석 과정을 거쳐 해석하도록 한다.
④ 즉각적인 해석이나 충고적인 해석을 삼가한다.
⑤ 가급적 스스로 해석해 보도록 인도한다.

06 방어기제의 의미를 쓰고, 방어기제 유형 5가지를 간략히 설명하시오.

[04, 07, 09, 10, 17b, 21a, 22b, 23b/c, 24a 기출]

😊 **해설**

(1) 방어기제의 의미

무의식적 욕구나 충동으로부터 자아를 보호하기 위해 무의식적으로 불안을 회피하는 사고 및 행동이다.

(2) 방어기제의 종류

① **합리화** : 받아들이고 싶지 않은 충동이나 행동을 정당화시키기 위하여 사회적으로 용납되는 그럴듯한 설명이나 이유를 대는 것이다.

② **부인** : 엄연히 존재하는 위험이나 불쾌한 현실에 눈을 감아 버린다.

③ **억압** : 괴롭히는 욕구나 생각 또는 경험을 의식 밖으로 몰아내어 무의식 속에 두는 것이다.

④ **투사** : 자신이 받아들일 수 없는 충동이나 속성을 타인의 것으로 돌리거나 자신의 실패를 타인의 탓으로 돌리는 것이다.

⑤ **전치** : 위협적이 아닌 대상을 향해 긴장을 해소하거나 증오감을 표현하는 것이다.

07 로저스가 강조한 치료자의 특성 3가지를 쓰시오. 인간중심 심리치료에서 중요하게 여기는 치료자의 3가지 태도를 쓰시오.

[08, 10, 14, 17b, 18b, 19b, 21a/b, 22a, 23b/c, 24b 기출]

😊 **해설**

(1) 무조건적 긍정적 관심(수용)

내담자의 감정, 생각, 행위의 좋고 나쁨의 평가와 판단을 하지 않고 무조건적으로 관심을 기울이고 수용하고 받아들인다.

(2) 정확한 공감적 이해

내담자의 경험과 감정을 민감하고 정확하게 내담자의 입장에서 이해한다.

(3) 일치성, 진실성

치료자의 내적 경험과 외적표현은 일치해야 하고, 그 관계에서 일어나는 감정을 솔직히 표현하며 진실해야 한다.

08 내담자의 말을 경청하는 데 있어서 좋은 상담자가 되기 위한 구체적인 방법 5가지를 쓰시오.

[06, 15, 20a/b, 23b 기출]

😊 **해설**

① 반응하기 전에 충분히 말할 시간을 제공한다.

② 심각하게 말하고 있는 것을 그렇게 받아들인다.

③ 내담자의 말에 충분한 주의를 기울인다.

④ 고개를 끄덕이거나 '음' 하는 등의 반응으로 주의를 기울이고 있음을 알린다.

⑤ 필요한 질문을 하며, 불필요한 질문을 삼간다

09 상담자와 내담자의 관계에서 윤리적 지침과 행동강령 5가지를 쓰시오.

[06,12,20b,20c,21a, 24b 기출]

😊 해설

(1) 윤리적 지침
　① **전문가로서의 태도** : 상담자는 자기 자신의 교육과 수련, 경험 등에 의해 준비된 범위 안에서 전문적인 서비스와 교육을 제공한다.
　② **성실성** : 상담자는 상담의 한계점, 상담의 이점, 자신의 강점과 제한점 등을 성실히 알린다.
　③ **사회적 책임** : 상담자는 사회의 윤리와 도덕기준을 존중하고, 사회공익과 자신이 종사하는 전문직의 바람직한 이익을 위해 최선을 다한다.
　④ **인간권리와 존엄성에 대한 존중** : 상담자는 일차적 책임은 내담자의 복지를 증진하고 존엄성을 존중하는 것이다.
　⑤ **정보의 보호** : 상담자는 사생활과 비밀유지에 대한 내담자 권리를 최대한 존중해야 할 의무가 있다.

(2) 행동강령
　① 내담자와 성관계를 맺지 않는다.
　② 구조화된 상담 장면을 깨뜨리지 않는다.
　③ 법적으로 문제될 만한 말을 들었을 때는 비밀보장 원칙을 깰 수 있다.
　④ 자신의 전문적 분야와 그 한계를 알고 한계 밖의 내담자는 자문, 의뢰를 실시한다.
　⑤ 내담자가 연락 없이 상담에 나오지 않을 경우, 연락을 취하여 필요한 조치를 취한다.

10 내담자가 상담을 끝낼 준비가 되었는지를 판단할 수 있는 방법 3가지를 쓰시오.

[16a, 19a, 20a/b,21a, 23a/c, 24c 기출]

😊 해설

　① 상담계약에 명시했던 목표에 도달했는지 확인한다.
　② 내담자가 원했던 긍정적인 발전이 있는지 확인한다.
　③ 상담 관계가 도움이 되었는지 확인한다.
　④ 상담 초기 설정되었던 상황이 변화되었는지 확인한다.

11 심리상담자가 준수해야 할 윤리적인 의무 중 '이중 관계 지양'에 대해 설명하시오. [10, 16b, 22a, 23b 기출]

11⁻¹ 이중 관계의 의미와 피해야 하는 이유를 예를 들어 설명하시오. [18a, 21a 기출]

☺ 해설

(1) 이중 관계

상담자와 내담자가 상담 관계 외에 사적 관계 등을 맺는 것이다.

(2) 피해야 하는 이유

① 상담자와 내담자가 이중 관계로 인해 거래 관계를 맺는 경우 내담자가 상대적으로 약자이므로 상담자의 부탁을 거절하기 어렵게 되고 상담시간에 집중할 수도 없게 된다.

② 이중 관계로 인해 사적 관계를 맺는 경우 정확한 공감을 방해할 수 있다.

③ 이중 관계는 상담전문가로서 객관성을 손상시킬 수 있다.

12 단회상담은 다른 일반적인 심리상담과 달리 극히 제한된 시간 내에 문제 상황을 처리해야 하는 경우가 많다. 이러한 단회상담에서 강조되는 원리 또는 기술을 7가지만 제시하시오. [11, 15, 19a, 23a 기출]

☺ 해설

① 상담사례나 상황에 따라 단회로 할지를 신속히 결정해야 한다.

② 내담자가 원하는 것을 신속히 발견해야 한다.

③ 내담자가 원하는 상담목표를 합리적으로 수립한다.

④ 적극적 경청, 질문, 반영 등의 기술을 적극적으로 활용하여 능숙하게 대화를 이끌어 간다.

⑤ 융통성과 단호함을 겸비해야 한다.

⑥ 내담자가 상담의 동기나 의지를 잃지 않도록 도와야 한다.

⑦ 조언 및 지시를 적절히 사용하여 효과적이고 능동적인 상담을 이루도록 한다.

01 다음 보기의 사례를 읽고 물음에 답하시오. [04, 09, 13, 16b, 18a, 22a 기출]

> 충남 천안시에 사는 A 씨는 올해 45세로 가정주부이다. A 씨는 남편의 실직과 딸의 가출로 인해 고민을 해오던 중, 최근 1개월 동안 제대로 잠을 이루지 못하여 피로를 느끼며, 생활의 활기를 잃은 상태이다. 또한 자신이 가정 문제를 해결하는 데 있어서 아무런 능력을 발휘할 수 없는 것에 대한 무기력과 죄책감에 휩싸여 있으며, 자신의 인생과 미래에 대해 심각하게 고민하고 있다. A 씨는 자살을 생각한 적이 있으며, 자기 자신이 현재 우울증을 가지고 있다고 판단하고 있다.

(1) DSM-5에 의한 주요 우울증 삽화의 진단기준에서 주요 우울 증상을 5가지 기술하시오.

😊 **해설**

① 하루의 대부분 우울한 기분이 거의 매일 지속된다. (소아/청소년에게는 짜증)
② 거의 모든 일상 활동에서 흥미나 즐거움을 상실한다.
③ 체중에 의미 있는 변화가 나타나거나, 식욕감소나 증가를 느낀다.
④ 불면 또는 과도한 수면을 한다.
⑤ 정신운동의 초조나 지체가 나타난다.
⑥ 거의 매일 피로를 느끼며 활력을 상실한다.

> 참고 ①, ②번을 포함 나머지 중 3가지 이상, 5가지 증상이 2주간 지속될 때 우울증으로 진단한다.

(2) 자살위험 내담자에 대한 평가방법 2가지와 자살 예방의 대처방법 3가지를 기술 하시오.

😊 **해설**

(1) 자살에 대한 평가방법 2가지

면담을 통한 평가	• 자살생각, 자살계획 및 치명성, 자살시도의 과거력, 가족의 자살이나 정신장애 과거력 등 • 내담자의 사회적 지지, 경제적 여건, 신체적 건강상태 등
진단검사를 통한 평가	• MMPI-2, 로르샤하, TAT 등

(2) 자살 예방의 대처방법

① **지지적 상담** : 자살 시도자를 혼자 두지 않고 혼자가 아님을 알려준다.
② **자살방지 서약서 쓰기** : 자살을 하고 싶은 마음이 들면 치료자에게 연락을 하기로 행동계약을 한다.
③ 자살시도자가 상황을 객관적으로 파악할 수 있도록 돕는다.
④ 자살시도 가능성이 높을 때 보호자 동의 하에 입원시키거나 신체적인 격리보호를 한다.

02 내담자의 인터넷 중독이 의심될 때 중독에서 벗어날 수 있도록 일반적으로 추천하는 방법을 5가지만 쓰시오. [03, 06, 10, 17b, 20b, 22b 기출]

☺ 해설

① 인터넷 사용시간을 체크하고 시간 관리를 하게 한다.
② 비생산적인 일에 왜 몰두하는지 욕구를 살펴본다.
　→ 효율적인 시간 관리로 무료한 시간을 없앤다.
③ 대리만족할 수 있는 활동을 개발하게 한다.
　예 여행
④ 인터넷사용 행동 외에 적절한 대안 찾기
　예 친구 만나기, 운동, 영화관 가기, 산책, 여행 등
⑤ 가족과 친구 등 주변의 도움을 받도록 한다.
⑥ 컴퓨터를 거실로 옮기거나 집에서 치운다.
　→ 인터넷을 사용할 수 없는 곳에서 주로 활동하거나 컴퓨터를 치워 자기 통제력 향상

03 기능적 기억 장애와 기질적 기억 장애를 비교하여 설명하시오. [07, 09, 17a, 20a 기출]

☺ 해설

(1) 기능적(functional) 기억 장애 : 해리 장애, 수면 장애 등
이것은 심리적 작용에 의해서 기능할 수 없다는 뜻이다. 예를 들면 조현병에서도 기억장애가 나타나기도 하고 우울증으로 인해 기억장애가 나타나기도 하고 심한 외상 후 스트레스 장애처럼 어떤 충격에 의해 선택적으로 기억나지 않는 것이 있을 수 있다.

(2) 기질적(organic) 기억 장애 : 치매, 섬망, 기억 장애
이것은 생물학적인 것으로 DSM-IV에 보면 섬망, 치매 등과 같이 뇌의 퇴화나 어떤 변화 그리고 사고를 당해서 나타나는 기억상실 등과 같이 생물학적인 뇌의 변화를 나타낸다.

04 집단상담의 치료적 요인 5가지를 기술하시오. [09, 12, 13, 14, 17a/b, 18a, 19a, 21a 기출]

☺ 해설

(1) 희망의 고취
희망 자체가 치료적 효과를 가질 수 있다.

(2) 보편성
자신만 심각한 문제를 가진 것이 아님을 알고 위로받는다.

(3) 정보전달
다양한 정보를 습득하며 직간접적인 조언을 얻을 수 있다.

(4) 이타심
서로에게 지지, 위로, 조언을 제공하여 서로를 돕는다.

(5) 1차 가족집단의 교정적 재현
초년기의 가족 내 갈등이 교정적으로 다시 살아난다.

(6) 사회기술의 발달
기본적인 사회기술 개발이 이루어지게 된다.

05 **다음 보기의 사례를 읽고 물음에 답하시오.** [05, 07, 09, 12, 19b, 20c, 21b, 22b 기출]

> 올해 14세 4개월의 남중 3년생인 A 군은 친구들과 잘 사귀지 못하고 학교에 등교할 시간이 되면
> 울면서 학교에 가지 않겠다고 하는 학생으로 어머니에 의해 개인연구소를 경유하여 내원하였다.
> 학교에서는 애들이 자신을 괴롭히고 째려본다고 하며, 집에서 가족 모두가 A 군을 격려해 줘도 학
> 교에 가면 '죽고 싶을 정도'로 애들이 자신과 놀아주지 않는다고 귀가 후 불평하곤 하였다. 어려서
> 부터 태권도를 좋아하여 계속해오고 있으며 골격이 크고 당당한 체구이나 중학교 진학 이후에 성
> 적은 계속 최하위권이며 현재 중 3 담임 선생님이 일반고교에 진학하는 것이 어렵다며 어머니를
> 불러 최근 실시 된 집단지능검사 결과를 알려주었다. 어머니는 A 군이 정말 고교에도 진학하지 못
> 할 만큼 심각한 수준인지, 왕따 문제는 어떻게 해야 하는지, 앞으로 A 군을 어떻게 키워야 하는 것
> 인지 등의 문제를 호소하였다. 심리평가를 위해 내원하였을 때 A 군은 무표정하였으며, 다소 발음
> 이 부정확하여 검사 중 응답을 재확인하여야 하는 경우가 많았다. 매번 문제들을 쉽게 포기하려 하
> 고 짧은 답변으로 일관하였는데, 다 귀찮다는 식의 태도는 후반부로 갈수록 다소 누그러지는 양상
> 이었다.

(1) A 군의 학습습관 증진과 교정을 위하여 어머니에게 몇 가지 행동치료 절차를 주문
했다. 그중 치료자가 행동수정 원리를 적용시키고자 노력하였다면 행동수정의 원
리별로 어떤 식으로 개입이 진행되었을 것인지 행동수정의 원리 3가지를 제시하
고 설명하시오.

😊 **해설**

(1) 강화 및 조성
자녀가 바람직한 행동을 했을 때 유쾌한 경험(보상이나 칭찬)을 할 수 있도록 강화물을 주어 바
람직한 행동의 빈도를 증가시킨다.

(2) 소거
바람직하지 않은 행동은 관심을 주지 않고 무시함으로서 바람직하지 않은 행동의 빈도를 감소
시킨다. 처벌로 불쾌한 경험을 유발하여 부적절한 행동의 빈도를 줄일 수는 있으나 부작용이
나타날 수 있으므로(공포 유발, 반항), 처벌은 피하는 것이 적절하다.

(3) 모방학습
모범이 되는 다른 사람의 적응적 행동을 관찰하고 모방하게 함으로서 바람직한 행동을 학습시
킨다.

(2) 위 사례에서 주된 문제호소와 현재의 평가 결과를 바탕으로 이후 내담자에게 필요
한 치료적 개입은 어떻게 해야 하는지 인지적·정서적·행동적 요소들을 감안하여
개략적인 치료 방향에 대한 제언 3가지를 쓰시오.

😊 **해설**

(1) 인지적 기법
내담자의 현실 왜곡 인지 여부를 살펴본다. → 등교 거부는 자신의 문제를 해결할 수 없다는 무
기력, 자기 패배적 신념, 비합리적 신념에서 비롯한다.
예 비합리적 신념 논박하기, 인지적 과제 부여하기, 내담자 언어 변화시키기

(2) 정서적 개입

A 군을 압박하는 문제들에 대해 논의하고, 부정적 감정을 유발하는 선행사건에 주의를 기울인다. → 주위 친구들이 자신의 원하는 방식대로 행동해 주기를 바라지만 이는 사실상 실현 불가능한 일이다.

🔵 합리적 정서 심상법, 합리적 역할극, 유머 사용하기

(3) 행동적 기법

비생산적인 습관을 제거하기 위해 새로운 행동의 시도를 통해 새로운 경험을 해볼 수 있도록 돕는다.

🔵 강화와 처벌 기법, 기술훈련, 역설적 과제

06 불안 장애를 극복시키기 위한 체계적 둔감법의 학습원리 및 3가지 기본단계를 순서대로 설명하시오. [9, 10, 15, 18a, 19b, 21a, 23b/c 기출]

☺ 해설

(1) 학습원리

행동치료에서는 자극과 반응이 잘못 연결되어 학습된 것으로 보고, 강화와 조성, 학습 등을 통해 부적응 행동을 적응행동으로 수정하는 것을 목표로 한다.

(2) 시행순서

① 1단계 근육긴장이완훈련

특정 근육을 긴장시킨 다음 이 긴장을 이완한다.

② 2단계 불안위계표 작성

불안이나 공포에 대한 구체적인 정보와 함께 각각의 증상과 관련된 행동들을 파악하고 위계 목록은 대략 10~20개 정도로 작성한다.

③ 3단계 둔감화 과정

불안과 공포를 유발하는 상황을 상상하는 순서는 위협을 가장 적게 느끼는 상황에서부터 시작하여 가장 위협적인 상황으로 옮겨가도록 한다.

07 엘리스(Ellis)의 비합리적인 신념 5가지에 대해 쓰시오. [12, 14, 18b, 21b 기출]

☺ 해설

① 인간은 모든 중요한 사람들에게서 항상 사랑과 인정을 받아야만 한다.
② 인간은 모든 면에서 반드시 유능하고 성취적이어야 한다.
③ 어떤 사람은 악하고 나쁘며 야비하다. 따라서 그와 같은 행위에 대해서는 반드시 준엄한 저주와 처벌이 내려져야 한다.
④ 일이 내가 바라는 대로 되지 않는 것은 끔찍한 파멸이다.
⑤ 인간의 불행은 외부 환경 때문이며, 인간의 힘으로는 그것을 통제할 수 없다.
⑥ 위험하거나 두려운 일이 일어날 가능성은 상존하므로, 그것이 실제로 일어날 가능성에 대해 항상 유념해야 한다.
⑦ 인생에 있어서 어떤 난관이나 책임을 직면하는 것보다 회피하는 것이 더욱 쉬운 일이다.
⑧ 인간은 타인에게 의지해야 하며, 자신이 의지할만한 더욱 강력한 누군가가 있어야 한다.
⑨ 인간의 현재 행동과 운명은 과거의 경험이나 사건에 의해 결정되며, 인간은 과거의 영향에서 결코 벗어날 수 없다.
⑩ 인간은 다른 사람의 문제나 곤란에 대해 항상 신경을 써야 한다.

08 인지치료에서 내담자의 자동적 사고를 수정하기 위해 사용하는 소크라테스식 질문법을 사용할 때 유의할 점 6가지를 쓰시오. [13, 16a, 19a, 22b 기출]

😊 해설

① 변화의 가능성을 보여주는 질문을 하라.
② 성과를 얻을 수 있는 질문을 하라.
③ 내담자를 학습 과정에 참여하도록 이끄는 질문을 하라.
④ 내담자에게 도움이 되는 수준의 질문을 던져라.
⑤ 정해진 결론으로 이끄는 질문은 피하라.
⑥ 필요한 경우 때때로 선다형의 질문을 사용하라.

09 Beck의 인지적 오류의 예를 6가지로 드시오. [07, 15, 18a/b, 22a/b, 23a/b, 24a 기출]

😊 해설

(1) 흑백논리의 오류
생활 사건의 의미를 이분법적 범주의 둘 중 하나로 해석하는 오류

(2) 과잉 일반화
한두 번의 사례에 근거하여 일반적인 결론을 내리고 무관한 상황에도 그 결론을 적용시키는 오류

(3) 정신적 여과
어떤 상황에서 일어난 여러 가지 일 중에서 일부만 뽑아내어 상황 전체를 판단하는 오류

(4) 의미확대와 의미축소
어떤 사건의 의미나 중요성을 실제보다 지나치게 확대하거나 축소하는 오류 – 우울한 사람들은 부정적인 일의 의미는 크게 확대하고 긍정적인 일의 의미는 축소하는 잘못을 범하는 경향이 있다.

(5) 개인화 오류
자신과 무관한 사건을 자신과 관련된 것으로 잘못 해석하는 오류

(6) 파국화
극적인 파국적 결과만을 예상하는 오류

10 "이번 학기에 모든 과목에서 A 학점을 받지 못하면 이번 학기는 실패한 거다"라는 생각은 Beck의 인지 치료에서 나열한 인지적 왜곡과 오류 중 어떤 오류를 나타내는 것인지를 쓰고 이 오류를 수정하는데 가장 일반적으로 사용하는 치료기법에 대해 설명하시오. [11, 15, 16b, 22a 기출]

😊 해설

(1) 오류
이분법적 사고(흑백논리)

(2) 치료기법
흑백논리 도전하기
① 내담자가 어떤 일을 흑백논리로 기술할 때, '측정하기'라는 과정을 사용해서 이분법적 범주화를 연속 선상의 측정으로 변환시킨다.
② 내담자는 연속 선상에서 자신의 위치를 확인함으로써 이분법적 사고에서 비롯된 파국적 결과의 낙담에서 벗어날 수 있다.

11 놀이치료는 놀이 치료적 가치(효과)가 있다. 놀이의 치료적 가치를 3가지 적으시오. [15a, 16b, 20b, 22a/b, 23b, 24b 기출]

😊 해설

① 저항을 극복하는 데 도움이 되므로, 치료적 관계 형성에 유용하다.
② 의사소통의 매체로서 아동을 이해하고 진단하는 데 유용하다.
③ 아동의 불안 감소 및 긴장 이완을 통해 효과적인 치료를 가능하게 한다.
④ 정화(Catharsis)를 통해 심리적인 외상을 극복할 수 있도록 한다.
⑤ 창조적 사고를 통해 참신한 문제해결 능력을 발달시키도록 한다.
⑥ 환상과 상상을 통해 대리적인 욕구충족을 가능하게 한다.

12 토큰 이코노미의 장점 3가지를 쓰시오. [12, 18b, 20b, 21b, 24a 기출]

😊 해설

① 바람직한 행동을 하는 즉시 줄 수 있다.
② 강화의 양을 쉽게 알 수 있고 쉽게 증감할 수 있다.
③ 토큰을 확실하게 수량화할 수 있어 자신의 진척 상황을 잘 알 수 있다.
④ 자신의 행동이 개선되고 있음을 알게 되면 개선률이 더욱 증가할 수 있게 된다.
⑤ 교사가 학생들의 행동을 보다 효율적으로 통제하는 자극이 된다.
⑥ 효과적 동기유발 도구이기도 하면서 하나의 학습지도의 방법이 되기도 한다

13 얄롬의 집단상담의 치료적 요인 5가지를 기술하시오.

[09, 12, 13, 14, 17a/b, 18a, 19a, 21a, 24a/c 기출]

😊 해설

(1) 희망의 고취

희망 자체가 치료적 효과를 가질 수 있다.

(2) 보편성

자신만 심각한 문제를 가진 것이 아님을 알고 위로받는다.

(3) 정보전달

다양한 정보를 습득하며 직간접적인 조언을 얻을 수 있다.

(4) 이타심

서로에게 지지, 위로, 조언을 제공하여 서로를 돕는다.

(5) 1차 가족집단의 교정적 재현

초년기의 가족 내 갈등이 교정적으로 다시 살아난다.

(6) 사회기술의 발달

기본적인 사회기술 개발이 이루어지게 된다.

14 집단상담의 장점과 제한점을 3가지를 쓰시오.

[15, 19a, 21a, 23b 기출]

😊 해설

(1) 집단상담의 장점

① 자기 이해 및 타인을 이해할 수 있다.
② 사회적 기술을 습득할 수 있다.
③ 실제 장면과 유사한 환경에서 대인관계 훈련을 할 수 있다.
④ 타인의 반응, 조언, 지지를 받을 수 있다.
⑤ 경제적인 면에서 유리하다.
⑥ 다양한 자원 및 정보를 알 수 있다.

(2) 집단상담의 단점

① 비밀보장의 한계
② 개인에 대한 관심 미약
③ 대상의 부적합성에 따른 역효과
④ 집단압력
⑤ 지도자의 전문성 부족

참고 집단상담의 장점
① 경제성 ② 다양한 자원 획득 ③ 보편성 경험 제공

15 **강박 장애의 노출 및 반응 방지법(ERP)의 원리와 기본 시행순서를 설명하시오.**

[11, 16b, 19b, 23c 기출]

☺ **해설**

(1) 원리

증상을 가진 환자에게 두려움과 거부감의 대상이 되는 자극을 체계적이고 반복적으로 노출시킴으로서 강박적 사고가 근거 없는 것이며, 강박적 행동에 의한 중화(Neutralization) 또한 불필요하다는 사실을 깨닫게 된다.

(2) 시행순서

① 제1단계 노출
  • 강박적 사고를 유발하는 자극에 충분한 시간 동안 직면하도록 한다.

② 제2단계 행동방지
  • 강박적 사고에 의해 나타나는 강박적 행동을 제지한다. 처음에는 불안과 공포를 느끼게 되지만 이를 견뎌내는 경험을 통해 강박적 사고를 유발하는 자극에 대해 체계적으로 둔감해진다.

16 **자기표현 훈련이 필요한 내담자의 특성 6가지를 쓰고, 이 훈련을 통해 내담자가 인식해야 할 사항을 2가지만 쓰시오.**

[7, 10, 18b, 21b, 24c 기출]

☺ **해설**

(1) 자기표현 훈련이 필요한 내담자의 특성

① 남의 시선을 회피함
② 상대방의 잘못을 지적, 언급하기를 두려워함
③ 모임이나 회의에서 구석 자리만 앉는 특성
④ 자기를 비난하는 소리를 듣고만 있는 것
⑤ 지나치게 변명하고 사과하는 태도
⑥ 친구의 비합리적인 요구를 거절하지 못하는 태도

(2) 내담자가 인식해야 할 사항

① 자신은 인간으로서의 기본 권리를 가지고 있다.
② 자기 스스로 결정할 권리를 가지고 있다.
③ 타인으로부터 침해받지 않을 권리를 가지고 있다.
④ 자신의 생각과 감정을 표현할 권리를 가지고 있다.

17 소크라테스식 대화 특징 3가지를 쓰고, 구체적인 예시 2가지를 쓰시오.

[14, 17b. 22b, 23b 기출]

😊 **해설**

(1) 소크라테스식 대화의 특징
① 일련의 신중한 질문을 통한 내담자 자신의 대안적 해결책을 스스로 탐색하도록 유도한다.
② 내담자 자신이 경험한 사건에 대해 보다 자세하고 진솔한 진술을 하도록 유도한다.
③ 치료자의 비판단적·교육적 접근을 통한 내담자의 역기능적 신념에의 변화를 유도한다.

(2) 구체적인 예
① **논리적·경험적·실용적 논박**
  • 그와 같은 신념이 타당하다는 논리적·경험적 근거는 무엇인가?
  • 그 신념이 당신의 목적달성에 어떠한 도움이 되는가?
② **대안적 논박**
  • 다른 사람은 이 상황을 어떻게 볼 것인가?
  • 현 상황에서 좀 더 타당한 대안적 신념은 없는가?

참고 소크라테스식 대화
(1) 소크라테스식 대화의 특징
① 소크라테스식 대화법이란 엘리스의 REBT에서 내담자의 비합리적 신념을 논박하는 방법에 효과적으로 쓰이는 방식으로 많은 질문을 던지는 방식이다. 이러한 소크라테스식 방식은 내담자가 논박과정에 좀 더 깊이 참여할 수 있도록 돕는다. 이렇게 계속되는 질문에 답하면서 내담자는 자신의 생각, 감정, 행동이 어디서 어떻게 문제가 되어 왔는지 깨달아 간다.
② 소크라테스 대화법에는 2가지의 요소가 포함되는 데 하나는 비판적 질문이고 다른 하나는 적극적 경청이다. 이 방법은 내담자의 사고를 외현적으로 들어내 보이며 스스로의 사고를 보다 더 의식하고, 정교화하고, 발전 시키며 평가해 가도록 리드하는데 목적이 있다.

(2) 구체적인 예
① 논리적 논박 : 그러한 신념이 타당하다는 논리적 근거는 무엇인가?
② 경험적 논박 : 그러한 신념이 타당하다는 사실적 또는 경험적 근거는 무엇인가?
③ 실용적·기능적 논박 : 그러한 신념이 당신에게 어떤 도움이 되는가?
④ 철학적 논박 : 그러한 신념이 당신의 인생에 어떤 의미를 지니고 있는가?
⑤ 대안적 논박 : 이 상황에서 좀 더 타당한 대안적 신념은 없는가?

4 자문, 교육, 심리재활 빈출문제 및 해설

01 정신 장애의 재활모형에서 손상, 장애, 핸디캡의 의미를 쓰고 개입방법 상의 차이점을 설명하시오. [10, 12, 13, 15, 16a, 18a, 19b, 23a/b, 24a/b 기출]

😊 해설

(1) 손상

심리적, 생리적, 신체적 구조나 기능이 상실되거나 이상이 있는 상태로 우울, 환각, 망상 등이 있으며 개입방법으로 약물치료와 상담치료가 있다.

(2) 장애

손상으로 인해 정상적인 행동능력이 제한 또는 결핍된 상태로 학교를 다니지 못하거나 취업을 하지 못하는 예가 해당되며 개입방법으로는 직업재활이나 기술훈련 등이 있다.

(3) 핸디캡

손상이나 장애로 정상적인 역할 수행에 어려움이 있고 불이익을 경험하는 상태로 차별이나 편견이 있으며 개입방법으로 제도변화나 권익옹호 등이 있다.

02 재활과 치료의 차이를 쓰시오. [04, 06, 07, 20b 기출]

😊 해설

(1) 재활

기능을 개선하고 만족감을 증대하여, 재기하도록 돕는 것, 현재와 미래의 환경에 적응하도록 하는 것
① **목적** : 만성 정신질환자들의 사회적 적응능력을 향상시키는 것
② **기법** : 기술교육, 자원조정, 직업훈련, 의사소통훈련, 집단상담치료
③ **이론** : 인과이론이 중요하지 않음
④ **진단** : 현재 요구되는 기술과 자원에 중점을 둠
⑤ **역사적 근거** : 인적자원개발, 직업훈련, 신체발달, 내담자 중심요법, 특수교육, 학습이론

(2) 치료

치유, 증상을 경감시키고 제거하는 것
① **목적** : 증상의 경감, 개선, 치유
② **기법** : 약물치료, 정신치료
③ **이론** : 인과이론에 기초를 둠
④ **진단** : 증상과 가능한 원인을 측정
⑤ **역사적 근거** : 신체 의학, 정신 역동

03 다음의 사례를 읽고 당신은 임상심리사로서 A 씨와 같이 정신질환을 가진 사람들을 모아서 정신 재활프로그램을 운영하고자 한다. 이러한 정신 재활에 있어서 가장 기본적인 원리에 해당하는 5가지를 기술하시오. [03, 05, 06, 22a 기출]

> 올해 30세인 A 씨는 인천광역시에 위치한 OO 회사에 다니고 있다. A 씨는 지난 1년 전부터 회사 직원들을 비롯한 주위 사람들이 자신을 감시하고 있고, 자신의 평소 생각이 언론을 통해 보도되고 있다며 몹시 불안해하고 있다. 또한 알아들을 수 없는 말들을 혼자 중얼거리는가 하면, 종종 문을 걸어 잠근 채 다른 사람들과 만나는 것을 거부하곤 하였다.

😊 **해설**

(1) 정신사회 재활 13가지 원리(Cnaan 외)
  ① **강점의 강조** : 환자의 병리보다 강점을 강조한다.
  ② **개별화된 평가 및 돌봄** : 각각의 환자의 독특한 욕구, 결핍, 환경에 기초한다.
  ③ **여기-지금(Here & Now)** : 과거의 문제보다 현재의 상태를 강조한다.
  ④ **전문가의 열의** : 전문가는 매우 열성적이다.
  ⑤ **자기 결정** : 인간은 자기 결정의 권리와 책임을 가지고 있다.
  ⑥ **환경적 자원의 활용** : 서비스를 위해 환경 내의 인물과 자원을 동원한다.
  ⑦ **정상화** : 환자에 대한 서비스는 최대한 정상적인 환경 내에서 제공한다.
  ⑧ **사회의 변화** : 사회적 환경의 변화를 시도한다.
  ⑨ **조기개입** : 조기개입을 선호한다.
  ⑩ **취업의 강조** : 재활 과정에서 직업 재활이 중요하다.
  ⑪ **기술의 습득** : 개인은 사회적, 직업적, 교육적, 대인 관계적 기술을 비롯하여 그 밖의 다양한 기술들을 습득할 수 있다.
  ⑫ **친밀한 서비스 환경** : 전문가는 권위적인 태도나 가식적인 태도를 버리고 친절한 태도로써 돌봄 서비스를 제공한다.
  ⑬ **의학적 측면보다 사회적 측면의 강조** : 돌봄 서비스 모델은 의학적이기 보다는 사회적이다.

04 학습 및 환경변화를 통해 만성 정신질환자의 사회적 기능을 최대한 회복시키는 것을 '정신 사회 재활'이라고 한다. '정신 사회 재활'에서 환자를 대상으로 한 치료적 개입에 포함되는 내용(구성요소)을 5가지 쓰시오. [13, 21a 기출]

04-1 만성 정신과 환자에 대한 구체적인 재활 개입 방법을 3가지만 쓰고 설명하시오. [09, 16b, 21b, 22a 기출]

😊 **해설**
  ① 사회기술훈련
  ② 환자교육
  ③ 가족교육 및 치료
  ④ 직업재활
  ⑤ 지역사회 지지 서비스
  ⑥ 주거프로그램

04

최신 기출문제

01 다음의 사례를 읽고 당신은 임상심리사로서 A 씨와 같이 정신질환을 가진 사람들을 모아서 정신 재활 프로그램을 운영하고자 한다. 이러한 정신재활에 있어서 가장 기본적인 원리에 해당하는 5가지를 기술하시오. [03, 05, 06, 22a 기출]

> 올해 30세인 A 씨는 인천광영시에 위치한 OO 회사에 다니고 있다. A씨는 지난 1년 전부터 회사 직원들을 비롯한 주위 사람들이 자신을 감시하고 있고, 자신의 평소 생각이 언론을 통해 보도되고 있다며 몹시 불안해하고 있다. 또한 알아들을 수 없는 말들을 혼자 중얼거리는가 하면, 종종 문을 걸어 잠근 채 다른 사람들과 만나는 것을 거부하곤 하였다.

😊 **해설**

(1) 정신사회 재활 13가지 원리(Cnaan 외)
① **강점의 강조** : 환자의 병리보다 강점을 강조한다.
② **개별화된 평가 및 돌봄** : 각각의 환자의 독특한 욕구, 결핍, 환경에 기초한다.
③ **여기–지금(Here & Now)** : 과거의 문제보다 현재의 상태를 강조한다.
④ **전문가의 열의** : 전문가는 매우 열성적이다.
⑤ **자기 결정** : 인간은 자기 결정의 권리와 책임을 가지고 있다.
⑥ **환경적 자원의 활용** : 서비스를 위해 환경 내의 인물과 자원을 동원한다.
⑦ **정상화** : 환자에 대한 서비스는 최대한 정상적인 환경 내에서 제공한다.
⑧ **사회의 변화** : 사회적 환경의 변화를 시도한다.
⑨ **조기개입** : 조기개입을 선호한다.
⑩ **취업의 강조** : 재활 과정에서 직업 재활이 중요하다.
⑪ **기술의 습득** : 개인은 사회적, 직업적, 교육적, 대인 관계적 기술을 비롯하여 그 밖의 다양한 기술들을 습득할 수 있다.
⑫ **친밀한 서비스 환경** : 전문가는 권위적인 태도나 가식적인 태도를 버리고 친절한 태도로써 돌봄 서비스를 제공한다.
⑬ **의학적 측면보다 사회적 측면의 강조** : 돌봄 서비스 모델은 의학적이기 보다는 사회적이다.

참고 정신재활의 기본원리
① 주된 목적은 정신과적 장애를 가진 클라이언트의 잠재력을 인정하고, 그의 능력을 향상하는 데 있다.(1차적 초점은 능력향상)
② 클라이언트가 생활하는 구체적인 환경 요구와 관련하여 그의 기능 및 능력을 향상하도록 돕는다.
③ 다양한 기법들을 사용함으로써 이론적 측면에서는 절충적(다양한 기법들 믹스해서 사용)인 반면, 적응적 측면에서는 실용적이다.
④ 직업 프로그램을 통해 클라이언트의 직업성과를 향상하는 데 초점을 둔다. 이유는 직업을 가지고 기능할 수 있도록 만들어 주어야 자기상도 좋아지기 때문이다.
⑤ 정신재활의 과정에서 클라이언트의 기능 및 능력개선에 대한 희망은 필수적인 요소이다.
⑥ 클라이언트의 완전한 독립을 추구하는 것이 아닌 클라이언트의 의존성을 신중하게 높이면서 그의 독립적인 기능을 증대하고자 한다.(1차적으로는 클라이언트가 전문가에게 의존할 수 있으나 독립적으로 기능하도록 도와주어야 한다.)
⑦ 클라이언트의 자발적이고 적극적인 참여에 의해 이루어지는 것이 바람직하다.

⑧ 정신재활의 기본적인 개입방법은 클라이언트의 기술을 향상하기 위한 방향과 함께 클라이언트에 대한 환경적 자원을 개발하는 방향으로 전개된다.

⑨ 정신재활 개입에 있어서 장기적인 약물치료는 재활 개입을 위한 충분요소가 될 수 없다.

02 행동수정기법 5가지를 쓰시오. [22a 신출]

😊 해설

타임아웃과 반응대가는 서로 비슷하지만 타임아웃은 강화의 기회만 짧은 시간 동안 박탈하는 것이고 반응대가는 강화물을 다시 박탈하는 것이다.

타임아웃	원하지 않는 일을 했을 때 강화기회를 일시적으로 제거 예 수업시간에 떠드는 학생을 일정시간 동안 복도에 나가 있게 한다.
반응대가	원하지 않는 일을 했을 때 이미 주어진 강화물 제거 예 떠드는 학생에게서 칭찬 스티커를 빼앗는다.

정적강화에서의 강화물은 자극이나 물건이지만 프리맥 원리에서는 행위자의 행동자체가 강화물이 된다.

정적강화	바람직한 행동을 하면 강화물을 준다. 예 숙제를 잘 해 온 학생에게 상으로 과자를 준다.
부적강화	바람직한 행동을 하면 혐오물을 제거해준다. 예 평소 숙제를 제출하지 않던 학생이 숙제를 해오자 청소를 면제해준다.
정적처벌	바람직한 행동을 하지 않으면 처벌을 한다. 예 숙제를 하지 않으면 화장실 청소를 시킨다.
부적처벌	바람직하지 않은 행동을 하면 처벌을 한다. 예 싸움한 학생에게 화장실 청소를 시킨다.
행동조성	강화나 처벌만으로는 효과를 기대할 수 없을 때 원하는 행동에 가까워질 때까지 계속적인 강화를 제시하는 것이다. 예 강아지에게 접근할 때마다 점진적으로 강화하여 강아지를 안을 수 있게 한다.
프리맥 원리	바람직한 행동을 하면 강화물을 준다는 것은 정적강화와 비슷하나 차이점은 강화물의 개념이 다르다. 예 게임을 좋아하는 학생에게 숙제를 다 마치면 게임을 할 수 있게 해준다.

03 효과적 경청을 위한 행동 3가지를 쓰시오. [22a 신출]

😊 해설

(1) 눈맞춤을 하라
여러분이 이야기하고 있을 때, 상대방이 쳐다보지 않으면 어떤 느낌이 드는가?
대부분의 사람들은 보통 이러한 행동을 오만 또는 관심 부족으로 해석한다.

(2) 긍정적인 고갯짓과 적절한 표정을 보여라
효과적인 청취자는 현재 진행 중인 대화에 비언어적 신호로 관심을 보인다. 긍정적인 고갯짓이나 적절한 표정이 눈 맞춤에 더해지면 화자는 여러분이 정말 경청하고 있다고 생각할 것이다.

(3) 질문을 하라

비판적인 청취자는 자신이 들은 내용을 분석적으로 받아들이고 질문을 한다. 이러한 행동은 들은 내용에 대한 명확화, 그리고 이해의 확인 및 화자에게 여러분이 경청하고 있다는 것을 말해 준다.

04 신경심리검사에서 시공간 구성개념을 측정하기 위해 자주 사용하는 검사 5가지만 쓰시오.
[22a 신출]

해설

① 토막짜기(WAIS)
② 모양 맞추기(WAIS)
③ 벤더 도형 검사(BGT ; Bender Visual Motor Gestalt Test)
④ Rey 복합 도형 검사(R−CFT ; Rey−Osterrieth Complex Figure) : 시공간 구성 능력과 시공간 기억력을 평가하는 검사로 가장 널리 사용되고 있음
⑤ 도형 그리기 검사 : 겹친 오각형(MMSE)이나 원, 마름모, 사각형, 육면체(CERAD−N) 등 제시된 도형 자극을 모사하는 여러 종류의 그리기 과제들이 많이 개발되어 있음

05 상담목표와 상관없이 모든 면접 및 상담에서 사용하는 기본 방법 5가지를 쓰시오.
[22a 신출]

해설

경청	• 내담자의 언어적 메시지를 듣고 이해하고, 내담자가 나타내는 자세, 얼굴 표정, 몸의 움직임, 목소리 등의 비언어적 행동을 관찰하고 읽을 수 있어야 한다. • 내담자가 처한 사회 환경이라는 상황에서 그를 이해하고 내담자가 깨닫고 변화해야 하는 문제를 듣고 이해할 수 있어야 한다.
공감	• 상담자가 내담자에게 내담자의 감정을 공감하고 있음을 전달할 수 있을 때 내담자는 그 자신이 이해 받고 있다는 느낌을 갖게 되고 신뢰하게 되어 자신을 깊이 드러내 보일 수 있게 된다.
반영	• 내담자의 말과 행동에서 표현된 기본적인 감정, 생각 및 태도를 상담자가 다른 참신한 말로 부연해 주는 것이다.
질문하기	• 상담자의 과제는 내담자가 자기의 문제를 어떤 방식으로 보고 있는가를 발견하고 이해해 주는 일이다. 이때에 효과적인 방법은 개방형 질문 유도법이다. • 개방형 질문 유도법은 내담자에게 "그것에 관해서 얘기해 보세요"라고 말하는 것으로 내담자의 반응을 의도적으로 "예"나 "아니요" 또는 한두 마디 단어로 한정시키지 않고 감정을 명료화하도록 요구하거나 그 상황을 탐색하도록 요구한다.
명료화	• 내담자의 말속에 내포되어 있는 것을 내담자에게 명확하게 해주는 것을 뜻한다. • 내담자의 실제 반응에서 나타난 감정, 또는 생각 속에 암시되었거나 내포된 관계와 의미를 내담자에게 보다 분명하게 말해주는 것이다.

06 **다음 보기의 사례를 읽고 물음에 답하시오.**　　　[04, 09, 13, 16b, 22a 기출]

> 충남 천안시에 사는 A 씨는 올해 45세로 가정주부이다. A 씨는 남편의 실직과 딸의 가출로 인해 고민을 해오던 중, 최근 1개월 동안 제대로 잠을 이루지 못하여 피로를 느끼며 생활의 활기를 잃은 상태이다. 또한 자신이 가정 문제를 해결하는 데 있어서 아무런 능력을 발휘할 수 없는 것에 대한 무기력과 죄책감에 휩싸여 있으며 자신의 인생과 미래에 대해 심각하게 고민하고 있다. A 씨는 자살을 생각한 적이 있으며 자기자신이 현재 우울증을 가지고 있다고 판단하고 있다.

(1) DSM-5에 의한 주요 우울증 삽화의 진단기준에서 주요 우울증상을 5가지 기술하시오.

☺ **해설**

① 하루의 대부분 우울한 기분이 거의 매일 지속된다.(소아/청소년에게는 짜증)
② 거의 모든 일상활동에서 흥미나 즐거움을 상실한다.
③ 체중에 의미 있는 변화가 나타나거나, 식욕감소나 증가를 느낀다.
④ 불면 또는 과도한 수면을 한다.
⑤ 정신운동의 초조나 지체가 나타난다.
⑥ 거의 매일 피로를 느끼며 활력을 상실한다.

참고 ①,②번을 포함 나머지 중 3가지 이상, 5가지 증상이 2주간 지속될 때 우울증으로 진단한다.

(2) 자살에 대한 평가방법 2가지를 쓰시오.

☺ **해설**

면담을 통한 평가	• 자살생각, 자살계획 및 치명성, 자살시도의 과거력, 가족의 자살이나 정신 장애 과거력 등 • 내담자의 사회적 지지, 경제적 여건, 신체적 건강 상태 등
진단검사를 통한 평가	• MMPI-2, 로르샤하, TAT 등

(3) 자살위험 내담자 조치방법 3가지를 쓰시오.

☺ **해설**

① 지지적 상담 : 자살 시도자를 혼자 두지 않고 혼자가 아님을 알려준다.
② 자살방지 서약서 쓰기 : 자살을 하고 싶은 마음이 들면 치료자에게 연락을 하기로 행동계약을 한다.
③ 자살 시도자가 상황을 객관적으로 파악할 수 있도록 돕는다.
④ 자살 시도 가능성이 높을 때 보호자 동의 하에 입원시키거나 신체적인 격리보호를 한다.

07 만성 정신과 환자에 대한 구체적 재활 개입 방법을 3가지 쓰시오. [09, 16b, 22a 기출]

😊 해설

① 사회기술훈련
② 환자교육
③ 가족교육 및 치료
④ 직업재활
⑤ 지역사회지지 서비스
⑥ 주거프로그램

08 다음 사례에서 상담자가 말하려는 것이 무엇인지 기술하시오. [17a, 22a 기출]

- 내담자 : 저는 필요 없는 사람인가 봐요.
- 상담자 : 당신이 필요없다구요? 참담한 기분이겠군요.
- 내담자 : 지난 주에 만났던 남자친구가 저에게 필요 없다고 했어요.
- 상담자 : 그 사람이 당신을 쓸모없는 인간이라고 말했다구요?

😊 해설

(1) 재진술(Restatement)
① 내담자가 말한 내용을 다시 한번 반복해 주는 것이다.
② 상담자가 내담자를 이해하고 있다는 메시지를 전달해 준다.
③ 혼란된 내용을 정리함으로써 이야기 주제를 부각시켜 준다.
④ 재진술을 통해 상담자의 이해가 올바른지 검토할 수 있고 내담자가 자기 자신에게 더 주의를 기울이게 해 준다.

09 놀이치료는 치료적 가치(효과)가 있다. 놀이의 치료적 가치를 3가지 적으시오.

[15a, 16b, 22a 기출]

😊 해설

① 저항을 극복하는 데 도움이 되므로, 치료적 관계 형성에 유용하다.
② 의사소통의 매체로서 아동을 이해하고 진단하는 데 유용하다.
③ 아동의 불안 감소 및 긴장 이완을 통해 효과적인 치료를 가능하게 한다.
④ 정화(Catharsis)를 통해 심리적인 외상을 극복할 수 있도록 한다.
⑤ 창조적 사고를 통해 참신한 문제해결 능력을 발달시키도록 한다.
⑥ 환상과 상상을 통해 대리적인 욕구충족을 가능하게 한다.

10 MPI나 BDI 같은 자기 보고형 객관적 심리검사의 장점과 단점을 3가지씩 쓰시오.

[09, 17b, 22a 기출]

☺ **해설**

장점	• 검사 실시의 간편성 – 시행과 채점, 해석의 간편성, 짧은 시행시간의 장점 • 검사의 신뢰도 및 타당도 – 투사적 검사에 비해 신뢰도와 타당도가 높음 • 객관성의 증대 – 투사적 검사에 비해 검사자 변인, 검사 상황 변인에 영향을 적게 받으며, 개인 간 비교가 객관적이라 할 수 있음
단점	• 사회적 바람직성 – 피검자들은 문항 내용이 표면적으로 드러나는 객관적 검사에서 바람직한 문항에 대해 긍정적으로 반응하는 경향이 있음 • 반응 경향성 – 응답하는 방식에 있어서 긍정적이거나 부정적으로 일관되게 응답하려는 경향이 있음 • 문항 내용의 제한성 – 검사결과가 지나치게 단순화되는 경향이 있음

11 강박 장애의 심리적 치료방법으로서 노출 및 반응방지법의 효과 3가지를 쓰시오.

[12, 17a, 22a 기출]

☺ **해설**

(1) 둔감화 효과

두려워하는 자극과 사고를 강박 행동 없이 견뎌낸다.

(2) 학습효과

강박 행동을 하지 않아도 두려워하는 결과가 일어나지 않는다는 것을 학습한다.

(3) 습관화

시간이 흐르고 시도가 반복되면 환자들이 견딜 수 있을 정도의 불안이나 불쾌감이 점차 감소한다.

12 심리상담자가 준수해야 할 윤리적인 의무 중 '이중관계지양'에 대해 설명하시오.

[10, 16b, 18a, 22a 기출]

☺ **해설**

(1) 이중 관계

상담자와 내담자가 상담 관계 외에 사적 관계 등을 맺는 것이다.

(2) 피해야 하는 이유

① 상담자와 내담자가 이중 관계로 인해 거래 관계를 맺는 경우 내담자가 상대적으로 약자이므로 상담자의 부탁을 거절하기 어렵게 되고 상담시간에 집중할 수도 없게 된다.

② 이중 관계로 인해 사적 관계를 맺는 경우 정확한 공감을 방해할 수 있다.

③ 이중 관계는 상담전문가로서 객관성을 손상시킬 수 있다.

13 Lichtenberger와 카우프만(2009)이 제시한 지능검사의 철학 5가지를 쓰시오.

[22a 신출]

😊 **해설**

① 지능검사의 소검사는 개인이 학습해 온 것을 측정한다.
② 지능검사의 소검사는 개인 행동 표본일 뿐 총체는 아니다.
③ 개인 대상의 표준화된 검사는 특정한 실험적 환경하에서 정신 기능을 평가한다.
④ 지능검사와 같은 종합검사는 이론적 모형에 근거하여 해석해야 유용하다.
⑤ 검사 프로파일을 통해 도출된 가설은 다양한 출처의 자료를 통해 지지되어야 한다.

14 "이번 학기에 모든 과목에서 A 학점을 받지 못하면 이번 학기는 실패한 거다"라는 생각은 Beck의 인지치료에서 나열한 인지적 왜곡과 오류 중 어떤 오류를 나타내는 것인지를 쓰고 이 오류를 수정하는데 가장 일반적으로 사용하는 치료기법에 대해 설명하시오,

[11, 15, 16b, 22a 기출]

😊 **해설**

(1) 오류

이분법적 사고(흑백논리)

(2) 치료기법 : 흑백논리 도전하기

① 내담자가 어떤 일을 흑백논리로 기술할 때, '측정하기'라는 과정을 사용해서 이분법적 범주화를 연속 선상의 측정으로 변환시킨다.
② 내담자는 연속 선상에서 자신의 위치를 확인함으로써 이분법적 사고에서 비롯된 파국적 결과의 낙담에서 벗어날 수 있다.

15 무어(Moore, 1988)의 가족간 갈등모형의 5가지 영역을 쓰시오.

[22a 기출]

😊 **해설**

상담자들은 가족 갈등 해결을 위한 도움을 준비하는 과정에서 가족 구성원과 갈등에 대한 평가를 하게 된다. 가족 갈등을 분석하는 데 널리 이용되는 것은 무어(Moore. 1988)의 갈등을 5가지 영역으로 구분하는 모델이다. 이는 내담자 정보를 조직화하는 데 유용하며 무어가 제시한 내용을 보면 다음과 같다.

> • 정보 갈등은 정보 혹은 정보 부족에 대한 갈등이다.
> • 관심 갈등은 부족한 자원과 그 차이에 의한 실제적인 경쟁이나 이에 대한 지각과 관련된 갈등이다.
> • 관계 갈등은 고정관념, 빈약한 의사소통 혹은 잘못된 지각에 의해 발생하는 갈등이다.
> • 구조적 갈등은 균형적이지 않은 힘과 통제력의 불균형에 의해 발생하는 갈등이다.
> • 가치 갈등은 신념과 목표에 기초한 갈등이다.

16 로저스가 강조한 치료자의 특성 3가지를 쓰시오. 인간중심 심리치료에서 중요하게 여기는 치료자의 3가지 태도를 쓰시오. [08, 10, 14, 17b, 18b, 19b, 20a 기출]

 해설

(1) 무조건적, 긍정적 관심(수용)
내담자의 감정, 생각, 행위의 좋고 나쁨의 평가와 판단을 하지 않고 무조건적으로 관심을 기울이고 수용하고 받아들인다.

(2) 정확한 공감적 이해
내담자의 경험과 감정을 민감하고 정확하게 내담자의 입장에서 이해한다.

(3) 일치성, 진실성
치료자의 내적 경험과 외적 표현은 일치해야 하고, 그 관계에서 일어나는 감정을 솔직히 표현하며 진실해야 한다.

17 집-나무-사람 그림검사에서 사람그림을 통해 평가할 수 있는 측면 3가지를 쓰시오. [14, 20a 기출]

해설

자화상	현재의 자아 상태 - 자화상은 수검자가 자신에 대해 스스로 어떻게 느끼는지를 묘사하는 것이다.
이상적인 자아	이상적으로 바라는 자기상 - 이상적인 자아는 수검자가 이상적으로 바라는 자기상을 투사한 것이다.
중요한 타인	자신에게 영향을 미치는 중요한 인물 - 중요한 타인은 수검자의 현재 혹은 과거의 경험 및 환경으로부터 도출되는 것으로서 수검자에게 영향을 미치는 중요 인물들의 영향력을 반영한 것이다.

18 Beck의 인지적 오류의 예를 5가지 쓰시오. [07, 15, 18a/b, 20a 기출]

해설

흑백논리의 오류	생활 사건의 의미를 이분법적 범주의 둘 중 하나로 해석하는 오류
과잉 일반화	한두 번의 사례에 근거하여 일반적인 결론을 내리고 무관한 상황에도 그 결론을 적용시키는 오류
정신적 여과	어떤 상황에서 일어난 여러 가지 일 중에서 일부만 뽑아내어 상황 전체를 판단하는 오류
의미확대와 의미축소	어떤 사건의 의미나 중요성을 실제보다 지나치게 확대하거나 축소하는 오류 - 우울한 사람들은 부정적인 일의 의미는 크게 확대하고 긍정적인 일의 의미는 축소하는 잘못을 범하는 경향이 있다.
개인화 오류	자신과 무관한 사건을 자신과 관련된 것으로 잘못 해석하는 오류
파국화	극적인 파국적 결과만을 예상하는 오류

19 심리평가에 있어서 전통적 모델과 치료적 모델의 차이를 설명하시오. 단, 각 모델의 목표와 역할에 대해서만 기술하시오. [07, 20a 기출]

😊 해설

전통적 모델	• 심리평가의 목표 : 심리평가를 통해 환자의 정보를 얻어 치료자에게 제공하는 것 • 심리평가자의 역할 : 치료자의 치료를 돕는 역할을 하는 것
치료적 모델	• 심리평가의 목표 : 심리평가 그 자체가 치료의 일부분일 것 • 심리평가자의 역할 : 심리평가자 자신이 치료자의 역할을 하는 것

01 다음 보기의 사례를 읽고 연구 절차상의 문제점 3가지와 각 문제에 대한 대안을 제시하시오. [11, 13, 20b, 22b 기출]

> 한 임상심리학자는 최근 자신이 개발한 사회공포증 치료법의 효과성 여부를 검증하기 위한 실험을 실시하였다. 사회공포증이 의심되는 20명의 인원을 대상으로 5회에 걸쳐 치료를 시행한 후 그 변화를 살펴보았다. 치료 효과를 검증하기 위한 방법으로 치료 전과 치료 종료 후 실험대상자들에게 자신의 증상에 대한 심각성 수준을 7점 척도상에 평정하도록 하였다. 임상심리학자는 치료 종료 후 실험대상자들에 의한 척도상의 평가점수가 유의미하게 낮게 나왔다는 사실을 토대로 자신의 치료법이 효과가 있다고 주장하였다.

😊 해설

집단 설정 과정 및 표본의 대표성 문제	소수의 인원과 구체적인 기준 없이 실험 대상자들을 선정함으로 결과를 일반화하는 데 한계를 보임 → 표본의 대표성을 확보할 수 있도록 구체적인 기준을 마련하고 실험대상자를 선정한다.
통제집단의 결여	실험집단과 통제집단으로 나누는 것은 정확한 인과관계를 추리하기 위한 것이다. → 실험집단과 통제집단으로 나누어 실시한다.
조사 반응성 (반응 효과성)	실험대상자들은 관찰대상이 된다는 사실을 인식함으로써 평소와는 다르게 반응할 수 있다. → 조사 반응성을 무력화하기 위해 실험의 목적이나 방법을 비밀로 하여 실시한다.
비고 및 검증 과정의 결어	치료적 효과는 단순히 자기 보고식 평정 척도만으로는 검증될 수 없다. → 치료적 효과를 검증할 만한 표준화된 검사를 실시한다.

02 다음 보기의 사례를 읽고 A 군의 행동이 타당한지와 어떤 점이 윤리적으로 문제가 되는지를 기술하시오. [15, 20a, 22b 기출]

> "A 군은 임상심리학 전공 대학원생으로, OO상담센터에서 실습을 하고 있다. A 군은 자신이 호감을 가지고 있던 한 여학생이 상담센터를 찾아와 상담을 신청한 사실을 알게 되었다. A 군은 그 여학생과의 상담을 자신이 맡겠다고 제안하였다.

☺ 해설

전문가로서의 태도 중 전문적 능력과 성실성의 결여	아직 수련과 경험이 부족하기 때문에 상담전문가로 보기 어렵다.
이중관계의 위험성 위배	상담 관계 외의 부적절한 유형의 이중 관계는 상담을 방해한다. A 군은 내담자에 대한 자신의 개인적인 욕구를 만족시키는 수단으로 상담을 악용하려 하고 있다.

03 MMPI-2 척도에서 6-8/8-6 유형의 일반적인 특징 5가지와 가능성 있는 장애 진단명 2가지를 쓰시오. [07, 10, 16b, 22b 기출]

☺ 해설

(1) 일반적인 특성
① 현저하게 사고 과정의 어려움이 있으며 자폐적이고 산만하고 기괴한 사고내용이 있다.
② 주의집중력의 곤란, 기억력 저하, 판단력 장애도 흔히 나타난다.
③ 피해망상, 과대망상, 환각이 나타나며 현실 검증력의 장애를 보인다.
④ 정서적으로 둔화되어 있고 상황에 맞지 않는 부적절한 감정반응이 있다.
⑤ 의심과 불신이 많고 타인에게 적대감이 있으며 친밀한 관계를 회피한다.

(2) 가능성 있는 장애 진단명
① 조현병(정신분열증)
② 편집성 성격 장애

04 MMPI-2에서 ?(무응답) 척도가 상승하는 경우를 5가지 쓰시오. [11, 15, 22b 기출]

☺ 해설

① 수검자의 부주의
② 혼란으로 문항누락
③ 둘 중 하나를 선택하지 못하는 우유부단함
④ 바람직하지 않은 부분에 대한 회피
⑤ 정보나 경험의 부족
⑥ 검사에 비협조적이고 반항적인 태도
⑦ 극도의 불안이나 우울 증상

05 임상심리사의 윤리원칙으로서 유능성의 의미를 설명하고 이를 위반하는 이유 3가지를 쓰시오. [19b, 22b 기출]

😊 **해설**

(1) 유능성의 의미

자신의 강점과 약점, 자신의 기술과 그것의 한계를 자각해야 한다는 의미, 지속적인 교육수련으로 최신의 기술을 습득하여야 한다.

(2) 유능성을 위반하는 이유

① 개인적인 심리적 문제(질병, 이혼, 경제적 문제 등)를 가지고 있는 경우
② 너무 많은 업무나 부담으로 지쳐 있거나 소진되었을 경우
③ 자신감이 넘치거나 교만하여 더 이상 배우지 않거나, 배울 필요가 없다고 생각하는 경우

06 인지치료에서 내담자의 자동적 사고를 수정하기 위해 사용하는 소크라테스식 질문법을 사용할 때 유의할 점 6가지를 쓰시오. [13, 16a, 19a, 22b 기출]

😊 **해설**

① 변화의 가능성을 보여주는 질문을 하라.
② 성과를 얻을 수 있는 질문을 하라.
③ 내담자를 학습 과정에 참여하도록 이끄는 질문을 하라.
④ 내담자에게 도움이 되는 수준의 질문을 던져라.
⑤ 정해진 결론으로 이끄는 질문은 피하라.
⑥ 필요한 경우 때때로 선다형의 질문을 사용하라.

07 사회성숙도 검사에서 아동 발달영역 4가지를 기술하시오. [15, 22b 기출]

😊 **해설**

자조영역	자조 일반, 자조 식사, 자조 용의
이동영역	기어 다니는 능력부터 어디든지 혼자서 다닐 수 있는 능력까지 측정
작업영역	단순 놀이에서 고도의 전문성을 요하는 작업에 이르기까지 다양한 능력 측정
의사소통 영역	동작, 음성, 문자 등을 매체로 수용 능력 및 표현 능력 측정
자기관리 영역	금전의 사용, 물건의 구매, 경제적 자립 준비, 그 밖의 책임 있고 분별있는 행동을 통해 독립성과 책임감을 측정
사회화 영역	사회적 활동, 사회적 책임, 현실적 사고 등 측정

08 내담자의 인터넷 중독이 의심될 때 중독에서 벗어날 수 있도록 일반적으로 추천하는 방법을 5가지만 쓰시오. [03, 06, 10, 17b, 20c, 22b 기출]

😊 **해설**

① 인터넷 사용시간을 체크하고 시간 관리를 하게 한다.
② 비생산적인 일에 왜 몰두하는지 욕구를 살펴본다.
　→ 효율적인 시간 관리로 무료한 시간을 없앤다.
③ 대리만족할 수 있는 활동을 개발하게 한다. **예** 여행
④ 인터넷사용 행동 외에 적절한 대안을 찾는다. **예** 친구 만나기, 운동, 영화관 가기, 산책, 여행 등
⑤ 가족과 친구 등 주변의 도움을 받도록 한다.
⑥ 컴퓨터를 거실로 옮기거나 집에서 치운다.
　→ 인터넷을 사용할 수 없는 곳에서 주로 활동하거나 컴퓨터를 치워 자기 통제력 향상

09 방어기제의 의미를 쓰고 방어기제 유형 3가지를 간략히 설명하시오. [04, 07, 09, 10, 17b, 21a, 22b 기출]

😊 **해설**

(1) 방어기제의 의미

무의식적 욕구나 충동으로부터 자아를 보호하기 위해 무의식적으로 불안을 회피하는 사고 및 행동이다.

(2) 방어기제의 종류

① **합리화** : 받아들이고 싶지 않은 충동이나 행동을 정당화시키기 위하여 사회적으로 용납되는 그럴듯한 설명이나 이유를 대는 것이다.
② **부인** : 엄연히 존재하는 위험이나 불쾌한 현실에 눈을 감아 버린다.
③ **억압** : 괴롭히는 욕구나 생각 또는 경험을 의식 밖으로 몰아내어 무의식 속에 두는 것이다.
④ **투사** : 자신이 받아들일 수 없는 충동이나 속성을 타인의 것으로 돌리거나 자신의 실패를 타인의 탓으로 돌리는 것이다.
⑤ **전치** : 위협적이 아닌 대상을 향해 긴장을 해소하거나 증오감을 표현하는 것이다.

10 다음은 상담 초기에 흔히 볼 수 있는 대화이다. 보기에서 내담자는 상담의 효과에 대한 의문과 회의를 표명하였다. 이와 같은 경우 상담자는 어떻게 반응해야 하며 그러한 반응의 근거는 무엇인지 설명하시오. [03, 06, 16a, 20a, 22b 기출]

- **내담자** : 선생님, 저는 솔직히 확신이 서지 않습니다. 상담받고 나면 과연 좋아질까요?
- **상담자** : 그렇게 말씀하시니 다행이군요. 솔직하게 이야기한다는 것 자체가 쉽지 않거든요.
- **내담자** : 오해는 마세요. 선생님을 믿지 못해서가 아니에요. 단지 상담을 받아도 나아지지 않는다면 어떻게 해야 할지 불안해서요.
- **상담자** : _____

😊 해설

(1) 상담자의 반응

누구나 처음 상담을 받는 입장이라면 긴장하고 불안해할 수 있습니다. 그러나 저도 ○○님과 함께 최선을 다해 해결책을 찾을 수 있도록 힘쓰겠으니 함께 노력해 봅시다.

(2) 반응의 근거

① 상담 초기에 내담자는 문제해결의 의지와 해결되지 못할지도 모른다는 양가감정을 경험하게 된다.

② 내담자의 양가감정을 해소하고 상호 긍정적인 친화 관계를 형성할 필요가 있다.

③ 상담 효과에 대한 불안은 곧 아직 신뢰 관계가 형성되지 못했기 때문이다. 서로를 믿고 존중하는 감정의 교류인 라포가 이루어지도록 힘을 기울여야 한다.

11 다음 보기의 내담자 진술에 대한 상담자의 반응은 각각 어떤 개입기술에 해당하는지 쓰시오.

[05, 09, 13, 20a, 21a, 22b 기출]

> **내담자** : 저는 지난 밤 너무도 기이한 꿈을 꾸었어요. 아버지와 함께 숲으로 사냥을 나섰는데요. 사냥감에 온통 주의를 기울이느라 깊숙한 곳까지 다다르게 되었죠. 그런데 갑자기 바위 뒤편에서 커다란 물체가 튀어나오는 거에요. 저는 순간 사슴인 줄 알고 방아쇠를 당겼지요. 어렴풋이 그 물체가 쓰러진 듯이 보였고, 저는 두근거리는 가슴을 부여잡은 채 서서히 다가갔어요. 가보니 그 물체는 사슴이 아닌 아버지였어요. 아버지가 숨을 쉬지 않은 채 죽어 있더라고요. 저는 너무도 황당하고 두려워서 잠에서 깨어났는데요, 등에서는 식은땀이 줄줄 흐르더라구요.
>
> **상담자** : 당신은 지난 밤 꿈으로 인해 정말 많이 놀랐나 보군요. 황당하고 두려웠다는 것은 구체적으로 어떤 죄책감이 들었다는 의미인가요? 평소 아버지를 미워했나요? 아버지에 대한 적개심이 총을 오작동하도록 만드는 것은 아닌가요?

😊 해설

① **반영** : "당신은 지난 밤 꿈으로 인해 정말 많이 놀랐나 보군요."

② **명료화** : "황당하고 두려웠다는 것은 구체적으로 어떤 죄책감이 들었다는 의미인가요?"

③ **직면** : "평소 아버지를 미워했나요?"

④ **해석** : "아버지에 대한 적개심이 총을 오작동하도록 만든 것은 아닌가요?"

12 다음의 해석단계를 순서대로 기호로 쓰시오.

[22b 신출]

> ㄱ. 내담자가 해석을 받아들일 준비가 됐는지 확인한다.
> ㄴ. 내담자가 해석에 어떻게 반응하는지 확인한다.
> ㄷ. 해석을 제공하고자 하는 상담자의 의도를 재고한다.
> ㄹ. 다양한 방법으로 해석을 제공한다.

해설

ㄱ. 내담자가 해석을 받아들일 준비가 됐는지 확인한다.
ㄷ. 해석을 제공하고자 하는 상담자의 의도를 재고한다.
ㄹ. 다양한 방법으로 해석을 제공한다.
ㄴ. 내담자가 해석에 어떻게 반응하는지 확인한다.

13 심리평가 시 검사의 신뢰도를 평가하는 방법 3가지를 쓰고 설명하시오.

[19a, 22b 기출]

해설

검사–재검사 신뢰도	동일한 검사를 두 번 실시, 측정 비교 가능 → 운동검사
동형검사 신뢰도	A,B 동형검사를 제작하여 두 번 실시, 연습효과와 중복의 문제
반분 신뢰도	반으로 나누어 한번만 실시, 문항을 어떻게 나눌 것인가의 문제

14 정신 사회 재활의 재활 4단계를 쓰시오.

[20b, 21b, 22b 기출]

해설

① 재활목표의 설정
② 기술 및 자원의 우선순위 결정
③ 목표달성의 기간설정
④ 목표달성을 위한 협력방법 및 치료방법의 결정

15 A 군이 집단 따돌림을 받는 상황이라면 호소문제 이외에 초기면접에서 볼 수 없었던 추가적인 양상을 사고, 정서, 행동 부분에서 2가지씩 쓰시오.

[22b 신출]

올해 14세 4개월의 남중 3년생인 A 군은 친구들과 잘 사귀지 못하고 학교에 등교할 시간이 되면 울면서 학교에 가지 않겠다고 하는 학생으로 어머니에 의해 개인연구소를 경유하여 내원하였다. 학교에서는 애들이 자신을 괴롭히고 째려본다고 하며, 집에서 가족 모두가 A 군을 격려해 줘도 학교에 가면 '죽고 싶을 정도'로 애들이 자신과 놀아주지 않는다고 귀가 후 불평하곤 하였다. 어려서부터 태권도를 좋아하여 계속해오고 있으며 골격이 크고 당당한 체구이나 중학교 진학 이후에 성적은 계속 최하위권이며 현재 중3 담임 선생님이 일반고교에 진학하는 것이 어렵다며 어머니를 불러 최근 실시된 집단지능검사 결과를 알려주었다. 어머니는 A 군이 정말 고교에도 진학하지 못할 만큼 심각한 수준인지, 왕따 문제는 어떻게 해야 하는지, 앞으로 A 군을 어떻게 키워야 하는 것인지 등의 문제를 호소하였다. 심리평가를 위해 내원하였을 때 A 군은 무표정하였으며, 다소 발음이 부정확하여 검사 중 응답을 재확인하여야 하는 경우가 많았다. 매번 문제들을 쉽게 포기하려 하고 짧은 답변으로 일관하였는데, 다 귀찮다는 식의 태도는 후반부로 갈수록 다소 누그러지는 양상이었다.

해설

사고영역	• 타인에 대한 피해의식 • 자신의 문제를 해결할 수 없다는 무기력과 자기 패배적 신념
정서영역	• 대인공포 • 불안 및 우울
행동영역	• 대인기피 • 고등학교 진학 거부

16 얄롬이 제시한 인간의 궁극적 관심 4가지를 쓰시오.　　　　　[22b 신출]

 해설

실존주의 심리학자인 얄롬은 인간의 4가지 궁극적인 관심사로 죽음, 자유, 고독, 무의미성을 제한하였는데, 이에 대한 자각으로 인해 갈등과 불안을 느낀다고 하였다.

17 Beck의 인지적 오류의 예를 6가지 드시오.　　　　　[07, 15, 18a/b, 22b 기출]

😊 해설

흑백논리의 오류	생활 사건의 의미를 이분법적 범주의 둘 중 하나로 해석하는 오류
과잉 일반화	한두 번의 사례에 근거하여 일반적인 결론을 내리고 무관한 상황에도 그 결론을 적용시키는 오류
정신적 여과	어떤 상황에서 일어난 여러 가지 일 중에서 일부만 뽑아내어 상황 전체를 판단하는 오류
의미확대와 의미 축소	어떤 사건의 의미나 중요성을 실제보다 지나치게 확대하거나 축소하는 오류 – 우울한 사람들은 부정적인 일의 의미는 크게 확대하고 긍정적인 일의 의미는 축소하는 잘못을 범하는 경향이 있다.
개인화 오류	자신과 무관한 사건을 자신과 관련된 것으로 잘못 해석하는 오류
파국화	극적인 파국적 결과만을 예상하는 오류

18 개인치료에 비해 집단치료가 가지는 치료적 요인 6가지를 쓰시오.　[19a, 22b 기출]

😊 해설

① 자기 이해 및 타인을 이해할 수 있다.
② 사회적 기술을 습득할 수 있다.
③ 실제 장면과 유사한 환경에서 대인관계 훈련을 할 수 있다.
④ 타인의 반응, 조언, 지지를 받을 수 있다.
⑤ 경제적인 면에서 유리하다.
⑥ 다양한 자원 및 정보를 얻을 수 있다.

19 K-WISC-4의 지표 3가지와 지표별 소검사를 1가지씩 쓰시오. [15a, 17a, 22b 기출]

☺ 해설

① **언어이해** : 공통성, 어휘, 이해, (상식, 단어 추리)
② **지각추론** : 토막 짜기, 공통그림 찾기, 행렬 추리, (빠진 곳 찾기)
③ **작업기억** : 숫자, 순차 연결, (산수)
④ **처리속도** : 기호 쓰기, 동형 찾기, (선택)
※ 괄호 안은 보충검사에 해당한다.

20 놀이치료는 치료적 가치가 있다. 놀이의 치료적 가치를 5가지 적으시오.

[15a, 16b, 20b, 22a, 22b 기출]

☺ 해설

① 저항을 극복하는 데 도움이 되므로, 치료적 관계 형성에 유용하다.
② 의사소통의 매체로서 아동을 이해하고 진단하는 데 유용하다.
③ 아동의 불안 감소 및 긴장 이완을 통해 효과적인 치료를 가능하게 한다.
④ 정화(Catharsis)를 통해 심리적인 외상을 극복할 수 있도록 한다.
⑤ 창조적 사고를 통해 참신한 문제해결 능력을 발달시키도록 한다.
⑥ 환상과 상상을 통해 대리적인 욕구충족을 가능하게 한다.

01 로샤하 엑스너 종합채점 방식의 항목 5가지를 쓰시오. [20a, 23a 기출]

😊 해설

① 반응의 위치 : 카드 blot의 어떤 부분에 반응하였는가?
② 반응의 결정요인 : blot의 어떤 특징이 반응을 결정하였는가?
③ 반응내용 : 반응이 어떤 내용 범주에 속하는가?
④ 특수점수 : 특이한 언어반응이 일어나고 있는가?
⑤ 쌍반응 : 사물을 대칭적으로 지각하고 있는가?

02 아동 및 청소년을 대상으로 한 상담에서는 발달적 측면에 대한 고려가 이루어져야 한다. 피아제의 인지발달 이론에 의한 발달단계에서 전조작기, 구체적 조작기, 형식적 조작기에 해당하는 아동 및 청소년을 위한 상담의 특성 및 주의사항을 발달 단계별로 쓰시오. [03, 19b, 23a 기출]

😊 해설

(1) 전조작기(2~7세)
① 자신이 가지고 있는 내재적 표상을 여러 형태의 상징으로 표현하기 시작하며 자기중심적이며 보존성이 발달되지 않아 언어적 설명이 어렵다.
② 자기중심적 사고, 물활론적 사고, 직관적 사고, 그리고 상징놀이를 많이 하는 것이 이 단계의 특징이다. 그러나 논리적 사고를 할 수 있는 인지적 조작은 아직 불가능한 단계이다.
③ 상담자는 듣기와 말하기만으로 상담을 이끌어 가는 데 어려움이 있음을 염두에 두고, 오감을 활용한 놀이법을 활용하거나 자신을 표현할 수 있는 놀이감을 제공하여 상징놀이를 시도하는 등 다양한 기법을 활용할 필요가 있다.

(2) 구체적 조작기(7~12세)
① 보존성의 개념을 습득하여 사물이나 현상에 대한 약간의 논리적 설명이 가능하고, 유목화 등의 능력을 사용할 수 있으며, 수와 물질의 특성에 대하여 분류와 배열의 능력이 발달한다.
② 합리적이고 체계적인 과학적 사고와 함께 이상주의적 사고를 하는 것도 이 시기의 특징이다. 그러나 이는 눈에 보이는 것에 국한되어 아직 추상적인 추론능력은 부족하다.
③ 상담자는 아동이 가설·연역적 사고력 결핍으로 인해 여러 가지 가능성을 고려하는 데 어려움이 있음을 염두에 두고, 역할연기, 독서치료, 미술 활동 등을 통한 다양한 체험이 이루어지도록 할 필요가 있다.

(3) 형식적 조작기(12세 이상)
① 논리적 사고(연역적)를 통하여, 직접 눈에 보이지 않는 가설적 상황을 대상으로 하는 추상적인 문제의 해결도 가능하며, 인간의 정신적 능력이 최고 수준으로 세련되어지는 단계이다. 피아제는 이 시기를 인지발달의 절정으로 보고 있다. 형식적 조작단계의 아동은 논리적 조작에 필요한 모든 종류의 문제를 해결할 수 있는 능력을 획득하게 된다. 사고의 질적 잠재력은 형식적 조작이 성취될 때 최고조에 달하게 된다. 그러나 신체적 성숙과 정신적 성숙도 간에 차이가 있으며, 특히 감정의 기복이 심하여 극도의 침울한 상태와 흥분된 상태를 경험하기도 한다.

② 상담자는 청소년의 진정한 감정이 표면적 행동으로 위장되어 있음을 염두에 두고, 청소년의 행동이 의도적인 것이라고 간주한 채 섣부른 반응을 하지 않도록 주의해야 한다. 더불어 청소년기의 정서적 취약성을 이해하고 이에 민감하게 반응할 필요가 있다.

03 MMPI에서 과장된 보고에 상승하는 척도 3개를 설명하시오. [19b, 23a 기출]

 해설

F 척도 (비전형 척도)	정신병리나 자신의 문제를 과장하는 것으로 '도움을 청하는'의도로서 과장했을 가능성을 고려한다.
F(B) 척도 (비전형- 후반부 척도)	내담자(수검자)가 수검태도가 크게 변화되었는지 파악하는 목적으로 사용한다.
F(P) 척도 (비전형-정신병리 척도)	F 척도에 비해 정신병리에 덜 민감한 척도로 정신병리나 자신의 문제를 과장하는 것으로 '도움을 청하는' 의도로서 과장했을 가능성을 고려한다.

04 내담자가 침묵을 지키는 이유 5가지를 기술하시오. [08, 10, 12, 15, 19a, 23a 기출]

 해설

① 내담자가 상담 초기 관계 형성에서 두려움을 느끼는 경우
② 상담 중 논의된 것에 대한 깊은 음미나 정리 중일 경우
③ 상담자에 대한 적대감이나 저항이 있을 경우
④ 상담자의 확인이나 해석을 기다리는 중일 경우
⑤ 감정표현으로 인한 피로를 회복하는 중일 경우
⑥ 상담자가 다음에 무엇을 논의할지 결정해 주기를 기다리는 경우
⑦ 정말 할 말이 없거나 적절한 표현을 찾지 못할 경우

05 시간 제한적 집단치료의 주요 특징 3가지를 쓰시오. [15, 21b, 23a 기출]

 해설

(1) 기능 수준 및 집단의 동질성을 고려한 집단 참여자의 선정
어느 정도 자아 강도와 지능 수준, 기본적인 인간관계 능력과 심리적 수용 능력, 변화에의 동기 등을 가지고 있는 내담자 중 비슷한 증상을 보이는 동질집단을 구성하는 것이 효과적이다.

(2) 대인관계학습의 접근법
집단 상황을 통한 '여기-지금'에서의 교정적 정서 경험을 통해 성격 변화를 이룰 수 있다.

(3) 시간-제한(Time-limited)의 의도적인 활용
빨리 회복하려는 동기를 유발하고 매 회기에서 지리멸렬한 주제에서 벗어나 중요한 작업에 집중하도록 유도할 수 있다.

06 K-WAIS-IV의 소검사들을 쓰고 각각 소검사가 측정한 내용을 기술하시오.

[06, 22b, 23a 기출]

😊 **해설**

(1) 언어이해
① **공통성** : 유사성의 관계능력 파악, 추상적인 사고능력
② **어휘** : (전체지능 대표) 학습능력과 일반개념 측정
③ **상식** : (병전지능 대표) 개인의 기본지식 정도

(2) 지각추론
① **토막짜기** : (유동지능, 병전지능 대표) 비언어적 개념형성 능력, 시각–운동 협응능력
② **퍼즐** : 시각적 재인 및 검증능력, 전체를 부분적으로 분석하는 능력
③ **행렬추리** : 지각적 조직화 능력, 추론능력, 세부적 주의력/집중력

(3) 작업기억
① **숫자** : 청각적 단기 기억력, 주의력/집중력 측정
② **산수** : 수 개념과 주의 집중력 측정, 계산력, 단기기억 측정

(4) 처리속도
① **기호쓰기(뇌손상에 민감)** : 단기 기억력 및 민첩성, 시각–운동협응 능력 측정
② **동형찾기** : 시각적 단기기억, 시각적 변별력, 주의집중력 반영

07 MMPI-2 프로파일에서 가장 우선적으로 다루어야 할 척도는 무엇이고 그 이유를 기술하시오.

[17a, 23a 기출]

(1) 1–2–3	(2) 3–4	(3) 7–8–9	(4) 2–7–3

😊 **해설**

7–8–9 쌍 코드는 정신증적 증상을 보일 가능성이 높아 보인다. 따라서 비현실적인 공상이나 망상 등으로 인해 현실 검증력이 손상되었을 가능성이 높으며, 높은 곳에서 뛰어내리는 등의 위험한 행동을 할 수 있는 유형이라고 보이기 때문에 가장 급박한 상황이라고 볼 수 있다. 7–8–9 코드는 조기 정신증의 발견과 치료로 만성적인 정신증으로의 이행 예방과 함께 이를 지연시키기 위해 우선적으로 다루어야 한다.

08 로샤하 반응영역 채점 D, Dd, S의 의미와 채점기준을 쓰시오. [19a, 23a 기출]

😊 **해설**

① **D(보통 부분반응)** : 자주 사용되는 반점의 영역(82개의 영역)
② **Dd(드문 부분반응)** : 드물게 사용되는 반점의 영역(W나 D가 아닌 반응은 자동적으로 Dd)
③ **S(공백반응)** : 흰 공간 영역을 반응에 포함되는 경우(Ws, Ds, Dds 처럼 다른 영역에 추가해서 사용)

09 자문 과정의 단계를 쓰시오. [07, 21b, 23a 기출]

😊 해설

1단계 질문의 이해	자문가는 피자문가의 자문 의뢰 목적과 함께 의뢰된 문제의 성질을 명확히 파악함으로써, 자문의 성격이 자신의 전문성에 부합하는 것인지 확인한다.
2단계 평가	자문가는 면접법이나 관찰법, 다양한 정보·자료의 수집 등을 통해 의뢰된 문제에 대해 조사하며, 상황을 명확하게 평가한다.
3단계 중재	자문가는 실제적인 자문을 통해 피자문가가 얻고자 하는 바에 대해 중재 전략을 전개한다.
4단계 종결	자문의 목적이 충족되거나 더 이상의 자문이 무의미하다고 판단되는 경우 자문이 종결된다.
5단계 추적	자문가는 자문의 효과를 극대화하기 위해 자문의 결과에 의한 새로운 변화를 지속적으로 추적한다.

10 내담자가 상담을 끝낼 준비가 되었는지를 판단할 수 있는 방법 4가지를 쓰시오.
[16a, 19a, 20a/b, 21a, 23a 기출]

😊 해설

① 상담계약에 명시했던 목표에 도달했는지 확인한다.
② 내담자가 원했던 긍정적인 발전이 있는지 확인한다.
③ 상담 관계가 도움이 되었는지 확인한다.
④ 상담 초기 설정되었던 상황이 변화되었는지 확인한다.

11 임상 면접의 서면보고서에 포함되어야 할 내용을 5가지만 쓰시오.
[03, 06, 08, 10, 17b, 19b, 20a, 21b, 22a, 23a, 23b 기출]

😊 해설

① 인적사항
② 의뢰사유, 주호소 문제
③ 현 병력, 과거 병력, 개인력, 가족력
④ 행동관찰, 실시된 검사종류, 검사내용 및 결과
⑤ 의심되는 진단명 및 치료 시 권고사항

12 전이, 역전이에 대해 설명하시오. [08, 15, 23a 기출]

 해설

전이 (Transference)	• 어린 시절 어떤 중요한 인물에 대해 가졌던 관계를 상담자에게 표출하는 것이다. • 과거에 충족되지 못한 욕구를 현재의 상담자를 통해 해결하고자 하는 현상으로 전이를 통해 현재 내담자의 문제와 관련된 과거의 갈등을 통찰하도록 하는 중요한 단서이다.
역전이 (Counter Transference)	• 내담자의 태도나 행동에 대한 상담자의 개인적인 정서적 반응이자 투사이다. • 효과적인 상담을 위한 분석 대상이자 기술로 간주된다. • 내담자의 심리적 갈등을 이해하는 데 중요한 열쇠가 될 수도 있다.

13 단회상담은 다른 일반적인 심리상담과 달리 극히 제한된 시간 내에 문제 상황을 처리해야 하는 경우가 많다. 이러한 단회상담에서 강조되는 원리 또는 기술을 7가지만 제시하시오. [11, 15, 19a, 23a 기출]

해설

① 상담사례나 상황에 따라 단회로 할지를 신속히 결정해야 한다.
② 내담자가 원하는 것을 신속히 발견해야 한다.
③ 내담자가 원하는 상담목표를 합리적으로 수립한다.
④ 적극적 경청, 질문, 반영 등의 기술을 적극적으로 활용하여 능숙하게 대화를 이끌어 간다.
⑤ 융통성과 단호함을 겸비해야 한다.
⑥ 내담자가 상담의 동기나 의지를 잃지 않도록 도와야 한다.
⑦ 조언 및 지시를 적절히 사용하여 효과적이고 능동적인 상담을 이루도록 한다.

14 망상적 편집증 증상을 보이는 내담자를 평가할 때 임상 면접 시 주의할 점 3가지를 쓰시오. [17a, 23a 기출]

해설

① 망상적 편집증 증상을 보이는 내담자는 대다수 주변인에 의해 면담이 의뢰됨으로 상담이나 치료의 중요성을 납득시키도록 노력한다.
② 상담자–내담자 간 신뢰 관계 형성을 위해 약속된 시간과 규칙을 지킬 것을 강조한다.
③ 망상적 사고에 대해 의문을 제기하거나 도전하지 않고 망상의 과정이나 내담자에게 주는 심리적 의미와 영향에 대하여 살핀다.

15 Beck의 인지적 오류의 예를 6가지로 드시오. [07, 15, 18a/b, 20a, 22a/b, 23a/b 기출]

😊 해설

흑백논리의 오류	생활 사건의 의미를 이분법적 범주의 둘 중 하나로 해석하는 오류
과잉 일반화	한두 번의 사례에 근거하여 일반적인 결론을 내리고 무관한 상황에도 그 결론을 적용시키는 오류
정신적 여과	어떤 상황에서 일어난 여러 가지 일 중에서 일부만 뽑아내어 상황 전체를 판단하는 오류
의미확대와 의미축소	어떤 사건의 의미나 중요성을 실제보다 지나치게 확대하거나 축소하는 오류 – 우울한 사람들은 부정적인 일의 의미는 크게 확대하고 긍정적인 일의 의미는 축소하는 잘못을 범하는 경향이 있다.
개인화 오류	자신과 무관한 사건을 자신과 관련된 것으로 잘못 해석하는 오류
파국화	극적인 파국적 결과만을 예상하는 오류

16 다음은 Satir의 의사소통 가족치료의 의사소통 유형에 대한 설명이다. 각각에 해당하는 의사소통 유형을 쓰시오. [11, 17b, 23a 기출]

(1) 상호작용하는 상황에서 다른 사람은 존중하지만 자신의 가치나 진정한 감정은 무시한다.
(2) 다른 사람들은 무시하고 오로지 자신만을 생각한다.
(3) 비인간적인 객관성과 논리성의 소유자이며 자신과 다른 사람을 과소평가한다.
(4) 주변 상황과 관계없는 소란스럽고 버릇없는 행동을 많이 하며 혼란스럽다.
(5) 자신과 타인 상황 모두를 존중하며 신뢰한다.

😊 해설

회유형	상호작용하는 상황에서 다른 사람은 존중하지만 자신의 가치나 진정한 감정은 무시한다.
비난형	다른 사람들은 무시하고 오로지 자신만을 생각한다.
초이성형	비인간적인 객관성과 논리성의 소유자이며 자신과 다른 사람을 과소평가한다.
혼란형(산만형)	주변 상황과 관계없는 소란스럽고 버릇없는 행동을 많이 하며 혼란스럽다.
일치형	자신과 타인의 상황 모두를 존중하며 신뢰한다.

17 정신 장애의 재활모형에서 손상, 장애, 핸디캡의 의미를 쓰고 개입방법 상의 차이점을 설명하시오. [10, 12, 13, 15, 16a, 18a, 19b, 23a/b 기출]

😊 해설

손상	심리적, 생리적, 신체적 구조나 기능이 상실되거나 이상이 있는 상태로 우울, 환각, 망상 등이 있으며 개입방법으로 약물치료와 상담치료가 있다.
장애	손상으로 인해 정상적인 행동능력이 제한 또는 결핍된 상태로 학교를 다니지 못하거나 취업을 하지 못하는 예가 해당되며 개입방법으로는 직업재활이나 기술훈련 등이 있다.
핸디캡	손상이나 장애로 정상적인 역할 수행에 어려움이 있고 불이익을 경험하는 상태로 차별이나 편견이 있으며 개입방법으로 제도변화나 권익옹호 등이 있다.

18 웩슬러 지능검사의 양적 분석에 포함되어야 할 내용 3가지를 쓰시오.

[11, 13, 18b, 23a 기출]

😊 해설

① 현재 지능 파악
② 병전 지능 파악
③ 언어성 검사와 비언어성 검사 간의 비교
④ 소검사 간 점수들의 분산 분석

19 심리검사 후 검사결과 해석 시 유의 사항 4가지를 쓰시오. [22a, 23a, 24a 기출]

😊 해설

① 해석에 대한 내담자의 반응을 고려해야 한다.
② 검사결과에 대해 이해하기 쉬운 언어를 구사한다.
③ 검사결과와 여러정보에 근거하여 중립적이고 객관적인 견해를 설명해준다.
④ 검사결과에 대한 내담자의 방어를 최소화한다.

20 **행동치료의 특징 3가지를 쓰시오.**   [23a 신출]

☺ **해설**

① **과학적 임상심리학** : 객관성, 정확성, 경험적 검증 등 과학적인 접근을 강조한다.

② **치료대상** : 겉으로 드러나는 행동을 대상으로 한다.

③ **증상론** : 병리의 증상은 잘못된 학습이나 과잉학습 혹은 학습의 부족 등으로 인해 발생한다고 보고 증상의 발생 상황과 그 증상이 어떤 조건에 유지되고 변용되어 왔는가를 명확하게 하는 것에 중점을 둔다.

④ **행동적 치료** : 행동치료에서는 내담자들이 치료 과정에 행동을 통해 직접 적극적으로 참여한다.

⑤ **행동적 모델** : 행동치료란 행동이 변화된다는 것을 가정한다. 행동적 모델에 따르면 인산의 어떤 행동은 그 행동 전과 후에 일어난 사건에 의해 유발되고 지속된다는 것이다(A-B-C 모형).

01 임상 면접의 서면보고서에 포함되어야 할 내용을 5가지만 쓰시오.

[03, 06, 08, 10, 17b, 19b, 20a, 21b, 22a, 23a, 23b 기출]

😊 해설

① 인적사항
② 의뢰사유, 주호소 문제
③ 현 병력, 과거 병력, 개인력, 가족력
④ 행동관찰, 실시된 검사종류, 검사내용 및 결과
⑤ 의심되는 진단명 및 치료 시 권고사항

02 K−WISC−IV의 핵심 소검사 항목을 모두 쓰시오.

[15a, 17a, 22b, 23b 기출]

😊 해설

① **언어이해** : 공통성, 어휘, 이해, (상식, 단어추리)
② **지각추론** : 토막짜기, 공통그림 찾기, 행렬추리, (빠진 곳 찾기)
③ **작업기억** : 숫자, 순차 연결, (산수)
④ **처리속도** : 기호쓰기, 동형찾기, (선택)
※ 괄호 안은 보충검사에 해당한다.

03 Rorschach 검사의 특수 점수의 특수내용 종류를 3가지를 쓰고 각각에 대해 설명하시오.

[18a, 20c, 23b 기출]

😊 해설

공격적 운동 (AG)	• 운동반응(M, FM, m)에 '싸움, 파괴, 논쟁, 매우 화가 난 것처럼 보인다'와 같은 분명히 공격적인 내용이 포함되어 있을 때 채점한다. • 반드시 주체적인 공격이 포함되어 있어야 한다.
협조적 운동 (COP)	• 두 가지 또는 그 이상의 대상이 적극적인 또는 협조적인 상호작용을 하는 운동반응(M, FM, m)을 하고 있는 경우이다. • COP로 채점하기 위해서는 적극적이거나 협조적인 상호작용이 분명해야 한다.

병리적 내용
(MOR)
	• 대상이 다음 두 가지 특징 중 한 가지를 가지고 있을 때 채점한다.
	  – 대상이 죽은, 파괴된, 폐허가 된, 오염된, 손상된, 상처 입은 또는 깨어진 대상으로 지각한 경우이다.
	  – 대상에 대해 우울한 감정이나 특징을 부여하는 반응이다.

추상적 내용
(AB)
	• AB 특수 점수는 분명하고 구체적인 상징적 표현을 포함하는 반응을 채점한다.
	  – 인간 경험(Hx)인 경우에 인간의 정서나 감각적 경험을 나타낸다.
	  – 형태가 사용되기는 하지만 분명하게 하고 상징적인 의미를 나타내기 위하여 윤색한 경우이다.

04 내담자에 대한 심리평가를 위해 사용되는 행동평가 방법 4가지를 제시하시오.

[08, 11, 19b, 23b 기출]

☺ 해설

자연관찰법 (직접관찰법)	관찰자가 내담자의 문제행동이나 증상을 실생활에서 직접 관찰하고 평가하는 방법이다.
유사관찰법 (실험관찰법)	문제행동이나 증상을 실생활에서가 아닌 상담실이나 통제된 공간 내에서 관찰한다.
참여관찰법	내담자와 함께 생활하는 사람에게 문제행동이나 증상을 관찰하도록 하는 방법이다
자기관찰법	내담자 스스로 관찰하고 보고하도록 하는 자기 보고식 방법이다.

05 상담초기 단계에 반드시 이루어져야 하는 내용을 3가지 쓰시오. [13, 16a, 23b 기출]

☺ 해설

① 상담 관계의 형성(Rapport)
② 내담자의 이해와 평가
③ 상담의 구조화
④ 상담목표 설정

06 다음 보기의 내담자 진술에 대한 상담자의 반응은 각각 어떤 개입기술에 해당하는지 쓰시오.

[04, 09, 13, 16b, 22a, 23b 기출]

> **내담자** : 저는 지난 밤 너무도 기이한 꿈을 꾸었어요. 아버지와 함께 숲으로 사냥을 나섰는데요. 사냥감에 온통 주의를 기울이느라 깊숙한 곳까지 다다르게 되었죠. 그런데 갑자기 바위 뒤편에서 커다란 물체가 튀어나오는 거예요. 저는 순간 사슴인 줄 알고 방아쇠를 당겼지요. 어렴풋이 그 물체가 쓰러진 듯이 보였고, 저는 두근거리는 가슴을 부여잡은 채 서서히 다가갔어요. 가보니 그 물체는 사슴이 아닌 아버지였어요. 아버지가 숨을 쉬지 않은 채 죽어 있더라구요. 저는 너무도 황당하고 두려워서 잠에서 깨어났는데요. 등에서는 식은땀이 줄줄 흐르더라구요.
>
> **상담자** : 당신은 지난 밤 꿈으로 인해 정말 많이 놀랐나 보군요. 황당하고 두려웠다는 것은 구체적으로 어떤 죄책감이 들었다는 의미인가요? 평소 아버지를 미워했나요? 아비지에 대한 적개심이 총을 오작동하도록 만든 것은 아닌가요?

☺ 해설

① **반영** : "당신은 지난 밤 꿈으로 인해 정말 많이 놀랐나 보군요."
② **명료화** : "황당하고 두려웠다는 것은 구체적으로 어떤 죄책감이 들었다는 의미인가요?"
③ **직면** : "평소 아버지를 미워했나요?"
④ **해석** : "아버지에 대한 적개심이 총을 오작동하도록 만든 것은 아닌가요?"

07 방어기제의 의미를 쓰고, 방어기제 유형 5가지를 간략히 설명하시오.

[04, 07, 09, 10, 17b, 21a, 22b, 23b 기출]

😊 해설

(1) 방어기제의 의미

무의식적 욕구나 충동으로부터 자아를 보호하기 위해 무의식적으로 불안을 회피하는 사고 및 행동이다.

(2) 방어기제의 종류

① **합리화** : 받아들이고 싶지 않은 충동이나 행동을 정당화시키기 위하여 사회적으로 용납되는 그럴듯한 설명이나 이유를 대는 것이다.

② **부인** : 엄연히 존재하는 위험이나 불쾌한 현실에 눈을 감아 버린다.

③ **억압** : 괴롭히는 욕구나 생각 또는 경험을 의식 밖으로 몰아내어 무의식 속에 두는 것이다.

④ **투사** : 자신이 받아들일 수 없는 충동이나 속성을 타인의 것으로 돌리거나 자신의 실패를 타인의 탓으로 돌리는 것이다.

⑤ **전치** : 위협적이 아닌 대상을 향해 긴장을 해소하거나 증오감을 표현하는 것이다.

08 로저스가 강조한 치료자의 특성 3가지를 쓰시오. 인간중심 심리치료에서 중요하게 여기는 치료자의 3가지 태도를 쓰시오.

[08, 10, 14, 17b, 18b, 19b, 22a, 23b 기출]

😊 해설

무조건적 긍정적 관심 (수용)	내담자의 감정, 생각, 행위의 좋고 나쁨의 평가와 판단을 하지 않고 무조건적으로 관심을 기울이고 수용하고 받아들인다.
정확한 공감적 이해	내담자의 경험과 감정을 민감하고 정확하게 내담자의 입장에서 이해한다.
일치성, 진실성	치료자의 내적 경험과 외적표현은 일치해야 하고, 그 관계에서 일어나는 감정을 솔직히 표현하며 진실해야 한다.

09 심리상담자가 준수해야 할 윤리적인 의무 중 "이중관계 지양"에 대해 설명하시오.

[10, 16b, 18a, 21a, 22a, 23b 기출]

😊 해설

(1) 이중 관계

상담자와 내담자가 상담 관계 외에 사적 관계 등을 맺는 것이다.

(2) 피해야 하는 이유

① 상담자와 내담자가 이중 관계로 인해 거래 관계를 맺는 경우 내담자가 상대적으로 약자이므로 상담자의 부탁을 거질하기 어렵게 되고 상담시간에 집중할 수도 없게 된다.

② 이중 관계로 인해 사적 관계를 맺는 경우 정확한 공감을 방해할 수 있다.

③ 이중 관계는 상담전문가로서 객관성을 손상시킬 수 있다.

10 단기상담에 적합한 내담자의 특성 5가지를 기술하시오. [15, 18a, 23b 기출]

 해설

① 호소하는 문제가 비교적 구체적이고 단순하다.
② 호소문제가 발달상의 문제와 연관된다.
③ 호소문제가 발생하기 이전에는 생활기능이 정상적이었다.
④ 과거나 현재 중 상보적 인간관계를 가져본 적이 있다.
⑤ 성격 장애를 가지고 있지 않다.

11 집단상담의 제한점 3가지를 쓰시오. [15, 19a, 21a, 23b 기출]

해설

집단상담의 장점	• 자기 이해 및 타인을 이해할 수 있다. • 사회적 기술을 습득할 수 있다. • 실제 장면과 유사한 환경에서 대인관계 훈련을 할 수 있다. • 타인의 반응, 조언, 지지를 받을 수 있다. • 경제적인 면에서 유리하다. • 다양한 자원 및 정보를 알 수 있다.
집단상담의 단점	• 비밀보장의 한계 • 개인에 대한 관심 미약 • 대상의 부적합성에 따른 역효과 • 집단압력 • 지도자의 전문성 부족

12 놀이치료는 놀이 치료적 가치(효과)가 있다. 놀이의 치료적 가치를 3가지 적으시오. [15a, 16b, 20b, 22a, 22b, 23b 기출]

해설

① 저항을 극복하는 데 도움이 되므로, 치료적 관계 형성에 유용하다.
② 의사소통의 매체로서 아동을 이해하고 진단하는 데 유용하다.
③ 아동의 불안 감소 및 긴장 이완을 통해 효과적인 치료를 가능하게 한다.
④ 정화(Catharsis)를 통해 심리적인 외상을 극복할 수 있도록 한다.
⑤ 창조적 사고를 통해 참신한 문제해결 능력을 발달시키도록 한다.
⑥ 환상과 상상을 통해 대리적인 욕구충족을 가능하게 한다.

13 불안 장애를 극복시키기 위한 체계적 둔감법의 학습원리 및 3가지 기본단계를 순서대로 설명하시오. [9, 10, 15, 18a, 19b, 21a, 23b 기출]

😊 **해설**

(1) 학습원리

불안과 양립할 수 없는 이완반응을 학습시키는 올페의 상호억제작용의 원리를 이용한 것이다.

(2) 시행순서

1단계 근육긴장이완 훈련	특정 근육을 긴장시킨 다음 이 긴장을 이완한다.
2단계 불안 위계표 작성	불안이나 공포에 대한 구체적인 정보와 함께 각각의 증상과 관련된 행동들을 파악하고 위계목록은 대략 10~20개 정도로 작성한다.
3단계 둔감화 과정	불안과 공포를 유발하는 상황을 상상하는 순서는 위협을 가장 적게 느끼는 상황에서부터 시작하여 가장 위협적인 상황으로 옮겨가도록 한다.

14 소크라테스식 대화 특징 3가지를 쓰고, 구체적인 예시 2가지를 쓰시오.

[14, 17b, 22b, 23b 기출]

😊 **해설**

(1) 소크라테스식 대화의 특징

① 일련의 신중한 질문을 통한 내담자 자신의 대안적 해결책을 스스로 탐색하도록 유도한다.
② 내담자 자신이 경험한 사건에 대해 보다 자세하고 진솔한 진술을 하도록 유도한다.
③ 치료자의 비판단적·교육적 접근을 통한 내담자의 역기능적 신념에의 변화를 유도한다.

(2) 구체적인 예

논리적·경험적· 실용적 논박	• 그와 같은 신념이 타당하다는 논리적·경험적 근거는 무엇인가? • 그 신념이 당신의 목적달성에 어떠한 도움이 되는가?
대안적 논박	• 다른 사람은 이 상황을 어떻게 볼 것인가? • 현 상황에서 좀 더 타당한 대안적 신념은 없는가?

15 Beck의 인지적 오류의 예를 6가지로 드시오. [07, 15, 18a/b, 20a, 22a/b, 23a/b 기출]

😊 **해설**

흑백논리의 오류	생활 사건의 의미를 이분법적 범주의 둘 중 하나로 해석하는 오류
과잉 일반화	한두 번의 사례에 근거하여 일반적인 결론을 내리고 무관한 상황에도 그 결론을 적용시키는 오류
정신적 여과	어떤 상황에서 일어난 여러 가지 일 중에서 일부만 뽑아내어 상황 전체를 판단하는 오류
의미확대와 의미 축소	어떤 사건의 의미나 중요성을 실제보다 지나치게 확대하거나 축소하는 오류 – 우울한 사람들은 부정적인 일의 의미는 크게 확대하고 긍정적인 일의 의미는 축소하는 잘못을 범하는 경향이 있다.
개인화 오류	자신과 무관한 사건을 자신과 관련된 것으로 잘못 해석하는 오류
파국화	극적인 파국적 결과만을 예상하는 오류

16 MMPI 상승 분석에서 4-9/9-4 형태에 대한 해석 5가지를 쓰시오.

[12b, 17a, 20a, 21a, 23b 기출]

😊 **해설**

① 공격적이고 충동적인 행동의 외현화된 표출이다.
② 강한 적개심이나 공격성의 외현적 행동의 표현이다.
③ 사회적 규범과 가치관에 무관심하거나 무시하며 반사회적인 경향이다.
④ 행동이 앞서며 욕구 지연이 어렵고 욕구좌절에 대한 인내력이 낮다.
⑤ 피상적이고 착취적인 대인관계 행동 가능성이 있다.

17 정신 장애의 재활모형에서 손상, 장애, 핸디캡의 의미를 쓰고 개입방법 상의 차이점을 설명하시오. [10, 12, 13, 15, 16a, 18a, 19b, 23a/b,24a 기출]

😊 **해설**

손상	심리적, 생리적, 신체적 구조나 기능이 상실되거나 이상이 있는 상태로 우울, 환각, 망상 등이 있으며 개입방법으로 약물치료와 상담치료가 있다.
장애	손상으로 인해 정상적인 행동능력이 제한 또는 결핍된 상태로 학교를 다니지 못하거나 취업을 하지 못하는 예가 해당되며 개입방법으로는 직업재활이나 기술훈련 등이 있다.
핸디캡	손상이나 장애로 정상적인 역할 수행에 어려움이 있고 불이익을 경험하는 상태로 차별이나 편견이 있으며 개입방법으로 제도변화나 권익옹호 등이 있다.

18 내담자의 말을 경청하는 데 있어서 좋은 상담자가 되기 위한 구체적인 방법 5가지를 쓰시오. [06, 15, 23b 기출]

 해설

① 반응하기 전에 충분히 말할 시간을 제공한다.
② 심각하게 말하고 있는 것을 그렇게 받아들인다.
③ 내담자의 말에 충분한 주의를 기울인다.
④ 고개를 끄덕이거나 '음' 하는 등의 반응으로 주의를 기울이고 있음을 알린다.
⑤ 필요한 질문을 하며, 불필요한 질문을 삼가한다.

19 MMPI 검사의 임상척도 중 편집증 척도의 임상 소척도 3가지를 쓰고 설명하시오. [23b 신출]

 해설

Pa1 피해의식	이 소척도에서 높은 점수를 받은 사람은 세상을 위협적이라고 지각하며 자신이 오해받고 부당한 대우를 받는다고 느낀다. 높은 점수를 받은 사람들 중에는 관계 사고나 망상을 보고하는 사람도 있을 수 있다.
Pa 2 예민성	이 소척도에서 높은 점수를 받은 사람은 다른 사람들보다 신경질적이고 예민하다. 그들은 외롭고 오해 받는다고 느끼며, 스스로를 기분 좋게 하기 위해서 위험하거나 자극적인 활동을 찾을 수 있다.
Pa 3 순진성	이 소척도에서 높은 점수를 받은 사람은 다른 사람에 비해서 비현실적으로 낙관적인 태도를 갖는다. 그들은 스스로를 적대감이나 부정적인 출동을 가지고 있지 않고, 높은 도덕적 기준을 가지고 있으며, 사람을 의심하지 않는다고 표현한다.

01 보건소나 정신보건센터에 정신질환 환자가 내원했을 때 가장 먼저 체크해야 하는 것 2가지를 쓰시오. [15, 16, 20a, 23c 기출]

🙂 해설

(1) 심리평가의 사유
심리평가를 받게 된 직접적이고 주된 이유와 증상을 인지한다.

(2) 발달사적 정보
평가 면담을 통해 개인의 역사적, 사회적, 가족적, 발달사적 정보 등을 수집해야 한다.

(3) 정신상태 평가
말, 표정, 자세, 동작, 태도 등을 토대로 현재 정신병리적 문제를 가늠해 본다.

02 웩슬러 기본지식(소검사)이 의미하는 5가지를 쓰시오. [20c, 23c 기출]

🙂 해설

① 일상적이고 사실적인 범위의 지식
② 학습, 학교교육의 정도
③ 지적 호기심, 지식추구의 정도
④ 기민성, 일상세계에 대한 관심
⑤ 장기기억의 정도

03 TCI 성격 차원 3가지를 설명하시오. [18a, 23c 기출]

🙂 해설

(1) 기질차원
자극에 대한 자동적인 정서적 반응성향으로 유전적이며 전 생애를 통해 안정적이다.
① **자극추구** : 새로운 자극이나 잠재적 보상 단서에 접하면 이러한 자극에 끌리면서 행동이 활성화되는 경향성 → 행동 활성화 시스템, 도파민 기제와 관련
② **위험회피** : 위험하거나 혐오 자극에 접하면 행동이 억제되고 위축되는 경향성 → 행동 억제 시스템, 세로토닌 기제와 관련
③ **사회적 민감성** : 사회적 애착을 이루기 위해 사회적 보상 신호에 민감하게 반응하는 경향성 → 행동 유지 시스템, 애착/사회적 관계, 노르에피네프린 기제 관련
④ **인내력** : 지속적인 강화가 없더라도 한번 보상된 행동을 일정한 시간 동안에 꾸준히 지속하려는 경향성 → 야망, 부분적 강화 관련

(2) 성격 차원

자기개념, 추구하는 목표 및 가치에서의 개인차. 기질이라는 원재료를 바탕으로 환경과의 상호
작용 속에서 형성(경험적, 환경적)한다.

① **자율성** : 자기와 자기와의 관계, 통제력, 적응력, 책임감, 자기수용
② **연대감** : 자기와 타인과의 관계, 타인수용 및 공감, 부드러움, 타인존중
③ **자기 초월** : 자기와 만물과의 관계, 개인의 영성, 이상주의, 창조적

04 로저스의 치료적 조건 3가지를 쓰시오.

[08, 10, 14, 17b, 18b, 19b, 21a/b, 22a, 23c 기출]

 해설

무조건적 긍정적 관심 (수용)	내담자의 감정, 생각, 행위의 좋고 나쁨의 평가와 판단을 하지 않고 무조건적으로 관심을 기울이고 수용하고 받아들인다.
정확한 공감적 이해	내담자의 경험과 감정을 민감하고 정확하게 내담자의 입장에서 이해한다.
일치성, 진실성	치료자의 내적 경험과 외적표현은 일치해야 하고, 그 관계에서 일어나는 감정을 솔직히 표현하며 진실해야 한다.

05 만성 정신질환 환자의 재활목표 3가지를 적으시오.

[15, 16b, 23c 기출]

 해설

① 증상의 호전을 장기간 지속시킨다.
② 대인관계 및 독립적인 생활기술을 습득하도록 한다.
③ 보다 만족스러운 삶의 질을 성취하도록 한다.
④ 사회적 적응능력을 향상한다.

06 만성 정신질환 환자의 탈시설화 이유 3가지를 작성하시오.

[19a, 23c 기출]

해설

① 만성 정신질환 환자에 대한 인식개선 및 제도변화
② 지역 사회의 환자에 대한 주거시설 지원의 확대
③ 지역 사회의 정신보건관련 기관의 설치 및 지원

07 불안의 학습이론의 근거와 예(체계적 둔감법)를 설명하시오.

[9, 10, 15, 18a, 19b, 21a, 23c 기출]

😊 **해설**

(1) 학습원리

불안과 양립할 수 없는 이완반응을 학습시키는 올페의 상호억제작용의 원리를 이용한 것이다.

(2) 시행순서

1단계 근육긴장이완 훈련	특정 근육을 긴장시킨 다음 이 긴장을 이완한다.
2단계 불안 위계표 작성	불안이나 공포에 대한 구체적인 정보와 함께 각각의 증상과 관련된 행동들을 파악하고 위계목록은 대략 10~20개 정도로 작성한다.
3단계 둔감화 과정	불안과 공포를 유발하는 상황을 상상하는 순서는 위협을 가장 적게 느끼는 상황에서부터 시작하여 가장 위협적인 상황으로 옮겨가도록 한다.

08 강박 장애의 노출 및 반응 방지법(ERP)을 설명하시오.   [11, 16b, 19b, 23c 기출]

😊 **해설**

(1) 원리

증상을 가진 환자에게 두려움과 거부감의 대상이 되는 자극을 체계적이고 반복적으로 노출시킴으로서 강박적 사고가 근거 없는 것이며, 강박적 행동에 의한 중화(Neutralization) 또한 불필요하다는 사실을 깨닫게 된다.

(2) 시행순서

제1단계 노출	강박적 사고를 유발하는 자극에 충분한 시간 동안 직면하도록 한다.
제2단계 행동방지	강박적 사고에 의해 나타나는 강박적 행동을 제지한다. 처음에는 불안과 공포를 느끼게 되지만 이를 견뎌내는 경험을 통해 강박적 사고를 유발하는 자극에 대해 체계적으로 둔감해진다.

09 로샤 보통 부분반응, 드문 부분반응, 공백반응을 서술하시오.   [19a, 23c 기출]

😊 **해설**

① D(보통 부분반응) : 자주 사용되는 반점의 영역(82개의 영역)
② Dd(드문 부분반응) : 드물게 사용되는 반점의 영역(W나 D가 아닌 반응은 자동적으로 Dd)
③ S(공백반응) : 흰 공간 영역을 반응에 포함되는 경우(Ws, Ds, Dds 처럼 다른 영역에 추가해서 사용)

10 해결중심 가족치료에서 주로 사용하는 질문 유형 3가지를 쓰고 설명하시오.

[18a, 20c, 23c 기출]

☺ 해설

기적 질문	문제가 해결된 상태를 상상해보는 것으로 해결을 위한 요구사항들을 구체화, 명료화하는 데 도움을 준다.
예외 질문	문제해결을 위해 우연적이며 성공적으로 실행한 방법을 찾아내어 이를 의도적으로 실행하도록 하는 것이다.
척도 질문	숫자를 사용하여 내담자에게 자신 문제의 심각성, 문제해결에 대한 희망, 변화에 대한 의지, 문제가 해결된 정도를 수치로 표현하도록 하는 방법이다.
대처 질문	어려운 상황에서의 적절한 대처경험을 상기함으로써 내담자 스스로 강점을 발견하도록 돕는 것이다.

11 정신분석 방어기제 4가지를 설명하시오. [04, 07, 09, 10, 17b, 21a, 22b, 23c 기출]

☺ 해설

(1) 방어기제의 의미

무의식적 욕구나 충동으로부터 자아를 보호하기 위해 무의식적으로 불안을 회피하는 사고 및 행동이다.

(2) 방어기제의 종류

① **합리화** : 받아들이고 싶지 않은 충동이나 행동을 정당화시키기 위하여 사회적으로 용납되는 그럴듯한 설명이나 이유를 대는 것이다.

② **부인** : 엄연히 존재하는 위험이나 불쾌한 현실에 눈을 감아 버린다.

③ **억압** : 괴롭히는 욕구나 생각 또는 경험을 의식 밖으로 몰아내어 무의식 속에 두는 것이다.

④ **투사** : 자신이 받아들일 수 없는 충동이나 속성을 타인의 것으로 돌리거나 자신의 실패를 타인의 탓으로 돌리는 것이다.

⑤ **전치** : 위협적이 아닌 대상을 향해 긴장을 해소하거나 증오감을 표현하는 것이다.

12 웩슬러 소검사 5개를 기술하시오. [06, 22b, 23c 기출]

☺ 해설

(1) 언어이해

① **공통성** : 유사성의 관계능력 파악, 추상적인 사고능력

② **어휘** : (전체지능 대표) 학습능력과 일반개념 측정

③ **상식** : (병전지능 대표) 개인의 기본지식 정도

(2) 지각추론

① **토막짜기** : (유동지능, 병전지능 대표) 비언어적 개념형성 능력, 시각−운동 협응능력

② **퍼즐** : 시각적 재인 및 검증능력, 전체를 부분적으로 분석하는 능력

③ **행렬추리** : 지각적 조직화 능력, 추론능력, 세부적 주의력/집중력

(3) 작업기억
  ① 숫자 : 청각적 단기 기억력, 주의력/집중력 측정
  ② 산수 : 수 개념과 주의 집중력 측정, 아산력, 단기기억 측정

(4) 처리속도
  ① 기호쓰기(뇌손상에 민감) : 단기 기억력 및 민첩성, 시각−운동협응 능력 측정
  ② 동형찾기 : 시각적 단기기억, 시각적 변별력, 주의집중력 반영

13 자문의 정신건강 모델 관점과 행동주의 모델의 차이를 설명하시오.

[13, 21b, 23c 기출]

😊 해설

(1) 정신건강 모델
  ① 자문가는 자문요청자가 문제를 해결할 능력을 가지고 있다고 가정한다.
  ② 자문가와 자문요청자의 관계는 평등하며, 자문가는 조언과 지시를 제공하여 촉진자의 역할을 한다.
  ③ 자문요청자의 진단, 대처, 정서적·기술적 문제해결 능력의 확장 정도로 자문의 성공 여부를 평가한다.

(2) 행동주의 모델
  ① 행동주의 또는 사회학습 이론의 문제해결에 도움을 준다고 가정한다.
  ② 자문가와 자문요청자 간의 보다 분명한 역할이 있으며, 문제해결에 있어 상호관계가 있을 수 있지만 행동지식 기반에 있어 커다란 불균형이 있다.
  ③ 자문의 목표는 자문요청의 바람직하지 않은 행동빈도를 감소시키고 바람직한 행동빈도를 증가시키는 것이다.

14 엘리스 REBT?

[14, 23c 기출]

😊 해설

(1) A(선행사건)
  내담자에게 부정적 감정을 유발한 혹은 촉발한 선행사건
  📵 어머니의 잔소리 "너는 인간 쓰레기야"

(2) B(비합리적 신념)
  촉발사건에 대한 내담자의 비합리적인 신념
  📵 "딸을 사랑하는 어머니라면 그런 말을 절대로 할 수 없어"
     "내 어머니는 나를 사랑하지 않아"

(3) C(결과)
  비합리적 신념의 결과로 나타난 부정적 감정과 행동
  📵 어머니에게 화를 내고 소리를 지른다.

(4) D(논박)

내담자가 가지고 있는 사고에 대해서 논리성, 실용성, 현실성에 비추어 반박하는 것으로 이러한 논박 과정의 3요소로 탐지, 반박, 변별이 있다.

탐지	첫 번째로 내담자는 그들의 비합리적인 신념들, 특히 그들의 '하지 않으면 안 된다'는 식의 절대적 관념과 '끔찍스러운 자기비하'를 탐지하는 방법을 배운다.
반박	탐지하고 나서 내담자는 논리적이고 경험적으로 질문하는 방법과 그들 자신에게 강력하게 논쟁해서 그것을 행하지 않는 방법을 배움으로써 그들의 역기능적인 신념을 반박한다.
변별	마지막으로 내담자는 합리적인 신념과 비합리적인 신념을 변별하는 것을 배운다. 예 어머니의 사랑을 경험했던 사건이 한 번도 없었나? 이전에 어머니의 사랑을 느꼈던 경험에 비추어보면 어머니가 나를 사랑하지 않는다는 신념은 부적절하지 않은가? 그러면 "너는 인간 쓰레기야"라는 말은 아마도 나에 대해 화가 극도에 달해 한 말이지 진심은 아닐 거야.

(5) E(효과)

D의 결과로서 내담자는 자기수용적인 태도와 긍정적인 감정의 효과를 느끼게 된다.
  예 어머니에 대해 미안한 마음과 더불어 어머니의 말에 귀를 기울이게 되고 어머니와의 관계가 회복되는 계기가 된다.

---

15 치료나 상담을 종결해야 하는 경우를 쓰시오. [16a, 19a, 20a/b, 21a, 23c 기출]

😊 **해설**

① 상담계약에 명시했던 목표에 도달했는지 확인한다.
② 내담자가 원했던 긍정적인 발전이 있는지 확인한다.
③ 상담 관계가 도움이 되었는지 확인한다.
④ 상담 초기 설정되었던 상황이 변화되었는지 확인한다.

---

16 신경심리학적 검사 2가지를 쓰시오. [16, 23c 기출]

😊 **해설**

① BGT(Bender-Gestalt Test)
② K-WAIS-IV

17 **관찰하기 좋은 4가지 방법을 쓰시오.** [14, 21a, 23c 기출]

😊 **해설**

(1) 주의집중
주의를 기울일 수 있는 모델이 있어야 한다.

(2) 파지 과정
모델의 행동을 모방하기 위해서는 모델의 행동을 기억해야 한다.

(3) 재생
모방한 행동에 대한 인지적 표상이 신체적 운동으로 전환되어야 한다.

(4) 동기화 과정
다른 사람들의 행동을 관찰하여 배웠다고 하더라도 그 행동을 할 필요가 없다고 여기면 행동으로 나타나지 않을 것이다.

18 **MMPI-2 척도의 2개인 편집증, 경조증에 대해 쓰시오.** [23c 신출]

😊 **해설**

① 대인관계 예민성, 피해의식, 만연한 의심, 경직된 사고, 관계망상 등을 포함하는 척도 : 6번 편집증 척도
② 고양된 기분, 말과 행동의 속도가 빨라짐, 화를 잘 냄, 사고의 비약, 단기간의 우울 등을 포함하는 척도 : 9번 경조증 척도

19 **프로차스카(James Prochaska) 행동 변화 단계 모델에서 숙고 전, 준비, 유지단계의 의미를 쓰시오.** [23c 신출]

😊 **해설**

프로차스카(James Prochaska) 행동 변화 단계 모델은 바람직하지 않은 행동에서 바람직한 것으로 이동할 때 사람들이 겪는 단계를 설명한다. 이 모델은 사람들이 알코올 중독, 흡연, 심지어 운동과 같은 행동 문제를 어떻게 수정하는지 이해하는 방법으로 개발되어 개인의 의사결정에 중점을 두는 의도적인 변화 모델이다. 이 모델은 사람들이 행동을 신속하고 단호하게 바꾸지 않는다는 가정 하에 운영된다. 오히려 행동의 변화, 특히 습관적인 행동은 주기적 과정을 통해 지속적으로 발생한다.

(1) 숙고 전 단계
이 단계의 사람들은 변화를 고려하지 않고 있다. 이 단계에서 자신의 행동이 문제가 아니라는 주장으로 변화를 거부한다.

(2) 숙고 단계
숙고 단계에서 사람들은 변화를 통해 얻을 수 있는 잠재적 혜택에 대해 인식하게 되지만 혜택보다 비용이 더 커 보인다. 이러한 갈등은 변화에 대한 강한 상반되는 감정을 형성한다. 이러한 불확실성으로 인하여 변화의 계획 단계는 수개월 또는 수년이 지속될 수 있다.

(3) 준비 단계

계획이 수립되면 실행을 위한 준비가 필요하다. 준비 단계에서 큰 변화를 위해 작은 변화를 시작할 수 있다. 예를 들면, 체중감량이 목표라면 저지방 식품으로 전환할 수 있다. 목표가 금연이라면 매일 흡연을 조금씩 줄일 수 있다. 치료사와 상담하거나 헬스클럽에 가입하거나 관련 서적을 읽는 것과 같은 일종의 직접 행동을 취할 수도 있다.

(4) 행동 단계

행동 단계에서 목표를 달성하기 위해 직접 행동을 시작한다. 이전 단계에 생각이나 시간이 부족하여 해결이 실패하는 경우가 있다. 예를 들면, 많은 사람들이 새해 체중감량을 결심하고 즉시 새로운 운동요법을 시작하고 건강한 식단을 시작하고 간식을 줄인다. 이러한 최종 단계는 성공에 필수적이지만 이전 단계를 간과했기 때문에 이러한 노력은 수주일 만에 포기될 수 있다. 현재 목표를 달성하기 위한 조치를 취하고 있다면 긍정적인 조치를 취한 것을 축하한다. 강화와 지원은 변화에 대한 긍정적인 조치를 유지하는 데 매우 중요하다. 동기부여, 자원 및 진도를 주기적으로 검토하여 변화에 대한 몰입과 신념을 개선할 수 있는 시간을 갖는다.

(5) 유지 단계

변화의 유지 단계에는 이전의 문제 행동을 성공적으로 피하고 변화된 새로운 행동을 유지하는 것이 포함된다. 사람들은 변화를 계속할 수 있다는 확신을 갖게 된다. 새로운 행동을 유지하는 경우 유혹을 피할 수 있는 방법을 찾는다. 오래된 습관을 보다 긍정적인 행동으로 대체한다. 재발을 성공적으로 피할 수 있을 때 자신에게 보상한다. 이전 행동으로 되돌아갔더라도 포기하지 않는다. 단지 사소한 좌절이었다는 것을 상기한다. 재발은 일반적이며 평생 동안의 변화를 만드는 과정의 일부이다.

01 **심리검사 후 결과 해석 시 유의사항 5가지를 쓰시오.** [22a, 24a 기출]

☺ 해설

① 해석에 대한 내담자의 반응을 고려해야 한다.
② 검사결과에 대해 이해하기 쉬운 언어를 구사한다.
③ 검사결과와 여러정보에 근거하여 중립적이고 객관적인 견해를 설명해준다.
④ 검사결과에 대한 내담자의 방어를 최소화한다.

02 **접수 면접에서 반드시 확인되어야 할 내용 5가지를 쓰시오.** [16b, 20b, 24a 기출]

☺ 해설

① 내담자의 호소문제 파악
② 현재 및 최근의 주요 상태를 체크
③ 내담자의 스트레스 원인
④ 문제해결에 필요한 내담자의 강점을 파악
⑤ 내담자의 개인사나 가족사
⑥ 내담자의 외모나 행동관찰

03 **K–WISC–IV의 지표 4가지를 쓰시오.** [23b, 24a 기출]

☺ 해설

① 언어이해
② 지각추론
③ 작업기억
④ 처리속도

04 **MMPI 상승분석에서 4–9/9–4 형태에 대한 해석 5가지를 쓰시오.**

[12b, 17a, 20a, 21a, 23b, 24a 기출]

☺ 해설

① 공격적이고 충동적인 행동의 외현화된 표출이다.
② 강한 적개심이나 공격성의 외현적 행동의 표현이다.
③ 사회적 규범과 가치관에 무관심하거나 무시하며 반사회적인 경향이다.
④ 행동이 앞서며 욕구 지연이 어렵고 욕구좌절에 대한 인내력이 낮다.
⑤ 피상적이고 착취적인 대인관계 행동 가능성이 있다.

05 MMPI 결과 T점수로 L척도 48, F척도 110, K척도 45를 보이고 5번 척도를 제외한 대부분의 임상척도가 높게 상승하였다. 이런 프로파일을 보일 가능성이 있는 사람들의 유형을 3가지 쓰시오. [09, 15, 20c, 24a 기출]

 해설

(1) 가능한 유형 3가지
　① 자신의 문제를 과장하여 반응함으로써 주위의 관심이나 도움을 받으려는 사람
　② 자신의 책임을 회피하거나 다른 사람을 기만할 목적을 가진 범법자
　③ 검사 자체 또는 검사자에게 저항하는 사람

06 TCI 척도를 구성하는 4가지의 기질차원과 3가지의 성격차원을 쓰시오.
[18a, 23c, 24a 기출]

 해설

4가지 기질차원	자극추구, 위험회피, 사회적 민감성, 인내력
3가지 성격차원	자율성, 연대감, 자기초월

07 로르샤하 엑스너 방식 종합채점 항목 5가지를 쓰시오. [20a, 23a, 24a 기출]

해설

　① 반응영역위치　　　② 반응결정요인　　　③ 반응내용
　④ 특수점수　　　　　⑤ 쌍반응

08 심리검사 중 투사검사의 장·단점을 5개씩 기술하시오. [19b, 24a 기출]

해설

투사검사의 장점	• 무의식적 갈등과 욕구를 탐색할 수 있다. • 자유로운 반응이 가능하다. • 사회적 바람직성의 영향을 덜 받는다. • 검사 중 긴장이 적다. • 개인화된 해석이 가능하다.
투사검사의 단점	• 신뢰도와 타당도가 낮을 수 있다. • 검사자의 주관적 해석에 영향을 받는다. • 시간과 비용이 많이 든다. • 명확한 규준이 부족하다. • 체계적인 분석이 어렵다.

09 사회성숙도 검사에서 아동발달의 측정영역 6가지를 기술하시오.

[15, 22b, 24a 기출]

 해설

① 자조능력   ② 이동능력   ③ 작업영역
④ 의사소통영역   ⑤ 자기관리 능력   ⑥ 사회화 영역

10 다음 보기에서 내담자 진술에 대한 상담자의 반응은 각각 어떤 개입기술에 해당하는지를 쓰시오.   [03, 04, 09, 13, 16b, 20a, 21a, 22a, 22b, 23b, 24a 기출]

> **내담자** : 저는 지난 밤 너무도 기이한 꿈을 꾸었어요. 아버지와 함께 숲으로 사냥을 나섰는데요. 사냥감에 온통 주의를 기울이느라 깊숙한 곳까지 다다르게 되었죠. 그런데 갑자기 바위 뒤편에서 커다란 물체가 튀어나오는 거에요. 저는 순간 사슴인 줄 알고 방아쇠를 당겼지요. 어렴풋이 그 물체가 쓰러진 듯이 보였고, 저는 두근거리는 가슴을 부여잡은 채 서서히 다가갔어요. 가보니 그 물체는 사슴이 아닌 아버지였어요. 아버지가 숨을 쉬지 않은 채 죽어 있더라고요. 저는 너무도 황당하고 두려워서 잠에서 깨어났는데요. 등에서는 식은땀이 줄줄 흐르더라구요.
>
> **상담자** : 당신은 지난 밤 꿈으로 인해 정말 많이 놀랐나 보군요. 황당하고 두려웠다는 것은 구체적으로 어떤 죄책감이 들었다는 의미인가요? 평소 아버지를 미워했나요? 아버지에 대한 적개심이 총을 오작동하도록 만든 것은 아닌가요.

 해설

① **반영** : "당신은 지난 밤 꿈으로 인해 정말 많이 놀랐나 보군요."
② **명료화** : "황당하고 두려웠다는 것은 구체적으로 어떤 죄책감이 들었다는 의미인가요?"
③ **직면** : "평소 아버지를 미워했나요?"
④ **해석** : "아버지에 대한 적개심이 총을 오작동하도록 만든 것은 아닌가요?"

11 집단치료에서 집단구성 시 현실적으로 고려해야 하는 사항 5가지를 쓰시오.

[18a, 24a 기출]

해설

① 집단원 구성(동질,이질)   ② 집단 크기   ③ 회기 빈도 및 기간
④ 집단 실시 장소   ⑤ 개방집단 VS 폐쇄집단

12 얄롬의 집단상담의 치료적 요인 5가지를 기술하시오.

[09, 12, 13, 14, 17a/b, 18a, 19a, 21a, 24a 기출]

해설

① 보편성   ② 정보전달   ③ 이타심
④ 사회기술 발달   ⑤ 희망의 고취

13 토큰 이코노미의 장점 5가지를 쓰시오. [12, 18b, 20b, 21b, 24a 기출]

 해설

① 바람직한 행동을 하는 즉시 강화를 줄 수 있다.
② 강화의 양을 쉽게 알 수 있고 쉽게 증감할 수 있다.
③ 토큰을 확실하게 수량화할 수 있어 자신의 진척 상황을 잘 알 수 있다.
④ 자신의 행동이 개선되고 있음을 알게 되면 개선률이 더욱 증가할 수 있게 된다.
⑤ 교사가 학생들의 행동을 보다 효율적으로 통제하는 자극이 된다.
⑥ 효과적 동기유발 도구이기도 하면서 하나의 학습지도의 방법이 되기도 한다.

14 Beck의 인지적 오류의 예를 5가지를 제시하고 설명하시오. [07, 15, 18a/b, 22a/b, 23a/b, 24a 기출]

 해설

① 흑백논리 ② 과잉 일반화 ③ 임의적 추론
④ 의미확대와 축소 ⑤ 개인화

15 비밀보장의 예외에 해당하는 경우 6가지를 쓰시오. [11, 20c, 24a 기출]

 해설

① 자살이나 자해의 위험이 있는 경우
② 타인에게 심각한 위해를 가할 위험이 있는 경우
③ 내담자가 감염성이 있는 질병에 걸린 경우
④ 법원의 명령이 있을 경우
⑤ 아동학대나 노인학대가 의심되는 경우
⑥ 전문가 자문이나 슈퍼비전의 필요가 있을 경우

16 정신 장애의 재활모형에서 병리, 손상, 장애, 핸디캡의 의미를 쓰시오. [10, 12, 13, 15, 16a, 18a, 19b, 23a/b, 24a 기출]

 해설

병리	신경계 이상 등의 병적 소인
손상	심리적·신체적 기능이 상실되거나 이상 있는 상태
장애	정상적 사회 역할 수행 능력이 부족한 상태로 학교 다니지 못하거나 취업 하지 못하는 등의 문제 있음
핸디캡	환자가 사회로부터 불이익을 겪게 되는 경우로 낙인,편견으로 인해 자신의 능력 사용의 기회를 제한당하는 것 의미

17 **방어기제의 유형 5가지를 쓰시오.** [04, 07, 09, 10, 17b, 21a, 22b, 23b/c, 24a 기출]

 해설

① 억압 ② 합리화 ③ 부인
④ 투사 ⑤ 전치

18 **Kadushin(1985)의 상담자를 위한 슈퍼비전의 기능 3가지를 쓰고 설명하시오.**
[17a, 20a, 24a 기출]

 해설

교육의 기능 (훈련)	임상심리사의 기술과 능력을 향상시키며 상담사의 전문적 능력을 향상시키는 것에 초점이 있다.
지지의 기능 (지지)	슈퍼바이저의 수용과 확인을 통해 상담사의 개별적 욕구에 관심을 갖고 직무만족을 제고 하는 것에 초점이 있다.
행정의 기능 (관리)	슈퍼비전을 통해 상담사가 기관의 규정과 절차에 맞는 서비스를 제공하도록 감독하고 평가하는 것에 초점이 있다.

01 건강심리학의 발달배경 3가지를 쓰시오.

[17a, 24b 기출]

 해설

생의학적 모델의 한계	전통적인 생의학적 모델은 질병을 신체적인 문제로만 다루었으나, 심리적·사회적 요인을 무시하였다. 질병의 원인과 회복 과정에서 심리적 요소의 중요성이 점차 부각되면서 건강심리학이 발전하였다.
만성질환의 증가	심장병, 당뇨병 등 만성질환이 증가하면서, 이러한 질환의 예방과 관리는 생활습관, 스트레스, 감정 등의 심리적 요인과 밀접한 관련이 있음을 인식하게 되었다. 이를 다루기 위해 건강심리학이 필요하게 되었다.
심리–사회적 요인의 중요성	스트레스, 사회적 지지, 대처 전략 등 심리적·사회적 요인이 건강에 미치는 영향을 연구하는 필요성이 커지면서, 신체와 마음의 상호작용을 다루는 건강심리학이 발달하게 되었다.

02 저항의 개념과 대처방법을 쓰시오.

[24b 신출]

 해설

(1) 저항(Resistance)의 개념
심리치료나 상담에서 내담자가 자신의 무의식적 갈등이나 불편한 감정을 마주하는 것을 피하려는 방어적 반응을 의미한다.

(2) 저항의 대처 방법

저항을 이해하고 수용하기	• 저항이 자연스러운 과정임을 인정하고, 이를 비난하지 않고 수용한다. • 내담자가 저항을 느끼는 이유를 탐색하는 것은 치료 과정의 중요한 부분이다.
안전한 환경 조성	• 내담자가 자신을 안전하다고 느낄 수 있도록 신뢰 관계를 구축하는 것이 중요하다. • 안전하다고 느낄 때 내담자는 저항을 줄이고 더 솔직하게 자신을 표현할 수 있다.
저항에 대해 개방적으로 논의하기	• 내담자가 저항하는 이유나 불편한 감정에 대해 솔직하게 이야기하도록 유도하고, 이를 통해 내담자가 자기 인식을 높이도록 도와준다.
작은 목표 설정	• 너무 큰 변화나 도전이 저항을 일으킬 수 있으므로, 내담자가 감당할 수 있는 작은 목표를 설정하여 점진적으로 변화하도록 유도한다.
인지적 재구성	• 내담자가 변화에 대해 갖고 있는 부정적인 생각이나 두려움을 인지적 재구성을 통해 긍정적으로 바라보도록 돕는다. • 변화가 내담자의 삶에 긍정적인 영향을 미칠 수 있음을 인식하게 한다.
대처 전략 교육	• 내담자에게 스트레스 관리, 감정 조절 등의 대처 전략을 교육하여 저항을 극복할 수 있도록 지원한다. 이는 내담자가 변화를 두려워하지 않고, 더 유연하게 적응하는 데 도움을 준다.

03 정신분석에서는 이상적 치료목표가 충족되었을 시 상담이 종결되었다고 본다, 정신분석에서 말하는 이상적 치료의 목표를 설명하시오. [16b, 24b 기출]

 해설

정신분석에서 말하는 이상적 치료의 목표는 무의식적인 갈등을 의식화하여 내담자가 자기 자신에 대한 통찰을 얻고, 이를 통해 심리적 성장을 이루는 것이다. 이 과정에서 억압된 감정, 욕망, 기억 등이 의식 수준으로 떠오르게 되어, 내담자는 자기 행동의 원인과 심리적 문제의 근본을 이해하게 된다. 구체적인 목표는 다음과 같다.

무의식적 갈등의 의식화	억압된 무의식적 갈등을 의식으로 떠올려, 내담자가 자신의 감정과 행동의 원인을 명확히 이해하도록 돕는다.
방어기제 인식과 해소	내담자가 사용하는 방어기제(예 억압, 투사 등)를 인식하고, 이를 적절하게 다루면서 더 건강한 대처 방식으로 전환할 수 있도록 돕는다.
자기 이해와 통찰	자신의 욕망, 두려움, 갈등에 대한 깊은 통찰을 통해, 내담자가 스스로를 더 잘 이해하고, 자기 이해를 바탕으로 더 나은 삶의 선택을 하도록 유도한다.
성숙한 성격 발달	심리적 성숙을 이루어, 현실을 보다 유연하게 수용하고, 감정과 행동을 조절하는 능력을 향상시킨다.
증상 완화	내담자의 무의식적 갈등이 의식화되고 해소되면서, 불안, 우울, 신체화 증상 등 심리적 고통이 완화된다.

04 자기보고식 성격검사의 장단점 2가지씩 쓰시오. [24b 신출]

 해설

장점	실용성	• 비교적 간단하고 시간 소모가 적어 많은 사람에게 쉽게 시행할 수 있다. • 비용이 적고, 대규모 평가가 가능하여 실용적이다.
	내적 경험에 대한 직접적인 정보	• 응답자가 자신의 감정, 생각, 행동을 스스로 보고하기 때문에 외부에서 관찰하기 어려운 개인의 내적 상태에 대한 정보를 직접적으로 얻을 수 있다.
단점	응답의 왜곡 가능성	• 응답자가 사회적으로 바람직하게 보이려 하거나 자신의 결점을 숨기려는 경향(사회적 바람직성 편향)이 있어, 결과가 왜곡될 가능성이 있다.
	자기 인식의 한계	• 응답자가 자신의 성격이나 행동을 정확히 인식하지 못할 경우, 보고된 정보가 실제와 다를 수 있다. 이는 검사결과의 신뢰도와 타당성에 영향을 미칠 수 있다.

05 리히텐베르거와 카우프만이 제시한 지능검사의 철학 5가지를 쓰시오.

[22a, 24b 기출]

😊 해설

① 지능검사의 소검사는 개인이 학습해 온 것을 측정한다.
② 지능검사의 소검사는 개인 행동 표본일 뿐 총체는 아니다.
③ 개인 대상의 표준화된 검사는 특정한 실험적 환경하에서 정신 기능을 평가한다.
④ 지능검사와 같은 종합검사는 이론적 모형에 근거하여 해석해야 유용하다.
⑤ 검사 프로파일을 통해 도출된 가설은 다양한 출처의 자료를 통해 지지되어야 한다.

06 정신 장애의 재활모형에서 손상과 핸디캡의 예시를 설명하고 개입방법을 1가지씩 쓰시오.

[10, 12, 13, 15, 16a, 18a, 19b, 23a/b, 24a/b 기출]

😊 해설

손상	심리적, 생리적, 신체적 구조나 기능이 상실되거나 이상이 있는 상태로 우울, 환각, 망상 등이 있으며 개입방법으로 약물치료와 상담치료가 있다.
장애	손상으로 인해 정상적인 행동능력이 제한 또는 결핍된 상태로 학교를 다니지 못하거나 취업을 하지 못하는 예가 해당되며 개입방법으로는 직업재활이나 기술훈련 등이 있다.
핸디캡	손상이나 장애로 정상적인 역할 수행에 어려움이 있고 불이익을 경험하는 상태로 차별이나 편견이 있으며 개입방법으로 제도변화나 권익옹호 등이 있다.

07 프로차스카의 행동변화 5단계를 쓰시오.

[20a, 24b 기출]

😊 해설

1단계	인식전단계로 내담자는 변화에 대한 생각이 없다.
2단계	인식단계로 변화의 가능성을 생각한다. 그러나 양가 감정을 가지고 있다.
3단계	준비단계로 변화에 대한 마음을 가지기 시작한다.
4단계	행동실천단계로 적극적인 변화의 모습을 보인다.
5단계	유지단계로 초기목표를 달성하고 유지하려고 노력한다.
6단계	재발단계로 증상재발을 경험하고 이를 대처하기 위해 효과적인 전략을 배운다.

08 로르샤하 검사의 구조적 요약에 제시되는 형태질 종류 3가지를 쓰시오. [24b 신출]

 해설

형태질(Form Quality)은 피검자의 반응이 잉크반점의 실제 모양과 얼마나 일치하는지를 평가하는 중요한 지표이다.

일반 형태질 (Ordinary Form, FQo)	일반적으로 많은 사람들이 비슷하게 반응하는 형태로, 객관적으로 잉크반점의 모양과 잘 일치하는 반응이다. 이는 현실 인식 능력이 뛰어난 경우로 해석된다.
특이 형태질 (Unusual Form, FQu)	비교적 덜 일반적인 반응이지만, 여전히 잉크반점의 모양과 어느 정도 일치하는 형태이다. 이는 창의적이지만 현실 인식에서 다소 비일상적인 경향을 나타낼 수 있다.
왜곡된 형태질 (Distorted Form, FQ–)	잉크반점의 모양과 전혀 일치하지 않거나 왜곡된 반응이다. 이는 현실 인식의 왜곡이나 혼란을 반영하며, 심리적 문제가 있을 가능성을 시사할 수 있다.

09 특정 공포증의 하위 유형 3가지를 쓰고 설명하시오. [19a, 24b 기출]

해설

동물형	뱀, 거미, 개, 곤충
혈액/주사 상처형	신체적 상해나 고통
자연환경형	천둥, 번개, 높은 곳, 강, 바다
상황형	교통수단(비행기), 터널, 다리, 엘리베이터

10 실존주의에서의 정상적 불안과 신경증적 불안을 말하고 있다. 여기에서 정상적 불안의 3가지에 대해 설명하시오. [16b, 19a, 24b 기출]

해설

죽음에 대한 불안	• 인간은 언젠가 죽을 수밖에 없다는 사실을 자각하면서 불안을 느끼게 된다. 이 불안은 불가피한 인간 조건으로부터 비롯되며, 자신의 유한성을 인식하면서 더 의미 있는 삶을 살고자 하는 동기가 될 수 있다.
자유에 대한 불안	• 인간은 자신의 선택에 대한 자유를 가지고 있지만, 그 선택에 따른 책임도 감당해야 한다. • 선택의 자유가 주어질 때, 그로 인한 결과와 책임을 감당해야 한다는 부담으로 불안을 경험하게 된다. 이는 성장을 촉진하지만, 그와 동시에 존재의 불안을 느끼게 한다.
고립에 대한 불안	• 인간은 궁극적으로 타인과 완전히 연결될 수 없고, 혼자 존재하는 고립된 존재임을 깨달을 때 불안을 느낀다. 이는 인간이 근본적으로 존재하는 방식의 한계를 인식하는 것이며, 이러한 불안은 자율성과 독립성을 추구하는 데 기여할 수 있다.

11 아동을 대상으로 한 지능검사에서 검사자와 수검자 간의 관계형성(라포)은 필수적이다. 지능검사를 실시하는 검사자가 수검자와 라포를 형성하기 위한 구체적인 방법 4가지를 쓰시오. [12, 24b 기출]

 해설

편안한 환경 조성	• 검사 시작 전 아동이 긴장을 풀 수 있도록 편안하고 친근한 분위기를 조성한다. 예를 들어, 아동이 좋아하는 주제에 대해 짧은 대화를 나누거나, 검사 도구나 방식을 친숙하게 설명해줌으로써 아동이 불안감을 덜 느끼도록 한다.
칭찬과 격려	• 아동이 문제를 해결할 때마다 긍정적인 피드백을 주고, 성취감을 느끼도록 격려한다. 단순한 칭찬(예 "잘했어!")부터 노력에 대한 인정(예 "열심히 했구나!")을 통해 아동이 계속해서 검사에 집중할 수 있도록 도와준다.
아동의 반응을 존중하고 경청	• 아동이 질문하거나 반응을 보일 때 적극적으로 경청하고, 아동의 의견이나 감정을 존중한다. • 아동이 자신의 생각을 자유롭게 표현할 수 있도록 하며, 잘못된 답변에도 비난하지 않고 이해하는 태도를 보이는 것이 중요하다.
검사 절차에 대한 명확한 안내	• 검사 전에 아동이 무엇을 해야 하는지 명확하게 설명해준다. • 검사의 목적이나 과정을 쉽게 이해할 수 있도록 설명해 주고, 어려운 부분이 있으면 언제든 물어보라고 안내함으로써 아동이 부담 없이 검사에 임할 수 있도록 한다.

12 TAT검사 개념과 대인관계 해석법에 대해 쓰시오. [24b, 신출]

 해설

(1) TAT(주제 통각 검사, Thematic Apperception Test)
TAT(주제 통각 검사, Thematic Apperception Test)는 개인의 무의식적인 감정, 동기, 갈등을 탐구하기 위해 설계된 투사적 심리검사이다. 1935년 모리츠 리퍼와 헨리 머레이에 의해 개발되었으며, 주로 이야기 만들기 방식을 통해 개인의 심리적 특성을 분석한다.

(2) 대인관계 해석법
TAT 검사에서 대인관계에 대한 해석은 피검자가 이야기한 내용, 등장인물 간의 상호작용, 그리고 그들이 경험하는 감정 및 갈등을 바탕으로 이루어진다. 다음은 대인관계 해석을 위한 주요 요소이다.

인물 간의 관계	• 카드에 등장하는 인물들 간의 관계를 분석한다. 이들은 가족, 친구, 직장 동료 등을 상징할 수 있으며, 피검자가 느끼는 실제 관계의 반영일 수 있다. • 긍정적인 상호작용이 많다면 피검자가 대인관계에서 긍정적인 경험을 하고 있음을 나타낼 수 있다.
감정의 표현	• 피검자가 인물들에게 부여한 감정과 정서적 반응을 살펴본다. • 감정의 강도나 긍정/부정의 감정 비율은 피검자가 대인관계에서 느끼는 감정적 안정감이나 불안감을 나타낼 수 있다.

갈등과 해결 방식	• 이야기 속 갈등의 유형과 해결 방식을 분석한다. • 갈등이 발생하는 방식과 이를 해결하기 위한 노력은 피검자가 실제 대인관계에서 어떤 갈등을 경험하고 있으며, 이를 어떻게 처리하려고 하는지를 보여줄 수 있다.
자아와 타인에 대한 태도	• 피검자가 이야기에서 자신의 자아와 타인에 대한 태도를 어떻게 표현하는지 분석한다. • 자신의 역할, 타인에 대한 신뢰도, 그리고 다른 사람들과의 관계에서 느끼는 책임감 등이 포함된다.

13 파괴적 행동문제를 나타내는 청소년에게 행동원리에 의한 정적 강화의 수준을 높여야 하는 이유 3가지를 쓰시오.

[11, 17a, 24b 기출]

😊 해설

① 청소년이 바람직한 행동을 했을 때 적절한 보상이나 격려 및 칭찬과 같은 강화를 제공하면 바람직한 행동의 빈도는 증가하게 될 것이다.
② 파괴적 행동을 줄이기 위하여 부적 강화나 처벌은 가급적 삼가는 것이 적절할 수 있다.
③ 칭찬이나 격려를 하는 치료자나 부모의 행동을 보고, 다른 이들을 어떠한 방식으로 대해야 할지 모방 학습을 할 수 있다.

14 상담자와 내담자의 관계에서 윤리적 지침과 행동강령 5가지를 쓰시오.

[06, 12, 20b, 20c, 21a, 24b 기출]

😊 해설

(1) 윤리적 지침

전문가로서의 태도	상담자는 자기 자신의 교육과 수련, 경험 등에 의해 준비된 범위 안에서 전문적인 서비스와 교육을 제공한다.
성실성	상담자는 상담의 한계점, 상담의 이점, 자신의 강점과 제한점 등을 성실히 알린다.
사회적 책임	상담자는 사회의 윤리와 도덕기준을 존중하고, 사회공익과 자신이 종사하는 전문직의 바람직한 이익을 위해 최선을 다한다.
인간권리와 존엄성에 대한 존중	상담자의 일차적 책임은 내담자의 복지를 증진하고 존엄성을 존중하는 것이다.
정보의 보호	상담자는 사생활과 비밀유지에 대한 내담자 권리를 최대한 존중해야 할 의무가 있다.

(2) 행동강령
① 내담자와 성관계를 맺지 않는다.
② 구조화된 상담 장면을 깨뜨리지 않는다.
③ 법적으로 문제될 만한 말을 들었을 때는 비밀보장 원칙을 깰 수 있다.
④ 자신의 전문적 분야와 그 한계를 알고 한계 밖의 내담자는 자문, 의뢰를 실시한다.
⑤ 내담자가 연락 없이 상담에 나오지 않을 경우, 연락을 취하여 필요한 조치를 취한다.

15 놀이치료는 치료적 효과가 있다. 놀이의 치료적 기능 3가지를 쓰고 설명하시오.

[15a, 16b, 20b, 22a/b, 23b, 24b 기출]

😊 해설

① 저항을 극복하는 데 도움이 되므로, 치료적 관계 형성에 유용하다.
② 의사소통의 매체로서 아동을 이해하고 진단하는 데 유용하다.
③ 아동의 불안 감소 및 긴장 이완을 통해 효과적인 치료를 가능하게 한다.

16 로저스가 강조한 치료자의 3가지 태도를 쓰시오.

[08, 10, 14, 17b, 18b, 19b, 21a/b, 22a, 23b/c, 24b 기출]

😊 해설

무조건적 긍정적 관심(수용)	내담자의 감정, 생각, 행위의 좋고 나쁨의 평가와 판단을 하지 않고 무조건적으로 관심을 기울이고 수용하고 받아들인다.
정확한 공감적 이해	내담자의 경험과 감정을 민감하고 정확하게 내담자의 입장에서 이해한다.
일치성, 진실성	치료자의 내적 경험과 외적 표현은 일치해야 하고, 그 관계에서 일어나는 감정을 솔직히 표현하며 진실해야 한다.

17 수시로 친구를 괴롭히고 교사에게 반항하는 아동을 둔 교사가 자문을 요청해 왔다. 이 교사에게 어떤 자문을 해줄 수 있는지에 대해 4가지 정도 쓰시오.

[08, 14, 24b 기출]

😊 **해설**

행동의 원인 이해하기	• 아동이 왜 이러한 행동을 보이는지를 이해하려고 노력해야 한다. • 아동의 배경, 정서적 상태, 사회적 환경 등을 고려해 보면 이러한 행동이 스트레스, 불안, 낮은 자존감 등에서 비롯된 것일 수 있다. • 아동과의 개인 상담이나 부모와의 대화를 통해 보다 깊은 통찰을 얻는 것이 중요하다.
긍정적인 행동 강화	• 아동이 긍정적인 행동을 보일 때 이를 즉각적으로 인식하고 칭찬한다. • 긍정적인 행동을 강화함으로써 아동이 더 바람직한 행동을 하도록 유도할 수 있다. 이는 아동이 긍정적인 피드백을 받으면서 자신감을 키우고, 친구와의 관계를 개선하는 데 도움을 줄 수 있다.
사회적 기술 교육	• 아동이 친구와 긍정적으로 상호작용할 수 있도록 사회적 기술을 교육한다. 예를 들어, 감정 표현, 갈등 해결, 협력 방법 등을 가르치는 것이 좋다. • 역할 놀이와 같은 활동을 통해 아동이 실제 상황에서 어떻게 행동할지를 연습하도록 도와줄 수 있다.
교실 규칙 및 경계 설정	• 교실 내에서의 행동에 대한 명확한 규칙과 경계를 설정한다. • 아동에게 기대되는 행동과 그에 따른 결과를 분명히 하여, 아동에게 어떤 행동이 허용되고 어떤 행동이 허용되지 않는지를 이해하도록 돕는다. • 일관된 적용이 중요하며, 아동이 규칙을 어길 경우 일관되게 대응한다.

01 한계에 부딪힐 때가 있다. 다음과 같은 내담자를 만났을 때 어떻게 처신해야 할지를 3가지씩 적어 주시오. [19a, 24c 기출]

😊 **해설**

(1) 자살위험 내담자
① 비밀보장 예외사항 및 자살예방 사전 동의서를 받는다.
② 119, 129, 생명의 전화 등 24시간 Hot-Line을 알려주어 언제든지 도움을 받을 수 있도록 한다.
③ 가족 및 친구에게 내담자의 자살 위험성에 대해 알려준다.
④ 응급상황 시에는 정신건강 관련 센터에 연계하여 입원할 수 있도록 한다.

(2) 다른 사람을 살해할 위험이 있는 내담자
① 비밀보장 예외사항에 대한 사전 동의서를 받는다.
② 실제 실행의 위험성이 높은 경우 경찰서 등 관련기관에 신고한다.
③ 피해를 입을 대상자에게 미리 위험하다는 사실을 알려준다.

02 내담자가 상담을 끝낼 준비가 되었는지를 판단할 수 있는 방법 3가지를 쓰시오. [16a, 19a, 20a/b, 21a, 23a/c, 24c 기출]

😊 **해설**

① 상담계약에 명시했던 목표에 도달했는지 확인한다.
② 내담자가 원했던 긍정적인 발전이 있는지 확인한다.
③ 상담관계가 도움이 되었는지 확인한다.
④ 상담 초기 설정되었던 상황이 변화되었는지 확인한다.

03 틱 장애를 평가하는 척도 2가지를 쓰시오. [16a, 24c 기출]

😊 **해설**

틱 장애 평가 척도는 다음과 같다.

YGTSS Yale Global Tic Severity Scale	예일 틱 증상 평가 척도 또는 예일 전반적 틱 심각도 척도
TSSS Tourette Syndrome Severity Scale	뚜렛 증후군 심각도 척도 또는 뚜렛 증후군 증상 평가 척도
TSGS Tourette Syndrome Global Scale	뚜렛 증후군 전반적 척도 또는 뚜렛 증후군 평가 척도

참고 틱이란 갑작스럽고 빠르며 반복적, 비율동적, 상동적인 움직임이나 소리를 말하며 틱이 나타나는 근육군과 양상에 따라 단순 운동틱과 복합 틱으로 구분된다.

단순 운동 틱	단순 운동 틱은 순간적인 눈 깜박임, 목 경련, 얼굴 찡그림이나 어깨 으쓱임 등이 있다.
복합 틱	복합 틱은 단순 운동 틱과 달리 한 군데 이상의 근육을 침범한 얼굴 표정 변화, 냄새 맡기, 특정 방향으로 뛰기, 발 구르기 혹은 욕설 등과 같이 좀 더 복합적이며 마치 목적을 가지고 하는 행동과 같은 양상을 나타낸다.

04 지능을 평가할 때 주요 쟁점인 임상적 접근과 개념적 접근에 대해 설명하시오.

[18a, 21a, 24c 기출]

 해설

임상적 접근 (Clinical Approach)	• 임상적 접근은 주로 개별 사례에 집중하여 지능을 평가하는 방식이다. 이 접근은 전문가, 즉 심리학자나 임상전문가가 개인의 지능을 평가하기 위해 주관적 판단을 포함한 다양한 방법을 사용하는 방식이다. 주로 검사 도구뿐만 아니라 개인의 정서적, 환경적, 문화적 맥락을 종합적으로 고려하는 특징이 있다.
개념적 접근 (Conceptual Approach)	• 개념적 접근은 주로 이론과 과학적 연구에 기반한 지능의 정의와 측정 방법에 초점을 둡니다. 이 접근은 지능을 다양한 하위 요소로 나누고, 이를 구체적이고 체계적으로 측정하기 위한 표준화된 검사 도구를 사용한다. 예를 들어, 웩슬러 지능검사(WAIS)나 스탠포드-비네 지능검사(SBIS) 같은 지능 검사는 개념적 접근을 기반으로 만들어졌다.

05 심리평가의 목적 3가지를 쓰시오.

[13, 21a, 24c 기출]

 해설

① 내담자의 증상에 대한 임상적 진단을 명확히 한다.
② 내담자의 성격, 인지, 정서 등에 대한 문제 정도를 평가한다.
③ 내담자에게 적합한 심리치료의 유형, 전략, 효과를 평가한다.

06 내담자 평가를 위한 심리검사 도구 선정 시 고려되어야 할 사항 3가지를 쓰시오.

[10, 24c 기출]

 해설

① 심리검사의 목적에 적절한 검사를 선정해야 한다.
② 신뢰도와 타당도가 검증된 표준화된 검사를 사용한다.
③ 심리검사의 실용성(경제성, 시행시간, 채점의 간편성 등)을 고려해 보아야 한다.

07 MMPI 검사에서 9번 척도가 27점일 때 임상적 현상 2가지를 쓰시오.

[17a, 24c 기출]

☺ **해설**

① 척도 9가 낮고 척도 2가 높은 경우, 양극성 장애의 우울증 상태일 수 있다.
② 다른 상승된 임상척도가 없고 척도 9가 낮다면 믿음직스럽고 예의가 바르다. 또한 조심스러워 과하게 관여하지 않고 참을성이 있으며 정서적으로 안정적일 수 있다.

08 가족을 하나의 유기체로 보는 Becvar(벡베르)의 가족치료에서 건강한 의사소통을 위한 전제 3가지를 쓰시오.

[19c, 24c 기출]

☺ **해설**

벡베르의 가족치료에서 가족을 하나의 유기체로 보고, 건강한 의사소통을 위해 필요한 세가지 전제 조건은 다음과 같다.

명확한 의사소통	• 가족 구성원 간의 의사소통은 분명하고 직설적이어야 한다. • 암시적이거나 모호한 표현보다는 정확안 단어와 명료한 표현을 사용하여 서로의 감정과 생각을 전달하는 것이 중요하다.
일관성 있는 메시지	• 말로 표현하는 메시지와 비언어적인 신호가 일치해야 한다. • 말과 행동이 일치하지 않으면 혼란을 초래할 수 있으며, 건강한 의사소통을 방해할 수 있다.
상호 존중과 수용	• 각 구성원의 의견과 감정을 존중하고 수용하는 태도가 필요하다. • 구성원들은 서로를 존중하며, 상대의 의견을 비난하거나 무시하지 않고 열린 마음으로 받아들이는 것이 중요하다.

09 자기표현이 필요한 내담자의 특성 4가지를 쓰시오.

[07, 10, 18b, 21b, 24c 기출]

☺ **해설**

① 남의 시선을 회피함
② 자신의 감정, 의견, 반대의사를 잘 이야기하지 못함
③ 모임이나 회의에서 구석 자리만 앉는 특성
④ 자기를 비난하는 소리를 듣고만 있는 것
⑤ 지나치게 변명하고 사과하는 태도
⑥ 친구의 비합리적인 요구를 거절하지 못하는 태도

10 아동평가에서 측정 문제영역이 아닌 전반적인 광범위한 문제영역에 대해 보호자의 보고를 토대로 평가할 수 있는 평정척도가 있다. 그에 해당하는 평정척도 2가지를 쓰시오.

[12, 17b, 20a, 24c 기출]

☺ **해설**

① 아동·청소년 행동평가 척도(K-CBCL)
② 아동 인성평가 척도(KPRC)

11 얄롬의 집단상담의 치료적 요인 6가지를 쓰시오.

[09, 12, 13, 14, 17a/b, 18a, 19a, 21a, 24a/c 기출]

☺ 해설

① 희망의 고취　　　　② 보편성　　　　　　③ 정보전달
④ 이타심　　　　　　⑤ 1차 가족집단의 교정적 재현　⑥ 사회기술의 발달

12 재활치료를 받고 있는 정신과 환자의 교육방법 중 2가지를 쓰시오.　[20a, 24c 기출]

☺ 해설

① 증상관리 교육을 통해 자신의 증상을 관리할 수 있도록 돕는다.
② 약물관리 교육을 위해 환자가 정신과 약물에 대해 정확한 이해를 하도록 돕는다.

13 사회기술훈련을 집단으로 시행할 때의 장점 3가지를 쓰시오.　[08, 18b, 24c 기출]

☺ 해설

① 집단을 활용할 경우 개인 간 상호작용 유형 등을 관찰할 수 있으므로 집단 활동에 참여하는 개별 구성원의 대인관계 기술을 파악할 수 있다.
② 집단치료자는 물론 다른 구성원들에게서 피드백을 제공 받을 수 있으므로 이를 통해 개별 구성원이 스스로 자신의 문제를 발견하고 교정할 수 있다.
③ 집단에는 다양한 구성원들이 참여하게 되며, 이러한 다양성은 개별 구성원들에게 실제 생활 영역과 유사한 환경을 제공할 수 있다.

14 집단치료에서 집단원의 적절한 자기노출 지침 5가지를 쓰시오.　[21b, 24c 기출]

☺ 해설

① 자기노출이 집단 내의 대화를 터주는 수단이 되어야 한다.
② 집단 목적, 발달단계, 타이밍, 유용성 여부를 고려하여 진행되어야 한다.
③ 자기노출을 통한 더 깊은 자기 인식이 이루어지도록 지도하여야 한다.
④ 단순한 걱정거리만이 아닌 집단원, 상담자에 대한 감정도 노출되는 것이 좋다.
⑤ 단순 과거사의 노출이나 필요 이상의 노출 등은 자제되어야 한다.

15 TCI의 척도를 구성하는 3가지 기질차원에 대해 설명하시오. [18a, 23c, 24a/c 기출]

😊 해설

(1) 기질차원

자극에 대한 자동적인 정서적 반응성향으로 유전적이며 전 생애를 통해 안정적이다.

자극추구	새로운 자극이나 잠재적 보상 단서에 접하면 이러한 자극에 끌리면서 행동이 활성화되는 경향성 → 행동 활성화 시스템, 도파민 기제와 관련
위험회피	위험하거나 혐오 자극에 접하면 행동이 억제되고 위축되는 경향성 → 행동 억제 시스템, 세로토닌 기제와 관련
사회적 민감성	사회적 애착을 이루기 위해 사회적 보상 신호에 민감하게 반응하는 경향성 → 행동 유지 시스템, 애착/사회적 관계, 노르에피네프린 기제 관련
인내력	지속적인 강화가 없더라도 한 번 보상된 행동을 일정한 시간 동안에 꾸준히 지속하려는 경향성 → 야망, 부분적 강화 관련

16 Weiner는 객관적 검사와 투사적 검사의 구분에서 Rorschach 검사를 투사적 검사로 분류하는 것에 대해 이의를 제기했는데 그 이유 2가지를 쓰시오.

[18a, 24c 기출]

😊 해설

Rorschach 검사의 구조화된 해석 가능성	• Weiner는 Rorschach 검사가 객관적인 해석을 제공할 수 있는 구조화된 평가도구라고 주장하였다. • 투사적 검사로 분류된 대부분의 검사들은 피검사자가 자유롭게 반응하고 그 반응을 주관적으로 해석하는 경향이 있지만, Rorschach 검사는 엄격한 코딩 체계와 해석 지침이 있어 객관적인 분석이 가능하다고 보았다. 예를 들어, Exner의 종합 체계 같은 표준화된 해석 방법을 통해 Rorschach 검사결과의 신뢰성과 타당성을 높일 수 있다.
Rorschach 검사의 심리적 기능 평가	• Weiner는 Rorschach 검사가 단순한 '투사' 이상의 역할을 한다고 주장하였다. • 투사적 검사들이 주로 피검사자의 무의식적 욕구나 동기를 반영한다고 여겨지는 반면, Rorschach 검사는 개인의 인지적, 정서적 기능, 정보 처리 방식 등을 평가하는 데 중점을 둔다. 즉, 이 검사는 피검사자가 어떻게 사고하고 감정을 조절하는지, 주변 환경에 어떻게 반응하는지 등 보다 다양한 심리적 기능을 측정하는 도구로 사용될 수 있다고 주장하였다.

17 만성 정신장애인에게 직업재활이 필요한 이유 3가지를 쓰시오. [20c, 24c 기출]

해설

① 직업재활은 정신장애인들로 하여금 직업을 갖도록 하고 지속적으로 일하게 함으로써 그들이 사회적 역할을 계속할 수 있도록 돕고 한 개인의 가치를 확증하도록 한다.
② 정신장애인의 고용상태는 재입원율을 현저히 감소시켰다는 연구결과가 있는 것처럼 정신장애인에게 직업재활은 질환치유의 역할을 한다.
③ 직업재활을 통해 고용상태를 유지하면 경제력을 지니게 됨으로 독립적인 생활도 가능해진다.

18 아동 심리치료에서 고려해야 하는 아동의 특성 3가지를 쓰시오. [24c 신출]

해설

발달단계	아동은 신체적, 정서적, 인지적 발달 단계가 성인과 다르기 때문에 각 발달 단계에 맞는 접근이 필요하다. 예를 들어, 어린 아동은 언어 표현력이 제한적일 수 있어 놀이치료나 미술치료 같은 비언어적 방법이 유용할 수 있다.
자아 정체성과 감정 표현 능력	아동은 자신의 감정과 경험을 이해하고 표현하는 능력이 성인보다 부족할 수 있다. 따라서 아동의 감정 표현을 돕기 위해 적절한 도구와 환경을 제공하는 것이 중요하다. 놀이, 그림, 이야기 등을 통해 감정과 생각을 더 자유롭게 표현할 수 있도록 돕는다.
의존성 및 보호자와의 관계	아동은 자신의 감정과 경험을 이해하고 표현하는 능력이 성인보다 부족할 수 있다. 따라서 아동의 감정 표현을 돕기 위해 적절한 도구와 환경을 제공하는 것이 중요하다. 놀이, 그림, 이야기 등을 통해 감정과 생각을 더 자유롭게 표현할 수 있도록 돕는다.

19 행동치료자들은 내담자의 행동을 간접측정하기 보다는 직접 측정하는 것을 선호한다. 행동을 직접 측정하는 경우에 일반적으로 포함시키는 행동특성 6가지를 쓰시오. [24c 신출]

😊 해설

빈도	특정 행동이 얼마나 자주 발생하는지를 측정한다. 예를 들어, 하루에 몇 번 어떤 행동을 하는지 기록하는 것이다.
강도	행동의 세기나 힘을 측정한다. 예를 들어, 공격적인 행동의 강도나 목소리의 크기를 평가할 수 있다.
지속 시간	특정 행동이 얼마나 오래 지속되는지를 측정한다. 예를 들어, 아이가 한 자리에 얼마나 오랫동안 앉아 있는지를 평가할 수 있다.
잠재 시간	행동이 자극에 대한 반응으로 발생하기까지 걸리는 시간을 측정한다. 예를 들어, 지시에 반응하기까지의 시간을 기록할 수 있다.
행동 발생 간격	행동들 사이에 얼마나 시간이 걸리는지를 측정한다. 예를 들어, 두 번의 문제 행동 사이의 시간을 측정할 수 있다.
행동의 형태	행동이 나타나는 구체적인 방법이나 형태를 기록한다. 예를 들어, 어떤 특정 행동이 어떤 방식으로 이루어지는지(손동작, 자세 등)를 관찰한다.

20 Egan의 비언어적 의사소통기법의 SOLER에 대하여 쓰시오. [24c 신출]

😊 해설

① S - Squarely : 내담자와 정면으로 마주보고 앉기
② O - Open posture : 열린 자세 유지하기
③ L - Lean towards the client : 내담자를 향해 몸을 약간 기울이기
④ E - Eye contact : 적절한 눈 맞춤 유지하기
⑤ R - Relax : 편안한 태도 유지하기

메모